U0095174

述而作

儒学门径

五子精要注评

秦敬修 ◎ 编著

秦治
秦帼英 ◎ 注评

社会科学文献出版社
SOCIAL SCIENCES ACADEMIC PRESS (CHINA)

秦汝齐 (1910～2004)，字敬修，甘肃崇信人，甘肃中医世家。早年立志文化救国，师从举人牛兆濂、理学家孙迺琨、举人张绍价等大儒修行儒学，造诣浑厚，被誉为同门巨擘。《三原书院人物》将其列为"一代名士"。行医故乡，教医甘肃中医学校、兰州医学院，被列为当地名老中医。作有《周易卦解》《小学通俗解义》《五子书》《新编中医儿科学》《杂证脉证并治》《脉诊握要》《人为万物之灵说》等，被首都图书馆和许多省市及大学图书馆收藏，其中《周易卦解》被陕西中医药大学原医疗系主任傅贞亮教授评为"传世之书"。

秦治 秦敬修次子，生于1948年。有师承的儒学传承人。中华儒学会会员，中国建筑学会会员，工程师。平凉市传统文化促进会会长，全国社科工作先进个人，平凉社科智库高端人才。原崇信县建筑公司副经理，县设计室主任，天信建筑设计院有限公司院长兼总工。多次应邀参加国内学术会讲、研讨会议。著有《秦治文集》、朱子《感兴诗注解述评》等，发表文化论文多篇。

秦帼英　女，1980年生，秦治小女儿，毕业于西北师范大学中文系，现任教于甘肃医学院，副教授，甘肃医学院汉语言文学教研室主任，国家级普通话测试员，甘肃省语言文字复审员，平凉市语言文字咨询委员会委员，平凉市传统文化促进会副秘书长。

先公秦敬修龙泉赏景——马芳忠 摄

秦敬修著作

朱子：朱熹（1130～1200），字元晦，一字仲晦，号晦庵，晚称晦翁，谥文，世称朱文公。宋朝徽州府婺源县（今江西省婺源）人。尊称为朱子。是我国历史上继孔子之后的又一位伟大的思想家、哲学家、教育家，宋朝伟大的理学家、诗人。他是程颢、程颐的三传弟子李侗的学生，是孔子之后又一位集大成者。

朱子先后担任同安县主簿、知江西南康军、潭州知州、两浙东路常平茶盐公事、焕章阁待制兼侍讲（皇帝的老师和顾问）、知福建漳州等职。平生致力于穷理以致其知、反躬以践其实，著书立说、创办书院、讲学传道。他所著书被元、明、清三朝定为开科取士的必读之书。他的理学观点影响我国社会政治长达八百余年，迄今仍对中国优秀传统文化的发展起到承先启后和无可替代的作用。其著作甚多，其中集注《四书》，作为教本立于学官。辑定《小学》成为启蒙课本，是启发德性、开启智慧的首选教材。

朱子现存著作主要有《周易本义》《易学启蒙》《蓍卦考误》《诗集传》《大学章句》《中庸章句》《论语集注》《孟子集注》《四书或问》《太极图说解》《通书注》《西铭解》《楚辞集注》《周易参同契考异》《小学》《资治通鉴纲目》《家礼》《近思录》《伊洛渊源录》《朱子语类》等。

周子：周敦颐（1017～1073），字茂叔，号濂溪，谥号元，称元公。宋营道楼田堡（今湖南道县）人，宋代大儒，思想家、理学家，他是五位非孔孟弟子而配享孔庙的先贤之一，是学术界公认的理学开山鼻祖。"两汉而下，儒学几至大坏。千有余载，至宋中叶，周敦颐出于舂陵，乃得圣贤不传之学，作《太极图说》《通书》，推明阴阳五行之理，明于天而性于人者，了若指掌"（《宋史·道学传》）。将周子创立理学提高到了极高的地位，其学说是孔子、孟子之后儒学最重要的发展，在中国思想史上影响深远。

周子曾任分宁（修水）主簿，调南安军司理参军，移桂阳令，徙知南昌。历合州判官、虔州通判。熙宁初知郴州，擢广东转运判官，提点刑狱。为官清廉，所到之处，都很有实绩。晚年知南康军。

他继承《易传》思想，提出一个简单而有系统的宇宙构成论。说"无极而太极"，"太极"一动一静，产生阴阳万物。"万物生生而变化无穷焉，惟人也得其秀而最灵"（《太极图说》）。圣人又模仿"太极"建立"人极"——中正仁义。"仁"是"纯粹至善"的"五常之本，百行之源也"，是道德的最高境界。只有通过主静、无欲，才能达到这一境界。

大程子：程颢（1032～1085），北宋大儒，理学家、政治家、教育家。字伯淳，学者称明道先生，河南洛阳人。嘉祐进士，神宗朝任太子中允、监察御史等。他是五位非孔孟弟子而配享孔庙的先贤之一。学术上，程子提出"天者理也"和"只心便是天，尽之便知性"的命题。认为"仁者浑然与物同体，义礼知信皆仁也"，识得此理，便须"以诚敬存之"。认为"天地万物之理，无独必有对"。程明道曾和其弟程伊川求学于周敦颐，世称"二程"。同为北宋理学的奠基者，其学说在理学发展史上占有重要地位。后来为朱子所继承和发展，世称程朱理学。其亲撰有《定性书》《识仁篇》等，后人集其言论所编的著述书籍有《遗书》《文集》等，皆收入《二程全书》。

大程子资性过人，修养有道，和粹之气，盎然于面，门人、友人与之相交数十年都未尝看见他有急厉之色。他提出，教育的目的在于培养圣人，认为要使受教育者循天理，仁民爱物，谨守伦常。主张"涵养须用敬，进学在致知"。要求即物穷理，逐日认识事物之理，以"明天理、存天理"，积累多了，就能豁然贯通。

大程子逝世后，宰相文彦博为其题写墓碑，送他"明道先生"四个大字。程伊川在《明道先生墓表》中评价他："使圣人之道焕然复明于世，盖自孟子之后，一人而已。"明代宗景泰六年，诏令两程祠以颜子（即颜渊）例修建，规制比于阙里，前后殿庑斋室等房共六十余间，祭文称颂两程"阐明正学，兴起斯文，本诸先哲，淑我后人"。

小程子：程颐（1033～1107），字正叔，洛阳伊川（今河南洛阳伊川县）人，世称伊川先生。北宋理学家和教育家，为程明道之胞弟。历官汝州团练推官，西京国子监教授，秘书省校书郎，崇政殿说书（其职务是教皇帝读书）。他是五位非孔孟弟子而配享孔庙的先贤之一。

幼承家学熏陶，18岁时，就以布衣身份上书仁宗皇帝，指出北宋社会的危机，开出救治时政阙失的良方："救之当以王道。"20岁入太学读书，主管太学的教育家胡安定先生授他"处士"身份。程伊川与其兄程明道同学于周濂溪，共创"洛学"，为理学奠定了基础，世称"二程"。

他的学说以"穷理"为主，认为"天下之物皆能穷，只是一理"，"一物之理即万物之理"。认为格物即是穷究事物之理，以直接体悟天理。他所讲的穷理方法主要是读书、论古今人物、应事接物等。关于知、行关系问题，他主张以知为本，先知后行，能知即能行，行是知的结果。主张"涵养须用敬，进学在致知"的修养方法，目的在于"去人欲，存天理"。

二程的人性论祖述思孟学派的性善论，但二程的人性论在性善论的基础上又进一步深化了，回答了性为什么至善，为什么会产生恶的因素等一系列问题。二程认为人性有"天命之性"和"气质之性"的区别。前者是天理在人性中的体现，未受任何损害和扭曲，因而是至善无疵的。后者则是气化而生的，不可避免地受到"气"的侵蚀，产生弊端，因而具有恶的因素。

其著作有《周易程氏传》《遗书》《经说》，被后人辑录为《程颐文集》。明代后期其与程颢之著作合编为《二程全书》。

张子：张载（1020～1077），字子厚。祖籍大梁（今开封），徙家凤翔郿县（今宝鸡眉县）横渠镇，世称横渠先生。北宋思想家、哲学家、教育家，理学创始人之一。尊称张子，封先贤，他是五位非孔孟弟子而配享孔庙的先贤之一。其"为天地立心，为生民立命，为往圣继绝学，为万世开太平"的名言被当代称作"横渠四句"，因其言简意宏，历代传颂不衰。

张横渠先生青年时喜论兵法，后求之于儒家"六经"。宋仁宗嘉祐二年进士。曾任著作佐郎，渭州（今平凉市）军事判官，崇文院校书，同知太常礼院等职。后辞归，讲学关中，故其学派称为"关学"。赐谥明公。

张子与周濂溪、邵康节、程明道、程伊川合称"北宋五子"。《近思录》所列张子著作有《正蒙》《文集》《易说》《礼乐说》《论语说》《孟子说》《语录》《经学理窟》等。明嘉靖间吕柟编有《张子钞释》，清乾隆间刊有《张子全书》，后世编为《张载集》。

程伊川先生尝言："《西铭》明理一而分殊，扩前圣所未发，与孟子性善养气之论同功，自孟子后盖未之见。"

张子是关中理学的创始人，他的学术思想在中国思想文化发展史上占有重要地位，对以后的思想界产生了较大的影响。他的著作一直被明清两代政府视为哲学的代表之一，作为科举考试的必读之书。

序　一

　　盖自上古圣神继天立极，而道统之传有自来矣。由尧舜至于孔子，其德之根于心而道之见于施为者，略见于《六经》《四书》之文矣，自孟子没而其传泯焉。及宋五子出而有以接乎道统之传，其德行道义及其所述说以发挥此道者，实与《六经》《四书》相辉映，而可以为之阶梯。学者先学《五子书》，反躬实践而后及于《四书》《六经》，则不难得其门而入矣。欲远绍圣神之道统而不读《五子书》，犹如欲至京师而不知所向之方与所由之路，未有不入于歧途者。如陆王之徒，不遵孔门格物致知之教，卒拜倒于释氏之门而为圣门之罪人也。先儒云：入头处最怕差，将来无救处；入头处亦怕偏，将来偏到底。能从《五子书》入手，必不至于差矣。岁庚寅，张果斋先师来示云：《六经》古无有也，而成于孔子，《四书》古无有也，而成于朱子，今而后著成如《六经》《四书》者，惟吾敬修是望。因谨遵师教著成《五子书》，以待后之学者，庶几真儒辈出，以续先王之道于不坠。是为序。

壬申年（1992）二月十八日

秦汝齐叙

序　二

　　先公秦敬修，编辑大宋五子（周敦颐、程颢、程颐、张载、朱熹）著作精华切于日用者，取名《五子书》。命秦治简练精准注述出版，使人易读易识而冰释原文深奥难明之郁，以为学习五子思想阶梯；进而上读《四书》，研学《五经》，以明圣人大道，实为儒学门径，是故更名《儒学门径——五子精要注评》出版。

　　大贤思想，通于先圣。其所著述，文理精奥，寓意高远。关乎天道运行，万事机理，世道兴替，事业成败利钝。能引导学者向善趋义，避凶趋吉，成德成才。是故注、述不用常规就文字注译文字，而务求揭示文义。

　　人不学，不知义。自私自利国度无缘文明。民族复兴，源于国民素养。素养提升，源于教化。博学以明理，精通为人准则和处事义理，而后能爱亲敬长，向善乐道，修身齐家以创建和乐人生。从而达到德才兼优，爱众亲仁以共同成就理想事业。全民参与，共同构建文明复兴，以逐步走向天下大同。

　　《五子书》一尊诸家注释《近思录》善本，融会《四书》《五经》奥旨，以注述阐释为人之方、治事之要。务求今人易读易识，务求讲明文义中所包含的深层道理和正人心、厚风俗的寓意。使人诵习五子哲言善举，感发兴起本性良知而行其所当行。在日用事务之中，做诚意、正心、修身功夫。久久成熟，德性若出自然。则仁义中正之德深深嵌固脑海，遗传为中华文化基因，成全仁爱善良秉性。于是人人尊德乐道，则天下何不太平。

本书依照为学路径，兼顾五子传承，每章按照原文、注解、述评顺次排列，以论释其义。述评部分之内容多为秦治对本段文义的学习心得记述，或对本段文义的详细说明。直接引用的先儒注释或《近思录解义》《周易卦解》等书中的义理阐释，均注明了文字来源。

大宋开国，首重文治，兴教劝学，推崇往圣先贤；文化上推陈出新，促成了经济繁荣，事业昌盛。于是大宋成为大儒辈出的鼎盛时代，周濂溪、程明道、程伊川、张横渠、朱晦安五夫子，续道统千载不传之绪；继往圣，开来学，再明圣治大道与入德之方。他们光大了中华优秀文化，弘道济时功德深受尊崇而位列文庙。

教必师圣人，学必学圣贤。《中庸章句》以博学、审问、慎思、明辨、笃行为致诚条目。示人择善而为知，笃行而为仁，以变化气质，学为好人。读五子书，足以感发兴起"锐然欲学圣人"志气。深入学习，精心思考，反复领会书中奥旨，必能由此深入圣贤大道。续读《四书》《五经》，久事精一克复工夫，探明事物发展变化规律，学明做人做事道理；躬行实践于日常言行容仪之中，把经典知识内化为自己的生活习惯，积善成德而神明自得则理愈明而行愈修，内以成己而外以成人也。

先公秦敬修（1910～2004），"天性孝友，居恒以先圣自期"（《周易卦解·序二》），"秦孝子"之名至今被称颂。弱冠毕业于师范学校，谒孝廉方正史复斋先生于平凉，遂奋志于经典，无日少懈。景仰孔圣修己治人之道，慈爱万民之心。国难当头，慨然文化救国，徒步七百余里，游学关中，受牛蓝川（举人）、孙迺琨（理学家）、张绍价（举人）等名师亲传而深得修齐治平大道，被誉为同门巨擘。遂讲学贤山、宗铭书院。《三原书院人物》列为"一代名士"。

不惑之年遂从事岐黄，为一方名医。曾教医于原甘肃中医学校、兰州医学院，获甘肃第一批中医世家荣誉。然文化兴国之志未尝忘怀，终身孜孜于仁义道德。晚年著《周易卦解》《五子书》等书六部，近绍程朱，远接孔孟岐黄。成为赓续文明，成就兴世良才精神食粮。

专著已出版三部，均被首都图书馆和许多省市及大学图书馆收藏。《人为万物之灵说》，堪称警世名说。先公学弟李克敬赞曰："伟乎！秦敬修可谓大丈夫人也，以一身而备四气之和，以一心而藏千古之秘，居家而家齐，有幸从政则事治。"

大道至简。简言之，中华优秀传统文化核心就是"中正仁义"①，是以内圣外王政治实现国泰民安。是用传承道统之文，化人成德，化民成俗。②

中华优秀传统文化，以中和为目标，以修齐治平为途径，久事精一克复，躬行五伦达道，立定中正仁义根基。以人为本，促成事业进步，民生安宁。选贤用能，讲信修睦，成就天下为公，社会大同。

---

① 执中守正，居仁由义。

② 传：传授道义。统：世代授受的系统（尧舜禹汤文武周公、孔颜曾思孟、董仲舒韩愈、周程张朱、许薛胡陆、贺牛张孙相授受的道统）。道：圣人化人的道理和修身治国的方法。文：载录优秀思想的"文献"——《五经》《四书》。化："化者变之成，言质变也，突尔而化，迥异于昔也"（《周易卦解·乾》）。

中华传统文化，经孔夫子总结、整理为《六经》，成为传承圣贤思想的载道之文，化人之文。又经孔夫子率领弟子，开办书院，推行教化，培育乡贤。经世代反复实践，形成传承文化载体和化育模式，深受国人尊崇效仿。在维护社会稳定，促成民生幸福之中功用显著。终使儒学成为文化之本、凝德之基，接续维系我中华文明。

二〇二二年孟春望日

崇信后学　秦治　序

凡　例

一、　著作缘由

本书为引领国学直入正规门径而编著，意在防偏颇而入歧途。民族复兴，源于国人文明，文明国人，源于优秀文化滋养。中华主流文化，是载于《四书》《五经》中的圣人智慧，这里有日用事理物理、治国理政方略、为人处世准则、和家兴国根本，是取之不尽用之不竭的思想宝库。宋代周敦颐、程颢、程颐、张载、朱熹五子，上接千载不传之绪，复兴孔孟大道以光大中华文明，故得以非孔孟弟子而享祀文庙先哲、先贤神位。然其所著述，文理精奥，寓意高远，卷帙浩繁，初学者难以窥其堂奥。先公秦敬修精选五子著作精华切于日用者，以为初学门径，成为融通五子全书的阶梯，学者得由此书上窥《四书》《五经》奥蕴，成为知几知微、明晰是非、处事不迷的智者、君子。

二、　基本内容

《儒学门径——五子精要注评》一书，精选朱熹、周敦颐、程颢、程颐、张载五子著作。每章按照原文、注解、述评顺次排列以论释其义。述评内容多为秦治对本段文义的学习心得记述或对本段文义的详细说明。直接引用的先儒注释或《近思录解义》《周易卦解》等书中的义理阐释，均注明了文字来源。本书一尊诸家注释《近思录》善本，融会《四书》《五经》奥旨，以注述阐释为人之方、治事之要。务求今人易读易识，务求讲明文义中所包含的深层道理和正人心、厚风俗的寓意。

三、 注评原则

注评务求言辞简练，说理清晰。为说清楚如"正王道明大法""天生蒸民"等词语的概念，进行了必要的扩展论述，以供思考理解词语奥义。本书引用书目有朱子《四书章句集注》、张绍价《近思录解义》、秦敬修《周易卦解》等。述评中引用的先儒注释及引用书目中的相应论述，皆为原文照抄，未加评论。

四、 称谓体例

本书以"子"敬称先圣先贤。孔子：讳孔丘，字仲尼。颜子：颜回，字渊。曾子：曾参（shēn），字子舆。子思：孔伋，字子思。孟子：孟轲，字子舆。韩子：韩愈，字退之。周子：周敦颐，字茂叔。大程子：程颢，字伯淳，世称程明道。小程子：程颐，字正叔，世称程伊川。张子：张载，字子厚，世称张横渠。朱子：朱熹，字元晦。另外，"居安夫子曰""居安先师曰"是先公秦敬修引用其先师张绍价的言辞；"师公"是秦治称先公秦敬修的老师张绍价先生。

目　录

第一卷
为学之门

第一篇　朱子《白鹿洞书院揭示》

（1）白鹿洞书院：白鹿洞书院位于江西庐山五老峰南麓，与湖南长沙岳麓书院、河南商丘应天书院、河南登封嵩阳书院，合称为"中国四大书院"。南宋淳熙六年（1179），理学宗师朱熹知南康军，责令官员修复白鹿洞书院，并自任洞主。制定教规，延聘教师，招收生徒，划拨田产，苦心经营。朱子制定的《白鹿洞书院揭示》又称《白鹿洞书院教规》，影响后世几百年。其办学模式为后世效仿，传至海外的日本、韩国及东南亚一带。白鹿洞书院誉享海外。（2）揭示：阐明不易看清的事理。这是先哲朱子为了培养人才而制定的教育方针和学生守则。首先提出了教育的根本任务，是让学生明确"义理"，并把它实施于身心修养，以达到自觉遵守的最终目的。其次要求学生按学、问、思、辨的"为学次序"去"穷理""笃行"。最后，它指明了修身、处事、接物之要，作为实际生活与思想教育的准绳。

父子有亲[1]，君臣有义[2]，夫妇有别[3]，长幼有序[4]，朋友有信[5]。

右五教[6]之目。尧、舜使契为司徒[7]，敬敷五教[8]，即此是也。学者学此而已[9]。而其所以学之之序，亦有五焉，其别如左。

【注解】（1）亲：父慈子孝其情至亲。（2）义：君仁、臣忠各尽其义。这里的"忠"指的是君主和臣下共同尽忠于人民安康。谓君主仁爱人民，臣僚忠于人民的事业为君臣有义。（3）别：礼别男女，夫妻挚爱，严禁淫乱，才能保证婚姻家庭稳定，人人安乐。婚姻家庭和谐是人民相亲、社会稳定的基石。（4）序：兄友弟恭，敬循天序。（5）朋友：同类为朋（包括全人类），彼此交谊深厚为友。信：交友以诚信，良友能辅助自己成德成仁。（6）五教：五个方面的伦理教育。《中庸》曰："五者（五伦）天下之达道也。"朱子注曰："达道者，天下古今所共由之路。"这是中华以文教化的核心。（7）尧：帝尧陶唐氏。舜：帝舜有虞氏。司徒：朝廷六官之一，主管教育、财政事务。（8）敷五教：布置实施五伦教化。（9）学此而已：学五伦义理，行不离亲、义、别、序、信，乃学以成德成人也。

【述评】博施五教，归正五伦，是人类通向和谐亲睦安乐的阳关大道，是天下古今所共由的通达道路。世间万事，无非人事，全部是人与人之间的事。持之以恒地施行伦常教化以理顺五伦关系，使人明理知义，践行于亲、义、别、序、信，则百姓亲睦，万邦协和，事业发展。归正五伦是修身、齐家、治国、平天下的根本，是长期且不可间断的任务。

博学之⁽¹⁾，**审问之**⁽²⁾，**慎思之**⁽³⁾，**明辨之**⁽⁴⁾，**笃**

儒学门径

行之⁽⁵⁾。

右为学之序。学、问、思、辨四者，所以穷理也⁽⁶⁾。若夫笃行之事，则自修身以至于处事接物，亦各有要，其别如左。

【注解】（1）博学：广博地学习。广泛摄取知识，增强认知能力，深悟五伦至理精义。（2）审问：详尽地询问。学不明白的事，似懂非懂的事，详尽地询问，以求其教而学明白。（3）慎思：谨慎地思考。思考所学知识，并举一反三以深究其中所包含的道理。（4）明辨：明晰地分辨。至理精微，必明晰分辨其似是而非者，方能去粗取精，去伪存真。（5）笃行：诚实地践行。致知以知其所当止之地。"笃行，所以固执而为仁。"终身安行于人所当行之道，所以成德成仁而身修，以成其齐家、治国、平天下之功。程子曰："五者废其一，非学也。"（6）穷理：穷究事物之理，以"推极吾之知识，欲其所知无不尽也"。知尽识精而事物之理明晰无疑，则安于理而言忠信行笃敬。

【述评】学问思辨以明究事理，学知至善所在而志有定向，随即笃行时习，至于反复躬行实践，成为习惯，成为自然行为，是为德行。学以知其如何行，即知则速行时习方可有诸己以成德。是故子路有闻必速行，唯恐又闻而不及行也。吕氏《童蒙训》说："今天记牢一件事，明天又记一件事，如此天天记下去，记得多了，对于处事之理，自然就贯通了。今天辨明一个物理，明天辨明一个事理，功力积久，物理、事理自然融洽于心。今天做一件难做的事，明天做一件难做的事，久则能力增强。始不知有难事而德行坚固，处繁而裕矣。疑窦如春冰，涣然散解，心中安适顺理，是学力积久就会得到，不是偶然可以得到的。"赵宗来先生曰："学习成行而后能觉，见性成觉而后能悟，自得自由而后可信。"

言忠信[(1)]**，行笃敬**[(2)]**，惩忿窒欲**[(3)]**，迁善改过**[(4)]**。**

右修身之要[(5)]。

【注解】 （1）言忠信：说话忠诚信实。尽己之谓忠，真实无妄谓信。言语表达心意，应禁止轻躁虚妄，保持言语忠诚信实，养其心于中正。（2）行笃敬：行为笃厚恭敬。（3）惩忿：克制愤怒。愤怒之际，会使人失去理智，做出错误决断而害事。惩：警戒。窒欲：杜塞私欲。杜塞自己非本分应有的欲望。私欲之动，会蒙蔽公正仁义之心，做出违心事，害己而不利于人。窒：阻塞。（4）迁善：迁移到善。见善便学而习其善，使己之言行不离于善言善行。改过：改正自己的错误。有过则改，不惮于改过，则过失日少，善行日积，可望至于至善。（5）要：要领、关键、原则。

【述评】 行笃敬是笃实而恭敬地践行其所学知识，

将经典知识内化为自己的人格结构。反复学习，反复实践，将意识层面的东西内化为下意识、潜意识。把知识变成习惯，变成本能。终身安行于人所当行之道，终能至于所当止之境界。

正其义不谋其利[(1)]，**明其道不计其功**[(2)]。

右处事之要。

【注解】（1）正其义：以礼义端正自己。正：合于礼法、原则。义：公正合宜的道德、道理或行为。不谋其利：君子爱财，取之有道，不仅仅只为获利而谋事做事。该做的事不遗余力，仅取其理所应得而已。谋：图谋。（2）明其道：努力张扬阐明天下之正道。不计其功：按原则办事，不计较可否获得功名。

【述评】君子以推明天下正道，推动善政有效运行为先务。做任何事情都是为了匡扶正义，都是为了明辨真理，为了明己之德而达于道，而不是为了一己之功名。出自《汉书·董仲舒传》："夫仁人者，正其谊不谋其利，明其道不计其功。是以仲尼之门，五尺之童，羞称五伯，为其先诈力，而后仁谊也。"谊：通"义"。

己所不欲，勿施于人[(1)]。**行有不得，反求诸己**[(2)]。

右接物之要。

【注解】（1）己所不欲，勿施于人：自己不愿承受的事，不要强加在别人身上。（2）行有不得，反求诸己：自己做事未达到目的，应从自己身上找原因。

【述评】自己所不愿意做的事，不要再让别人去做。也就是说，自己不愿意承受的事情，也不要强加给别人。自己想要达到的目标，也要帮助别人达到。不愿意别人以某种方式对待自己，自己首先就不要用这种方式对待别人。这是孔子所主张的以宽恕处世的原则。如果每个人都从这里入手，就有可能成为一个具有仁义道德的人。凡是行为得不到预期的效果，都应该反过来检查自己。只有自身行为端正了，智慧高明了，才能完成预期的目标。孟子曰："爱人不亲，反其仁；治人不治，反其智；礼人不答，反其敬。行有不得者皆反求诸己，其身正而天下归之。"

熹窃观古昔圣贤所以教人为学之意，莫非使之讲明义理[1]，以修其身，然后推以及人[2]。非徒欲其务记览[3]，为词章[4]，以钓声名，取利禄而已也[5]。

今人之为学者，则既反是矣。然圣贤所以教人之法，具存于经[6]，有志之士，固当熟读深思而问辨之[7]。

苟知其理之当然，而责其身以必然，则夫规矩禁防之具[8]，岂待他人设之而后有所持循哉[9]？近世于学有规[10]，其待学者为已浅矣[11]。而其为法，又未必古人

儒学门径

之意也。

故今不复以施于此堂，而特取凡圣贤所以教人为学之大端⁽¹²⁾，条列如右⁽¹³⁾，而揭之楣间⁽¹⁴⁾。诸君其相与讲明遵守，而责之于身焉，则夫思虑云为之际，其所以戒谨而恐惧者⁽¹⁵⁾，必有严于彼者矣。

其有不然，而或出于此言之所弃，则彼所谓规者，必将取之，固不得而略也。诸君其亦念之哉。

【注解】（1）讲明义理：讲求儒学经典深奥含义，探究道义道理，以道修身，是为"义理之学"。（2）推以及人：将待己之心推而及于对待其他人。（3）务记览：专务记诵阅览，不寻求其中的义理以修身养性。（4）为词章：专门为了作文章而记诵阅览，务求考得职位以享受利禄，如此心术已偏离做人的正道。（5）取利禄：谋取职位以获得钱财和爵禄。（6）经：儒学经书，即《五经》《四书》。（7）辨：辨别判断，梳理出是非曲直。（8）规矩：校正圆形和方形的两种工具，比喻标准法度。禁防：禁止与防范。（9）持循：执守遵循。（10）规：学校的教学规则、规定。（11）浅：浅陋，不利于育人。（12）大端：指主要的部分；重要的端绪。（13）条列：逐条布列。（14）楣：门框上的横木。（15）戒谨：小心谨慎。恐惧：惊慌害怕。唯恐行事有误，偏离道义。

【述评】朱子《白鹿洞书院揭示》成为其后各朝教

育准则，为后世书院和学校学风建设开了先河，有利于教学管理，有利于学子读书上进。同时也有利于教书育人，至今仍闪烁着璀璨的光芒！本学规集儒家经典语句而成。首先，提出了教育的根本任务，是让学生明确"义理"，并把它用于身心修养，以达到自觉遵守的最终目的。其次，要求学生按照学、问、思、辨的为学次序去穷理、笃行。再次，指明了修身、处事、接物之要，作为实际生活与思想教育的准绳。

第二篇　朱子《小学·序》

【述评】《小学》是先哲朱子编辑圣经贤传及三代以来嘉言善行而成，作为万世养正全书，是做人的样子，供学子学行善道，启迪智慧，涵养心性。是少年儿童不可或缺的教科书，也是可以终身诵读、实践而修养成德的经典书籍。该书被宋、元、明、清及民国书院私塾列为幼学必读的首选书。薛文清公谓"践履尽《小学》书中之事，则天理烂熟，虽大成之圣，不过如此"，实为不易之论。

序文、题辞开宗明义，提纲挈领，点明全书要义，为践行正确人生点亮灯塔。必于洒扫、应对、进退等日常生活之中学行善道，以修明为人处事亲爱和顺等做人义理，在动静云为之际为其所当为，行其所当行，育成齐家、治国、平天下的美德聪慧。

古者小学⁽¹⁾教人以洒扫、应对、进退之节⁽²⁾，爱亲、敬长、隆师、亲友之道⁽³⁾，皆所以为修身、齐家、治国、平天下之本⁽⁴⁾。而必使其讲而习之于幼稚之时⁽⁵⁾，欲其习与智长，化与心成，而无捍格不胜之患也[6]。

【注解】 （1）古者：指夏、商、周三代。小学：小子之学，是七岁到十四岁孩子的学校。（2）洒：洒水抑制尘土飞扬。扫：扫地。应：答应大人的呼叫。对：回答大人的问话。进：走到父母师长跟前。退：从父母师长前退出去。节：礼节，洒扫、应对、进退的礼节。（3）爱亲：爱父亲母亲。敬长：尊敬兄长。隆师：尊重老师。亲友：亲近朋友。道：道理；道路。爱亲、敬长、隆师、亲友的道理，是每个人应该遵循的道路和应该做的事。（4）修身、齐家、治国、平天下：是大学教人的次序和目标，是明明德新民之事。（5）讲：讲明其中道理。习：实践、习熟这些事。幼稚：小孩子。（6）捍格：抵拒，互相抵触。不胜：不胜任（接受大学之教）。

今其全书[1]，虽不可见，而杂出于传记者亦多[2]，读者往往直以古今异宜而莫之行[3]，殊不知其无古今之异者[4]，固未始不可行也。

【注解】 （1）其全书：古代小学的全部教科书。（2）传（zhuàn）：经书的注释（如《易传》《公羊传》）。记：礼记。（3）古今异宜：古与今所宜不同。（4）无古今之异：人伦道德亘古不变，无古今差异。

今颇搜辑，以为此书[1]，授之童蒙[2]，资其讲习⁽³⁾，庶几有补于风化之万一云尔⁽⁴⁾。

【注解】（1）以为此书：用以编成这部书。（2）授之童蒙：授此书给小孩子。（3）资其讲习：供给师生讲解实习。（4）庶几：表希望的语气词，或许可以。万一：万分之一。

淳熙丁未三月朔旦⁽¹⁾，晦庵题⁽²⁾。

【注解】（1）淳熙：宋孝宗纪年的年号。丁未：宋孝宗十四年（1187）。朔：初一日。旦：早晨。（2）晦庵：朱子草堂名，因以为号。

第三篇　朱子《小学题辞》

元亨利贞⁽¹⁾，天道之常⁽²⁾，仁义礼智⁽³⁾，人性之纲⁽⁴⁾。凡此厥初⁽⁵⁾，无有不善，蔼然四端⁽⁶⁾，随感而见（xiàn）。爱亲敬兄，忠君弟（tì）长⁽⁷⁾，是曰秉彝⁽⁸⁾，有顺无强（qiǎng）⁽⁹⁾。

【注解】（1）元：大，始。亨：通。利：义之和。贞：正而固。（2）道：天地事物所以自然有序运行的道理（事物当然之理），人人应当循理而行的道路（为人、处事的方法和路径）。常：常规，万世不变的规则。（3）仁：心之德，爱之理。义：心之制，事之宜。礼：天理之节文，人事之仪则。智：心之神明，事之明鉴（判断是非）。仁义礼智，人性之四德。（4）人性：人的天然本性，人性是天理在人身上的落实。纲：网上大绳，用以举网。（5）厥：那个。厥初：人初生时。（6）蔼：茂盛的样子。端：端倪，如谷之苗头出土可见。四端：即恻隐、羞恶、辞让、是非，是仁义礼智发出可见之端。恻：伤之切。隐：痛之深。羞：自家错误，自觉羞愧。恶：他人罪恶，自感憎恶。辞：辞去荣利。让：把

第三篇　朱子《小学题辞》

元亨利贞[1]，天道之常[2]，仁义礼智[3]，人性之纲[4]。凡此厥初[5]，无有不善，蔼然四端[6]，随感而见（xiàn）。爱亲敬兄，忠君弟（tì）长[7]，是曰秉彝[8]，有顺无强（qiǎng）[9]。

【注解】（1）元：大，始。亨：通。利：义之和。贞：正而固。（2）道：天地事物所以自然有序运行的道理（事物当然之理），人人应当循理而行的道路（为人、处事的方法和路径）。常：常规，万世不变的规则。（3）仁：心之德，爱之理。义：心之制，事之宜。礼：天理之节文，人事之仪则。智：心之神明，事之明鉴（判断是非）。仁义礼智，人性之四德。（4）人性：人的天然本性，人性是天理在人身上的落实。纲：网上大绳，用以举网。（5）厥：那个。厥初：人初生时。（6）蔼：茂盛的样子。端：端倪，如谷之苗头出土可见。四端：即恻隐、羞恶、辞让、是非，是仁义礼智发出可见之端。恻：伤之切。隐：痛之深。羞：自家错误，自觉羞愧。恶：他人罪恶，自感憎恶。辞：辞去荣利。让：把

儒学门径

荣利让给别人。是非：其明智足以辨别是非。是：正确的、合理的。非：错误的、不合理的。（7）君：领导者。忠君：领导是为人民办事的，忠于领导就是忠于人民的事业。弟：同"悌"，敬爱兄长。（8）秉彝：人类秉执的常性。（9）顺：顺从本性的自然。强：强迫。

【述评】元亨利贞，天之四德。春夏秋冬，天之四气。德不可见，由气而见。天地之大德曰生，元为生物之始，亨为生物之通，利为生物之遂，贞为生物之成。人赋天理而有仁义礼智之德性，是天理在人身上的体现和落实。人性本善，皆有恻隐、羞恶、辞让、是非之心，由此扩而充之，遵循本性之自然以存善去恶，则德日进，过日少。

惟圣性者(1)，**浩浩其天**(2)，**不加毫末**(3)，**万善足焉。众人嘻嘻**(4)，**物欲交蔽**(5)，**乃颓其纲**(6)，**安此暴弃**(7)。

【注解】（1）惟：独。圣：圣人，大而化之之谓圣（品德最高尚、智慧最高超的人）。圣性者：有圣人天性的人。（2）浩浩：广大无际的样子。（3）毫末：毫毛末端。（4）众人：不努力向善的人。嘻嘻：无知的样子。（5）物欲：耳目口鼻肢体超出合宜的贪欲。交蔽：众欲交互遮蔽良心，使其失去理智。（6）颓其纲：废弃仁义礼智。（7）暴：糟蹋。不知圣贤之言为美而非毁之，是自暴其身。弃：抛弃。不行仁义之事是自弃。

【述评】圣人生知理义，安行人道，其德浩浩然盛大流行，同天一样，不用增加毫之末，而万善自足。众人不努力向善趋义，贪求奢侈欲望，就会见利忘义，失去理智，自暴自弃，甚至做出违法乱纪的事。

惟圣斯恻⁽¹⁾，建学立师，以培其根⁽²⁾，以达其枝⁽³⁾。小学之方，洒扫应对，入孝出弟，动罔或悖⁽⁴⁾。行有余力，诵诗读书⁽⁵⁾，咏歌舞蹈⁽⁶⁾，思罔或逾⁽⁷⁾。穷理修身⁽⁸⁾，斯学之大⁽⁹⁾，明命赫然⁽¹⁰⁾，罔有内外⁽¹¹⁾。德崇业广⁽¹²⁾，乃复其初⁽¹³⁾，昔非不足，今岂有余⁽¹⁴⁾。

【注解】（1）斯恻：对此嗤嗤之众，深加凄恻怜悯。（2）以培其根：培养圣功的根基、善端。（3）以达其枝：教其修身成德，达到齐家、治国、平天下的治世才能。（4）罔：无，不能。悖：违悖。行动不能违背小学之教。（5）诗：《诗经》。书：《书经》，指所有儒学经书。（6）咏：咏诗。歌：歌诗。舞：跳舞。蹈：脚踏动、跳动。（7）思：思考。逾：逾越。思想意识不能逾越小学的教义。（8）穷理：穷究事物的道理。修身：修治自己的身心，如非礼勿视，非礼勿听，非礼勿言，非礼勿动，以制止耳目口鼻肢体超越本分之欲望，使身心涵养在礼法之中。（9）斯学之大：这是学习《大学》最重要、最大的事。（10）明命：天把你生成人，就是要你做人事，这是明显的命令。赫然：明显的样子。（11）罔有内外：没有内外人己之分，只为世人和自己同

【述评】圣人生知理义，安行人道，其德浩浩然盛大流行，同天一样，不用增加毫之末，而万善自足。众人不努力向善趋义，贪求奢侈欲望，就会见利忘义，失去理智，自暴自弃，甚至做出违法乱纪的事。

惟圣斯恻[1]，建学立师，以培其根[2]，以达其枝[3]。小学之方，洒扫应对，入孝出弟，动罔或悖[4]。行有余力，诵诗读书[5]，咏歌舞蹈[6]，思罔或逾[7]。穷理修身[8]，斯学之大[9]，明命赫然[10]，罔有内外[11]。德崇业广[12]，乃复其初[13]，昔非不足，今岂有余[14]。

【注解】（1）斯恻：对此嗤嗤之众，深加凄恻怜悯。（2）以培其根：培养圣功的根基、善端。（3）以达其枝：教其修身成德，达到齐家、治国、平天下的治世才能。（4）罔：无，不能。悖：违悖。行动不能违背小学之教。（5）诗：《诗经》。书：《书经》，指所有儒学经书。（6）咏：咏诗。歌：歌诗。舞：跳舞。蹈：脚踏动、跳动。（7）思：思考。逾：逾越。思想意识不能逾越小学的教义。（8）穷理：穷究事物的道理。修身：修治自己的身心，如非礼勿视，非礼勿听，非礼勿言，非礼勿动，以制止耳目口鼻肢体超越本分之欲望，使身心涵养在礼法之中。（9）斯学之大：这是学习《大学》最重要、最大的事。（10）明命：天把你生成人，就是要你做人事，这是明显的命令。赫然：明显的样子。（11）罔有内外：没有内外人己之分，只为世人和自己同

是天地所生，同受天之明命，哪有人己之分。（12）德崇业广：依礼而行，自强不息，久习成性则意诚身修，品德崇高。推己及人而明明德于家国天下，则功业广大。（13）乃复其初：实现德崇业广，乃是恢复了初生时天命之性。（14）不足：在他蚩蚩的时候，不是天性不足。有余：而今德崇业广，并不是天性有余了，是恢复了被物欲遮蔽的天性。

【述评】穷究事物发展变化以明达事理，增长智慧，辨知至善所在而躬行向往，使动静云为事事合礼，以止于至善之境而不迁移。修养身心以明其明德，恢复天性之本然则品德崇高。自己明理了，不忍他人不明，自己身修了，不忍别人身不修。推己及人，以期家齐国治天下平，让很多人趋于修身明理境界，以广大其德业。此乃志士仁人之终身向往。

往圣前贤修己治人法则，善良美好言行，推行政教措施，道统精华传承，事物发展变化原理，安定天下的至德要道，无不详细记载在五经四书等经典之中。经过几千年反复实践，成为指导人类通向幸福安宁的康庄大道而永世传承。诵读这些经典，讲明修己治人道理，默识圣圣相传道统，而知人之所以为人之道，才能自成为人，不至于和禽兽差不多。所以诵诗读书，以培养心性，使人保全天良，作为修养品德和成就事业的根本。

世远人亡[(1)]，**经残教弛**[(2)]。**蒙养弗端**[(3)]，**长益浮**

靡[4]。乡无善俗[5]，世乏良材[6]。利欲纷拿[7]，异言喧豗[8]。

【注解】（1）世远：盛世已远。人亡：圣人亡故。（2）经残：五经被秦火烧残。教弛：小学大学教人之道废弛。（3）蒙养：儿童养正教育。弗端：不端正，偏离品行教化。（4）长益浮靡：年龄既长，会作诗赋文章，自负有才，更加轻浮华靡。（5）善俗：善良的风俗。人道不修以致乡无善俗。（6）良材：齐家治国平天下的人才。（7）利欲纷拿：人们被升官发财的利欲纷纷牵引，丧了天良。拿：牵引、驱动。（8）异言喧豗：不同的言论，使人莫衷一是。异言：不同的学说、言论。喧豗：喧闹。

【述评】汉唐以来，教育偏离养正启蒙正道，教儿童读书记诵只是作为诗赋文章的资料，不重视道德品行的修养和智慧启迪。学子以善诗赋能文章相高，自负有才，更加轻浮华靡。人们被升官发财的利欲纷纷牵引，丧失了善良本性；使天下贸贸焉，不知所向往，终于用夷变夏，趋向野蛮粗俗。

幸兹秉彝[1]，极天罔坠[2]，爰辑旧闻[3]，庶觉来裔[4]，嗟嗟[5]小子，敬受此书，匪我言耄[6]，惟圣之谟[7]。

【注解】（1）幸：幸亏。兹：这个。秉：执。彝：

常理，常德。幸兹秉彝：幸亏人们执持常性。（2）极天：终天，没天了。罔：无。坠：坠落。罔坠：不会坠落。（3）爰：于是。辑：编集。旧闻：旧日所闻于经史师友的。（4）庶：庶几，表希望的语气词，或许可以。觉：觉醒。来裔：将来的学子。裔：衣襟之末，末如树之末梢，引申为后代子孙，如人玄孙称为末末孙之类。（5）嗟嗟：反复叹息。（6）言耄：说老糊涂话。（7）惟圣之谟：全是圣人的典谟，没夹杂我的说教。谟：谋划，典谟。

【述评】先哲育才惜世之情，叮咛告诫之诚，和世开泰愿望，凸显于字字句句之间。小朋友们专心致志诵读《小学》书，体认为人处事义理，效法圣贤做人仪则。必于洒扫、应对、进退等日常生活之中，体认父母养育之艰辛，以增进家人亲情，练就应事本领，养成勤劳勇敢习性，学为好人。

上　朱子《小学·题辞》凡五章

第四篇　《大学章句序》

《大学》之书[1]，古之大学所以教人之法也。盖自天降生民[2]，则既莫不与之以仁义礼智之性矣[3]。然其气质之禀或不能齐，是以不能皆有以知其性之所有而全之也[4]。一有聪明睿智能尽其性者出于其间，则天必命之以为亿兆之君师，使之治而教之，以复其性。此伏羲、神农、黄帝、尧、舜[5]，所以继天立极[6]，而司徒之职[7]、典乐之官所由设也[8]。

【注解】（1）大学：《大学》书，为春秋时宗圣曾子所著。它深刻地阐述了修身治国的道理、原则和方法。修身，即为改变自己气秉之偏物欲之蔽，而恢复本然善性。齐家、治国、平天下，即为推己及人，己欲立而立人，己欲达而达人，使人人同归于善而逐步达到天下大同。所以《大学》一书实为立身处世所必读必修的功课。古人将它列为《四书》之首，非偶然也。（2）天降生民：人聚天地之气以成形，赋天地之理以有灵性，如同天所降生。（3）仁义礼智之性：天有元亨利贞之德，以生育长养收藏万物而生生不息。人秉天之四德以为生性，是与天同气、同德、同性，即此仁义礼智之性。（4）性："在天为元亨利贞，在人为仁义礼智，自天言之则曰理，自人言之则曰性，其实一而已矣。"（5）伏羲、神农、黄帝、尧、舜：中国古代帝王，是中华圣治最辉煌时期的圣王。（6）继天立极：继承天地之道，确立了中正仁义为人之所以为人的极至之道。极：至也。谓人之所以为人之道至极而无以复加也。（7）司徒：我国古代的一个重要官职名，主管道德教化。"司徒掌邦教，佐王安邦国"（《周礼·司徒》）。（8）典乐之官：我国古代主管声乐宣化的官员，负责以声乐化民成德。

【述评】秦治《论天人合一·天地万物本吾一体》："天降生民"者，人聚天地之气以成形，赋天地之理而有灵性。天是由运载天理的气和主宰气运的理构成无限宇宙的有机整体。宇宙所以有序运行而不差忒，亿万斯年生生不息者，理之宰也。《诗经》有"天生蒸民，有物有则"诗句，故后世有天人合一之论。所谓天生众民者，天以阴阳五行化生万物，气聚成形而有其形体，理亦赋焉而有其生命。虽曰形化而生（形体遗传），但离不开天地之精（生命体所需的能量）、气以长养呼吸，故曰天生众民。宇宙自然是大天地，人则是一个小天地。人和自然在本质上是相通的，董仲舒的"天人一也"理念由此而出。天者理也气也，气充满宇宙之中，无处不有。理寄寓于气而无所不在。

不仅仅是众民依赖天地而生，大至无穷宇宙、日月星辰，小至山川、人物、草木、鸟兽、虫鱼，无非由天生养。无不由气聚成形体，形溃气销于太虚，无不各由具备共性的一些原子混合化合而构成。具有同质、同体、同性、同理、同道的特征。此则孔子所谓"吾道一以贯之"，张子所谓"天地之塞吾其体，天地之帅吾其性"，朱子《中庸章句》所谓"盖天地万物本吾一体，吾之心正，则天地之心亦正矣，吾之气顺，则天地之气亦顺矣"。

纵观万物，原子机体、人身机体、地球机体、星系机体、宇宙机体，无不合理组合，相互作用，有序运行。各个机体者，气也、器也、物也、载理之质也。各个机体之内，所以合理组合，相互作用，有序运行，以及各个机体之间，也是合理组合，相互作用（如量子感应、星体星系相吸相斥），有序运行而不差忒者，理之宰也。此极至而无以复加之理者，太极也、无极也、天也、道也，主宰万物合理组合、相互作用得以有序运行而生生不息者也。

三代之隆[1]，**其法浸备**[2]，**然后王宫、国都以及闾巷**[3]，**莫不有学**[4]。**人生八岁，则自王公以下，至于庶人之子弟，皆入小学**[5]。**而教之以洒扫、应对、进退之节，礼乐、射御、书数之文。及其十有五年**[6]，**则自天子之元子、众子，以至公、卿、大夫、元士之适子，与凡民之俊秀**[7]，**皆入大学，而教之以穷理**[8]、**正心**[9]、**修己**[10]、**治人之道**[11]。**此又学校之教、大小之节所以**

分也。夫以学校之设，其广如此，教之之术，其次第节目之详又如此。而其所以为教，则又皆本之人君躬行心得之余⁽¹²⁾，不待求之民生日用彝伦之外⁽¹³⁾，是以当世之人无不学⁽¹⁴⁾。其学焉者，无不有以知其性分之所固有⁽¹⁵⁾，职分之所当为⁽¹⁶⁾，而各俛焉以尽其力⁽¹⁷⁾。此古昔盛时所以治隆于上⁽¹⁸⁾，俗美于下⁽¹⁹⁾，而非后世之所能及也！

【注解】（1）三代：夏、商、周三个朝代。（2）法：育民成德、化民成俗的学校建设规定及教学方法。浸备：逐渐完备。（3）闾：里巷的大门。里，五家为邻，五邻为里。巷：居住区的通道，大者为街，小者为巷。（4）莫不有学：天子的皇宫、诸侯国的国都及庶民百姓的闾巷都有学校，人民都能接受到良好教育。（5）皆入小学：7~14岁的儿童全部进入学校，学习做人，学习做事，学礼仪，学音乐，学习射箭、驾车、书法、算数等技艺。（6）十有五年：十五岁以上的儿童。（7）元子、适子：嫡长子。俊秀：品德学识优秀的学生。（8）穷理：穷究事物之理，欲其极处无不尽明。（9）正心：使身心归于正，达到公正无私。（10）修己：修治自己的身心，如非礼勿视，非礼勿听，非礼勿言，非礼勿动，以制止耳目口鼻肢体超越本分的欲望，使身心涵养在礼法之中。（11）治人：以孝弟慈治理家人国人。以孝弟慈之德行成于家，就可以使家庭和顺。以爱亲之心事上，以敬兄之心事长，以慈幼之心爱民，才可以治理好国家。

（12）躬行心得：通过亲身实践而心领神会做人的道理和做事的妥善方法。（13）日用：每日生活中的一点一滴。彝伦：常规的伦理道德。彝：常理；常道。伦：五伦（即父子、君臣、夫妇、兄弟、朋友）。（14）无不学：先王首重教化，学校遍布城乡，学龄儿童皆入学受教。庶民百姓"不力乎南亩，则从事乎礼乐，不在乎家，则在乎庠序（学校）之间，耳闻目见，无非仁义，乐而趋之，不知其倦"。（15）性分之所固有：所生天性中固有的仁、义、礼、智、信。（16）职分之所当为：学明性分中五常之性，则会知道自己应当做到父子有亲、君臣有义、夫妇有别、长幼有序、朋友有信的五伦达道。（17）俯：屈身，低头。尽其力：笃行五伦之达道而不停止。（18）治隆于上：以感化、教化、劝化等措施，以万民成德为先务治理人民，则人民从化如流，是治道兴隆于上。（19）俗美于下：通过教化，让所有人有智慧，有品格，知是知非，知荣知耻，人人遵守道德，行于礼义，则人民相亲相爱，风醇俗美。

及周之衰，贤圣之君不作⁽¹⁾，学校之政不修。教化陵夷⁽²⁾，风俗颓败⁽³⁾，时则有若孔子之圣，而不得君师之位以行其政教⁽⁴⁾。于是独取先王之法⁽⁵⁾，诵而传之以诏后世⁽⁶⁾。若《曲礼》《少仪》《内则》《弟子职》诸篇，固小学之支流余裔⁽⁷⁾，而此篇者⁽⁸⁾，则因小学之成功，以著大学之明法⁽⁹⁾。外有以极其规模之大，而内有以尽其节目之详者也。三千之徒⁽¹⁰⁾，盖莫不闻其说，而曾氏之传独得其宗[11]。于是作为传义[12]，以发其意。及孟子没而其传泯焉[13]，则其书虽存，而知者鲜矣！

【注解】（1）贤圣之君不作：周朝自文王、武王开国，教化大行，民风淳朴，成康继之，刑措不用。后世圣贤之君不作，政教逐渐衰微。（2）陵夷：丘陵被夷为平地，失去了高峻秀美的丰姿。指教化工作衰败，走下坡路。（3）颓败：萎靡衰败。（4）行其政教：推行孔子爱民养民的仁义政策和敦厚风俗的仁德教化。（5）先王之法：尧、舜、禹、汤、文、武、周公成圣之道及其所推行的教化方法和治国政令，皆载于《周易》《尚书》《诗经》《周礼》《仪礼》《礼记》《乐经》《春秋》，经孔子删定而得以传留后世。（6）诵而传：孔子教三千弟子诵习成德而传授于四方。诏后世：孔子之道，由其弟子及再传弟子世世接续传授，以教导后世学子成德成才，并感召世人向善成德。（7）支流余裔：（《小学》的）分支、末流。（8）此篇：指《大学》。（9）著：彰显，显著。明法：修身明道、齐家治国平天下的大经大法。（10）三千之徒：指孔子三千弟子。（11）曾氏之传独得其宗：唯独曾子所传授的道义符合孔圣人的宗旨。（12）传（zhuàn）义：注释《大学》经文宗旨的十传。曾子著《大学》，首述孔子传述的大学教人之法，是为《大学》经文一章。次述注释经文的传十章，逐条详释经文宗旨。（13）其传泯焉：大学教人之法的传承泯灭了。

自是以来，俗儒记诵词章之习⁽¹⁾，其功倍于小学而无用⁽²⁾。异端虚无寂灭之教，其高过于大学而无实⁽³⁾。其他权谋术数，一切以就功名之说，与夫百家众技之流，所以惑世诬民、充塞仁义者，又纷然杂出乎其间。使其君子不幸而不得闻大道之要⁽⁴⁾，其小人不幸而不得蒙至治之泽⁽⁵⁾。晦盲否塞⁽⁶⁾，反复沉痼⁽⁷⁾，以及五季之衰⁽⁸⁾，而坏乱极矣！

【注解】（1）记诵词章：为了作好文章考取功名而诵读记忆诗词文章。（2）无用：不在身心性命上下功夫，只学做文章，学不到修身、齐家、治国、平天下的真本领，不具备处理好政事的才能。（3）无实：没有教人修善身心处理事务的实用内容。（4）不得闻大道之要：为官者惑于邪说，务求功名利禄而不得闻大道的要领，常陷于贪腐之中不能自拔。（5）不得蒙至治之泽：官员贪残则政治腐败，人民得不到好的治理环境的恩泽。（6）晦盲否塞：国政混乱，下情不能上达。晦盲：光线昏暗；指社会黑暗，世道混乱。否塞：闭塞不通。（7）沉痼：历时较久而顽固难治的病，这里指政治衰败至极。（8）五季：后梁、后唐、后晋、后汉、后周五代。

【述评】秦治《学〈大学〉——兼论大学章句与〈礼记·大学〉》：学习《大学》，关键在于格物致知以明事物之理，诚意、正心、修身以明其明德，德明行修以齐家、治国、平天下。"明明德、新民，皆当至于至善之地而不迁。盖必其有以尽夫天理之极，而无一毫人欲之私也。此三者，《大学》之纲领也"（《大学章句集注》）。程子依《大学》首章次序，序列十传为明、新、止、本末、格致、诚、正修、修齐、齐治、治平，纠正了《礼记》错简（似竹简散乱后，整理时简位排列有错）。后世有以《礼记》错简批朱子者，秦治以为贵在明理躬行改过迁善以尽性，无须孜孜于简牍先后、补传适否。凡诋毁孔、孟、程、朱者，多属学识浅薄或有意扰乱正道者。贺瑞麟先生曰："欲明朱子之道与学，当考朱子之人与世，则《行状》《年谱》二者其要也。"又曰："程朱是孔孟嫡派，合于程朱即合于孔孟，不合于程朱即不合于孔孟。"

天运循环，无往不复。宋德隆盛[(1)]，治教休明[(2)]。于是河南程氏两夫子出[(3)]，而有以接乎孟氏之传[(4)]。实始尊信此篇而表章之[(5)]，既又为之次其简编，发其归趣，然后古者大学教人之法，圣经贤传之指，粲然复明于世。虽以熹之不敏，亦幸私淑而与有闻焉。顾其为书犹颇放失[(6)]，是以忘其固陋，采而辑之，间亦窃附己意，补其阙略[(7)]，以俟后之君子。极知僭逾[(8)]，无所逃罪，然于国家化民成俗之意、学者修己治人之方，则未必无小补云。

【注解】（1）宋德隆盛：宋太祖以礼让开国，止乱世，济民困，以仁德治天下，使国家兴隆昌盛。（2）治教：政事与教化。休明：美好清明。赞美明君盛世。（3）两夫子：程颢、程颐。（4）接乎孟氏之传：程子接续孔孟修身养性的道学传承。（5）此篇：指《大学》。（6）放失：散失。失，通"佚"。（7）阙（quē）略：缺失；不完备。（8）僭（jiàn）逾：僭越；超越本分。

【述评】善政育英才，宋太祖为拯救世乱，以礼让开国，以仁慈救民。禁杀倡廉，全用前朝旧臣。以道德教化正人心，厚风俗，兴儒学，置明师。严格实施三省六部制，使各正其位，各司其职。于是成就政教兴隆、政治清平的太平盛世。君子主政，才会有清明政治。君子养成，需要清明政治的养育。是故宋廷人才济济，大贤大儒辈出，得以上接孔孟道统传承，而汉唐无与比焉。

上　《大学章句·序》凡五章

　　　　　　　　　　　　　　　儒学门径

第五篇　朱子《感兴诗》

感兴诗序

余读陈子昂《感寓》诗，爱其词旨幽邃，音节豪宕，非当世词人所及。如丹砂空青，金膏水碧，虽近乏世用，而实物外难得自然之奇宝。欲效其体，作十数篇。顾以思致平凡，笔力萎弱，竟不能就。然亦恨其不精于理，而自托于仙佛之间以为高也。斋居无事，偶书所见，得二十篇。虽不能探索微眇，追迹前言，然皆切于日用之实，故言亦近而易知。既以自警，且以贻诸同志云。

篇　一

昆仑大无外[1]　磅礴下深广[2]　阴阳无停机[3]
寒暑互来往　皇羲古神圣[4]　妙契一俯仰[5]
不待窥马图[6]　人文已宣朗[7]　浑然一理贯[8]
昭晰非象罔[9]　珍重无极翁[10]　为我重指掌[11]

【注解】(1)昆仑：广大无垠貌，指无穷的宇宙。(2) 磅礴：广大无边貌，指大地广大深厚。(3) 阴阳：阴阳是中国古代文明中对蕴藏在自然规律中的、推动自然规律发展变化的根本因素的描述，阳为太极之动，阴为太极之静。（4）皇羲：太昊伏羲氏，风姓，又称宓羲、庖牺、包牺、伏戏，亦称牺皇、皇羲、太昊，《史记》中称伏牺。是三皇之首，生于陇西成纪（今甘肃静宁县治平乡），所处时代约为旧石器时代中晚期。伏羲是中华民族人文始祖，是中国古籍中记载的最早的帝王。他根据天地万物的变化，发明创造了八卦，创造文字结束了"结绳记事"的历史。他又结绳为网，用来捕鸟打猎，并教会了人们渔猎的方法。发明了瑟，创作了曲子。伏羲称王一百一十一年以后去世，留下了大量关于伏羲的传说和一些记载。神圣：大而化之之谓圣，圣而不可知之之谓神。（5）契（qiè）：古同"锲"，用刀子刻。引申为领悟、揣摩。俯仰：仰观天文，俯察地理，观鸟兽草木虫鱼之文与事之宜，妙然会契宇宙人生大道。（6）马图：龙马背部的圈点图案。伏羲时，龙马出于黄河，背部有圈点图案，称为河图或马图（见《周易卦解·河图》）。不待窥马图：伏羲画卦于龙马负图之先。（7）人文：人类文化中先进的、科学的、优秀的、健康的部分，如道德、礼乐、刑政等。已宣朗：伏羲已画八卦，以象天体有序健行、阴阳互动生生不息，以通神明之德，以类万物之情。而人类法天正己、遵时守位、知常达变、居安思危之道已朗然明晰。（8）一理贯：天地万物，同具一理。子曰："吾道一以贯之。"（9）象罔：不真切；模糊不清。（10）无极翁：姓周名敦颐，北宋思想家、理学家、哲学家、文学家，是理学鼻祖，世称周子。因其"无极而太极"之说，故称无极翁。（11）重指掌：重新指点世界本原以阐明伏羲八卦原理及其蕴含的天地万物的深奥意义。指明事理浅显明了，如握掌中。

【述评】此言圣贤摹拟天道，开启人文，指掌人生大道。天地所以有序运行，是有太极主宰，太极乃极至之理，又称为道。阴阳是中国古代圣贤创立的宇宙本原论，阳为太极之动，阴为太极之静。"夫阴阳者，造化之本，不能相无，而消（阴）长（阳）有常"（《周易卦解·坤》）。"太极者性命之理，道之体也；阴阳者，变化之机，道之用也"（《周易卦解·周易序》）。伏羲仰观天文、俯察地理，取类比象，将自然界中各种对立又相关联的现象，如天地、日月、昼夜、寒暑、男女、上下等，抽象归纳于"阴阳"的范畴。伏羲时，黄河有神物出，似龙非龙，似马非马，背负天地之文：二、七在前，一、六在后，三、八在左，四、九在右，五、十居中之圈点图案，称为河图。伏羲已画八卦而后见河图与之契合无间，知八卦足以摹拟天下事物之形容以指导人生。周子（周敦颐）根据伏羲八卦著《太极图》《太极图说》，指出了世界的本原，通过无极、太极、阴阳、五行等理学范畴，提出了系统的宇宙构成论。认为"太极"是宇宙的本原，人和宇宙万物都是由于阴阳二气和水、火、木、金、土五行相互作用构成的。五行统一于阴阳，阴阳统一于太极，因为太极无形无声无臭，又称太极为无极（虽似什么都没有，而蕴含着极至之理，生生之道）。突出人的价值和作用："惟人也，得其秀而最灵。"又特别突出圣人的价值和作用，认为"圣人定之以中正仁义，而主静，立人极焉"。

篇 二

吾观阴阳化　　升降八纮中[1]　　前瞻既无始

后际那有终　　至理谅斯存[2]　　万古与今同[3]

谁言混沌死[4]　　幻语惊盲聋[5]

【注解】（1）八纮：八方极远之地。（2）至理：主载天地万物自然有序运行的极至之理。谅斯存：真实地永远存在。（3）与今同：至理即太极，太极之理，不离乎阴阳之中，虽往古与未来，无不与今日一样存在。（4）混沌（又作浑沌）死："南海的帝王名叫儵，北海的帝王名叫忽，中央的帝王名叫浑沌。儵和忽在浑沌的地方相遇了，浑沌对待他们非常友好。儵和忽商量着报答浑沌的恩情，说：'人都有七窍，用来看外界、听声音、吃食物、呼吸空气，唯独浑沌没有七窍，让我们试着给他（浑沌）凿出七窍。'于是儵和忽每天替浑沌开一窍，但是到了第七天浑沌就死了。"寓意开七窍能见识世务却丧失了善良的本性。（5）幻语：（混沌死是）惑乱而不真实的言论。盲聋：眼瞎耳聋，喻愚昧无知的人。

【述评】此言天理永恒，人性本善，万古不移。太极至理赋予天地万物，"有物（必）有则"。不分古今中外，主宰天地万物自然有序运行的极至之理，永远真实地存在。人禀天地之理以生，具备善良本性。是故用混沌死比喻人性丧失，只是一种不切合实际的幻梦语言，人的善良本性永远不会消失，"学者当因其所发（良心偶尔发现）而遂明之，以复其初"生善性。视听言动皆正则明德益明，如颜渊攻四勿（非礼勿视，非礼勿听，非礼勿言，非礼勿动）而成亚圣。若放纵耳目口体之贪欲而损人以利己，则逐步变为恶人，但其天赋善性依然存在，并不会完全消失（混沌死），由历史上恶人转变为善人者不可胜计可知也。

篇 三

人心妙不测	出入乘气机(1)	凝冰亦焦火
渊沦复天飞(2)	至人秉元化(3)	动静体无违(4)
珠藏泽自媚(5)	玉韫山含晖(6)	神光烛九垓(7)
玄思彻万微(8)	尘编今廖落(9)	叹息将安归(10)

【注解】(1) 气机：气的正常运行机制。人体气机归纳为升、降、出、入四种基本运动形式。(2) 渊沦：沉沦深渊。复天飞：又飞升九天。言心神恍惚不定。(3) 至人：道德修养最高超的人。秉：执掌。元化：天地造化。(4) 体：心存天理。无违：不违背礼法。(5) 泽自媚：泽内藏珠，光泽自然显露。(6) 山含晖：山有美玉，则玉辉熠熠而山色光明。

喻人德韫于中而威德仪则自然焕发于外的美好辉光。
(7) 神光：神异的灵光。指至人的精神感召力。烛：照亮。九垓：九重，极高远处。(8) 玄思：高远的思维境界。彻：深透。万微：万物变化之理的精微。(9) 尘编：古旧之书，指孔夫子删定的《六经》，蕴含宇宙人生大道。廖落：稀少；衰微。指读经以明理修身的人稀少。(10) 安归：不遵从人道而归于何处？

【述评】此言心为一身之主，而不可须臾或放，穷理尽性，修身成德，真诚韫于心，则德容自然光鲜。叹息人不读书明理遵从人道而归于何处！无穷理尽性之功，则志无定向，心无所安，放荡不羁，惶惶不可终日。唯穷理修身以明天地造化，知人之所当行而自安于礼法之中，躬行善道克己复礼于日用生活之间，乐行不已，积善成德，德韫于中，德仪辉光自然焕发于外而可畏可象，以率民向善趋义。然因读经以明理修身的人稀少，而贪图利禄者日增，先哲叹息不遵从人道而归于何处乎！

篇　四

静观灵台妙(1)　　万化此从出　　云胡自芜秽(2)
反受众形役(3)　　厚味纷朵颐(4)　　妍姿坐倾国(5)
崩奔不自悟(6)　　驰骛靡终毕(7)　　君看穆天子(8)
万里穷辙迹(9)　　不有祈招诗(10)　　徐方御宸极(11)

【注解】(1) 灵台：指人心。(2) 云胡：为什么。

自芜秽：心本神妙，不自操存，则陷溺于荒芜污秽之中。（3）众形役：为耳目口体所役使，所谓"心为形役，乃兽乃禽"。（4）朵颐：鼓动腮颊嚼东西的样子。（5）妍姿：美好的姿容。（6）崩奔：（国家将）崩溃覆败。（7）驰骛：疾速奔驰（游山玩水）。靡：无，没有。（8）穆天子：周穆王。（9）辙迹：车子行驶的痕迹。《左传》记载，周穆王想要随心所欲，走遍天下，要使天下都留有他的车辙马迹。（10）祈招诗：祭公谋父作《祈招》之诗，以止穆王游乐之心。（11）徐：诸侯国名。御：驾驭，控制。宸极：即北极星，比喻帝位。徐国乘时作乱，将要入京称帝了。

【述评】此言不循天道，肆欲妄行，必有亡国败家之患。如周穆王纵情山水，几至亡国丧家。周穆王两伐犬戎而边远诸国不再来朝，肆意远游，朝政废弛，导致徐国乘机图周。自穆王之后，周王朝开始由盛而衰。此喻"人心之驰骛流荡，若不知止，则心失主宰，而物欲反据而为之主矣"。

篇　五

泾舟胶楚泽(1)	周纲已陵夷(2)	况复王风降(3)
故宫黍离离(4)	玄圣作春秋(5)	哀伤实在兹(6)
祥麟一以踣(7)	反袂空涟洏(8)	漂沦又百年
僭侯荷爵珪(9)	王章久已丧(10)	何复嗟叹为
马公述孔业(11)	托始有余悲(12)	拳拳信忠厚

无乃迷先几

【注解】(1) 胶楚泽：周昭王南巡楚国，"济于汉，船人恶之，以胶船进王，王御船至中流，胶液船解，王及祭公俱没于水中而崩"。(2) 周纲：周朝的礼法制度刑律。陵夷：大土山变为平地；意喻衰颓，衰落。(3) 王风：一国之风；《诗》十五国风之一。周平王东迁，王室之尊与诸侯无异，其诗不能复雅，称为王国之变风。(4) 黍离离：周大夫行役至西周故都，过故宗庙宫室遗址，尽为禾黍。悯周室颠覆，彷徨不忍去，而作《黍离》诗。(5) 玄圣：特指孔子。大中祥符元年 (1008)，宋真宗谒曲阜，上尊号"玄圣文宣王"。春秋：鲁国史书的名称，孔子依鲁史笔削修订而成《春秋》，善者褒之，不善者贬之，使后世君臣，爱令名而劝善，畏恶名而慎行。(6) 在兹：在这里。哀伤周纲陵夷，导致百姓受苦受难。(7) 祥麟：麒麟。一种仁兽，有王者则至，无王者则不至，为祥瑞象征。踣：向前扑倒（前左足折伤）。(8) 涟洏 (ér)：涕泪交流。《左传》："十四年春，西狩于大野。叔孙氏之车子鉏商获麟，以为不祥，以赐虞人。仲尼观之，曰：'麟也！'然后取之。"(9) 僭侯：晋大夫韩虔、赵籍、魏斯越礼犯分，灭晋，冒用诸侯名号。爵珪：作凭信的玉。公元前403年周威烈王悖礼违制，封韩、赵、魏为诸侯，赐给不正当侯爵玉符。(10) 王章：王室的典章制度。(11) 马公：司马光。孔业：孔子弘扬大道的事业。(12) 托始：《资治通鉴》起始于赵、魏、韩初封为诸侯，托此证明不遵守纲纪名分则无序可守，必致衰亡。

【述评】此言天下衰乱于君王失德，政教不修，纲常废弛，致使生灵涂炭。圣贤感叹后期周王不修德勤政，文王之仁政废弛，诸侯违命。又悖礼违制，自弃纲纪名分，致使诸侯相攻伐，上下失序，民生危困。孟子曰："惟大人为能格君心之非。君仁莫不仁，君义莫不义，君正莫不正。一正君而国定矣。"

篇 六

东京失其御[(1)]	刑臣弄天纲[(2)]	西园植淫秽[(3)]
五族沉忠良[(4)]	青青千里草[(5)]	乘时起陆梁
当涂转凶悖	炎精遂无光[(6)]	桓桓左将军[(7)]
仗钺西南疆	伏龙一奋跃[(8)]	凤雏亦飞翔[(9)]
祀汉配彼天	出师惊四方	天意竟莫回
王图不偏昌	晋史自帝魏[(10)]	后贤盍更张[(11)]
世无鲁连子[(12)]	千载徒悲伤	

【注解】（1）东京：东汉首都洛阳，代指东汉政权。（2）刑臣：指宦官。天纲：天的纲维；指朝廷纲纪。（3）西园：汉上林苑。淫秽：指汉灵帝不务政事的荒唐行径。（4）沉忠良：汉灵帝时期宦官擅权，迫害禁锢忠良，株连五族。（5）千里草：指董卓。董字由千、里及草字头组成。（6）炎精：汉以火得王。（7）左将军：汉封刘备为左将军。（8）伏龙：诸葛亮被称为卧龙先生。

（9）凤雏：庞统被称为凤雏先生。（10）自帝魏：晋自谓接受禅让于魏，以魏为正统，违背了《春秋》大义。（11）盍更张：何不变更（以蜀汉代表汉朝正统，才符合传统大义）。（12）鲁连子：指鲁仲连誓不帝秦。

【述评】此言兴国以德。高祖、世祖伐暴救民，开创盛世。桓帝、灵帝违悖德教，贪图逸乐，任用宦官而丧邦。伏龙为救世以发奋。阉宦无知妄作，禁锢忠贤，亡国殃民。宦官用事，以其心智偏驳，有擅权保权之能，无治国安民之学。逢迎谄媚，长君之恶，妒忌险狠，扰乱国政，不危败者盖寡矣。治国以用贤为急务，而汉灵帝在宦官挟制下，于公元169年收捕李膺、杜密等忠臣百余人下狱处死，并陆续杀死、流徙、囚禁朝臣达六七百人。176年，灵帝在宦官挟制下又命令：凡"党人"的门生故吏、父子兄弟，都免官禁锢，并连及五族。因残杀忠臣过度而政衰国危，直接引起战乱而亡国。伏龙、凤雏为救天下之溺，奋力于乱世，虽未能推行仁政于天下，却以仁政治蜀，佑护一隅安乐。七纵孟获而明人心可正，遗后世以天下可治之道。正道行则天下必安。

篇 七

晋阳启唐祚[1]　王明绍巢封[2]　垂统已如此[3]
继体宜昏风[4]　麀聚渎天伦[5]　牝晨司祸凶[6]
乾纲一以坠[7]　天枢遂崇崇[8]　淫毒秽宸极[9]

虐焰燔苍穹(10)　向非狄张徒(11)　谁办取日功(12)

云何欧阳子(13)　秉笔迷至公　唐经乱周纪

凡例孰此容　侃侃范太史(14)　受说伊川翁(15)

春秋二三册(16)　万古开群蒙(17)

【注解】（1）启唐祚：李唐发迹于山西晋阳，李世民、裴寂等阴以晋阳宫人侍李渊，胁迫其起兵兴唐。祚（zuò）：指帝位。（2）王明：唐太宗纳弟妻杨氏生皇子巢王李明。绍巢封：李明过继给巢王李元吉为后。（3）垂统：把基业留传下去，指皇位承袭。（4）昏风：淫乱的作风。（5）麀聚：如麋鹿之不知礼义，父子共妻，渎乱伦常。麀：母鹿。（6）牝晨：牝鸡司晨，指武后擅权乱政。（7）乾纲：天纲；指唐朝纲纪。（8）天枢：武则天竭民财力，毁民农器，铸铜天枢以黜唐颂周，寓意民众都像众星始终朝着北极星一样，对她感恩戴德。崇崇：铜天枢高耸的样子，言正道倾颓，邪气张扬。（9）秽宸极：污浊了帝位。（10）虐焰：残暴的气焰。苍穹：苍天；广阔的天空。（11）狄张：狄仁杰和张柬之，经他们劝谏及扶持，拨乱反正，才恢复了大唐基业，消除了李、武争权的战乱根基。（12）取日：迎回落日。喻助废帝复位。（13）欧阳子：欧阳修，编撰有《新唐书》《新五代史》等。（14）范太史：北宋范祖禹，《资治通鉴》中的《唐鉴》是范太史编纂的。（15）伊川翁：伊川先生程颐。（16）春秋：孔子作《春秋》以诛乱臣，正名分，弘道义。（17）开群蒙：范太史用伊川先生《春秋》大义之说，遵照《春秋》"公在乾侯（鲁昭公失国避于齐）"之义，取消《周纪》，取武后临朝二十一年系之中宗，从此史册归正。

【述评】此言孝悌正家，伦常失正则家乱国危。"上有好者，下必有甚焉者矣"。父君以正率于上，家国以正效于下，可望家齐国治；否则昏风随而秩序乱，播恶遗秽于后世。"行一不义、杀一不辜而得天下，皆不为也"。况毒杀子女，屠杀大臣及宗族，悖乱人性，善心不在，焉论爱民治国。在当时无以正明其罪，必赖执史笔者诛奸谀于即死，使乱臣贼子有所畏惧，而不敢侥幸为非。

篇 八

朱光遍炎宇⁽¹⁾　微阴眇重渊⁽²⁾　寒威闭九野⁽³⁾
阳德昭穷泉⁽⁴⁾　文明昧谨独⁽⁵⁾　昏迷有开先⁽⁶⁾
几微谅难忽⁽⁷⁾　善端本绵绵⁽⁸⁾　掩身事斋戒⁽⁹⁾
及此防未然⁽¹⁰⁾　闭关息商旅⁽¹¹⁾　绝彼柔道牵⁽¹²⁾

【注解】（1）朱光：太阳光芒。炎宇：指盛夏之时，四宇炎热。（2）眇重渊：阳极生阴，微阴渺小地现于重渊之下。"阴不生于阴，常伏于至阳之中，姤卦是也。"（3）九野：八方及中央。（4）昭穷泉：阴极生阳，一阳显著地复生于九泉之下。"阳不生于阳，潜于盛阴之中，复卦是也。"昭：彰明、显著。（5）文明：文采光明，文德辉耀。昧谨独：违背谨独之诫。谨独：谨慎对待，迹虽未形而几则已动，人虽不知而己独知之际，在思虑意念之间去恶存善的身心修养。（6）有开先：虽心地文明而忘记了谨独，就是开启了昏迷的端倪。（7）几微：些微，一点点。谅难忽：实在不可轻易忽略。（8）绵绵：微细；微弱。（9）斋戒：在祭祀前沐浴更衣、整洁身心，以增进虔诚。（10）防未然：防止思虑有误，必"遏人欲于将萌，而不使其滋长于隐微之中，以至离道之远也"。（11）闭关息商旅：先王以冬至日闭关，禁止商旅通行，君王不出宫巡察以养阳气，安定身心，停止追逐名利地位，一心向善。（12）柔道：工于媚悦而缺乏诚信。

【述评】此总结前七篇，以明法天成德、辅世长民之义，以及悖天贪淫、亡国丧家之由。指明存善去恶，完成安泰人生的途径。善端发萌于微小，静心善养，足以成大善。贪欲昏迷于几微，不知遏止，终成大恶。是以君子戒谨慎独，自律成为习惯，乃至成德成人，成贤成圣。"先王观雷在地中之象，于至日闭关，以息商旅，亦不为省方（巡察）之举，盖欲安静以养微阳也。养至动于至静之中，无扰乎阳，所以使微阳安静生息，以期乎刚长也"（《周易卦解·复》）。是故学者常存养于至静之中，以体认天地生物之心，而有以胜其有我之私，以向善背恶，趋吉避凶。

篇　九

微月坠西岭　烂然众星光　明河斜未落[1]

斗柄低复昂⁽²⁾　　感此南北极　　枢轴遥相当⁽³⁾
太一有常居⁽⁴⁾　　仰瞻独煌煌　　中天照四国
三辰环侍旁⁽⁵⁾　　人心要如此⁽⁶⁾　　寂感无边方⁽⁷⁾

【注解】（1）明河：银河。（2）斗柄：北斗七星的第五至第七星。（3）枢轴：机关运转的中轴。遥相当：天有南极北极遥遥相对。（4）太一：北极星，北极，亦称北辰。北极太一出地三十六度，常见不隐。（5）三辰：指日、月、星。环侍旁：日月星辰环拱于太一，健行不息，而天体有序运行。（6）人心：人的善良心地。要如此：要像太一那样居中守正。（7）寂感：寂然不动，感而遂通。

【述评】此承上篇以起下篇之意。言"人心要如此"效法天道，像太一那样居中守正，能防止邪念，存诚主敬，则心体泰然，四肢百体像众星环拱于太一，顺从不违。心静时寂然不动，及其感于物而动，则感而遂通天下之故，皆从善道，无有方所，此则所谓心与理一也。

秦治《心理论》曰："心乃器，形而下者。是积气所生，性理得以有所附也。理者道也，形而上者，天所禀赋，身心得以聪明睿智也。人聚天地之气以有形体身心，随禀赋天地之理以有聪明睿智。是故心者，应事之'处理器'，德善之'存贮器'。性理者，心身得以明智之系统，是不偏不倚，无过不及而恰如其分的应事系统，犹如电脑操作系统、应用系统耳。性理借助心身以感应分析，确定应对指令，指挥四肢百体施行正确言行。正确言行，源于复其本性，必格物穷理以致其知。理无不明而知无不尽，真知至善之所在，则可言知是知非，知对知错。临事依理而行，不致手足无措。孔夫子七十而随心所欲不逾矩者，不勉而中，不思而得，心与理一也。"

篇　十

放勋始钦明⁽¹⁾　南面亦恭己⁽²⁾　大哉精一传⁽³⁾
万世立人纪⁽⁴⁾　猗欤叹日跻⁽⁵⁾　穆穆歌敬止⁽⁶⁾
戒櫱光武烈⁽⁷⁾　待旦起周礼⁽⁸⁾　恭维千载心⁽⁹⁾
秋月照寒水⁽¹⁰⁾　鲁叟何常师⁽¹¹⁾　删述存圣轨⁽¹²⁾

【注解】　（1）放勋：对帝尧的称号，姬姓，伊祁氏，"五帝"之一，帝喾之子。钦明：敬肃明察。威仪表备谓之钦，照临四方谓之明。（2）恭己：自己以恭敬心态自处。舜举众贤人任职行政，垂衣裳恭己正南面而听天下之治；言礼乐刑政尽善，选用贤能人才创造性实施而已，所谓用人者逸也。（3）精一传：舜传授给禹修身治国之道的十六字心法："人心惟危，道心惟微，惟精惟一，允执厥中。"只有精心一意，诚恳地秉执中正之道，才能修己于善，才能治理好国家。危则难安，微则难明，故戒以精一，诚信执中。（4）立人纪：确立了人的纲纪。指立身处世的道德规范：执中守正，精诚专一，精进不已。十六字心法成为历代圣王传承的道统，成为孔门心法传授的主要内容。（5）猗歟：叹词，表示赞美。日跻：《诗·商颂·长发》"汤降不迟，圣敬日跻"。赞美殷商始祖成汤恭敬、端肃的德行以致每天都有进步。（6）穆穆：仪容、言语美好；行止端庄恭敬。歌敬止：《诗·大雅·文王》"穆穆文王，於缉熙敬止"。赞美周文王勤勉庄敬。（7）戒獒：周武王克商后，威德广被，远方来朝者众，西旅贡獒，召公奭认为不应当接受此等玩物，于是作《旅獒》，以玩物丧志训诫武王。獒：一种高大、凶猛、垂耳、短毛的家犬。光武烈：光大周武王的文德武功 ["明王慎德，四夷咸宾，无有远迩，毕献方物，惟服食器用。王乃昭德之致于异姓之邦"（《书经·周书·旅獒》)]。（8）待旦：等待天明。孟子赞扬周公说："周公想兼学夏、商、周三代开国君王的贤德，按照他们的德行智慧治理好周朝，如果有不适合当时情况的，他就抬起头来思考，夜以继日地想，等想出了好的办法，便坐着等到天明，马上去施行。"起周礼：周公制定《周礼》。（9）恭维：赞扬。千载心：圣人相继数千年爱民化民的心迹。（10）秋月照寒水：群圣心迹如清秋"明月之至明照寒水之至清，皎然无一毫之翳，湛然无一点之滓也"（蔡模）。（11）鲁叟：指至圣先师孔子。何常师：哪有固定的老师。是说学在自己，只要努力上进，就一定会学业有成。（12）删述：孔子赞《周易》，删《诗》《书》，定《礼》《乐》，修《春秋》，以成《六经》。存圣轨：保存上古圣人的言行轨迹（规范）。

【述评】秦治《论朱子感兴诗第十篇》：此篇述尧、舜、禹、汤、文、武、周公传承道统，推行仁政，播施德教，以化育万民，创建华夏盛世。孔子继往圣、开来学，续千古文明于不坠。千古圣贤德性昭明，爱民如子，心地善良，如朗朗秋月，光照人间。万民向往效法，归于善道而贤人众多。周公制定的《周礼》，是三皇五帝至禹、汤、文、武、周公经世大法的集粹，是一部通过官制来表达治国方案的著作。书中记载社会政治、经济、文化、风俗、礼法制度等，多有史料可循。所涉及的内容大至天下九州，天文历象；小至沟洫道路，草木虫鱼。凡邦国建制，政法文教，礼乐兵刑，赋税度支，膳食衣饰，寝庙车马，农商医卜，工艺制作，各种名物、典章、制度，无所不包，堪称文化史宝库。

孔夫子删订古籍，著述《春秋》以成《六经》，有效保存了上古5000年圣人的轨迹（规范、典籍）。著十翼以赞《周易》，使《周易》升华为人类首部哲理、智慧全书。著《春秋》以别是非，正王道，明大法。"《六经》之有《春秋》，若法律之有断例。"古籍记载着上古圣贤的言语、行事、思虑、修为、礼乐刑政等方面的典范。古籍浩繁，孔夫子总结提纯升华为《六经》，由弟子及再传、再再传弟子们有效传承至今，早已内化为中华民族的人文基因。

篇十一

吾闻包牺氏⁽¹⁾　爰初辟乾坤⁽²⁾　乾行配天德⁽³⁾
坤布协地文⁽⁴⁾　仰观玄浑周⁽⁵⁾　一息万里奔⁽⁶⁾
俯察方仪静⁽⁷⁾　赜然千古存⁽⁸⁾　悟彼立象意⁽⁹⁾
契此入德门⁽¹⁰⁾　勤行当不息⁽¹¹⁾　敬守思弥敦⁽¹²⁾

【注解】（1）包牺氏：即伏羲氏。（2）爰初：自从人类文明初始。爰：从，于是。辟乾坤：伏羲氏仰观天文，俯察地理，"于是画'━'（音奇）以象阳，画'╌╌'（音偶）以象阴，而两仪立焉。见阴阳有各生一阴一阳之象，故于'━'、'╌╌'之上各画'━'、'╌╌'而为'⚌'太阳、'⚎'少阴、'⚍'少阳、'⚏'太阴之四象焉。由此刚柔相推，画出'☰'乾'☱'兑'☲'离'☳'震'☴'巽'☵'坎'☶'艮'☷'坤八卦，以象天地风雷雨日山泽之象，以肖天地造化发育之具，所以化生万物者，而万象包罗于其中矣。又因而重之，为六十四卦三百八十四爻，以通神明之德，以类万物之情。使人观其卦象以察阴阳消长之机，而识治乱兴衰之由；以体认天地生物之心，而有以胜其有我之私；以向善背恶，趋吉避凶，此则易之教也"（《周易卦解·序三》）。乾统三阳卦之震坎艮，坤统三阴卦之巽离兑。以乾象天，以坤法地，辟乾坤以开启人文，行施教化，带领中华民族进入文明社会。（3）配天德：配天地生生之德。天体健行以成阴阳变化，而万物得以

　　　　　　　　　　　儒学门径

生生不息。以乾象天，元亨利贞，终而复始，以成其化育。是乾之行，配天地生生之德。（4）地文：地面山岳河海、丘陵平原之形态。（5）玄浑周：周天幽远奥秘，雄阔浑厚。（6）万里奔：天体运行，一息万里，健行不息，历亿万斯年而不错乱差忒者，理之宰也。（7）方仪静：形容大地仪态端方沉静。（8）㥦然：柔顺随和的样子。（9）立象意：伏羲取法万物形象而画出易卦图象，"示人以进退存亡，吉凶消长之道"，"凶兆既萌，则改途易辙，变而通之以尽利。吉兆一见，则鼓之舞之，日迁于善以尽神也"（《周易卦解·天佑章》）。（10）契此：感悟到圣人立象心意，则会默契心通学道成德的门户而努力向善趋义。（11）勤行：勤于学习和实践仁义道德。（12）敬守：择善而固执，敬重地固守善道。弥敦：更加厚重笃实。

【述评】此言伏羲画八卦以象天地万物之义，使人观象玩辞、观变玩占而有感悟，以默契心通学道入德门户，勤行善道、敬守诚信，以涵养厚重笃实品德。伏羲氏画八卦，以乾象天，以坤法地，开辟乾坤以开启人文，效法自然规律以实施人文教化，带领中华民族进入文明社会。人当体味乾坤健顺之义，以为进德守道之本。

篇十二

大易图象隐⁽¹⁾　诗书简编讹⁽²⁾　礼乐刓交丧⁽³⁾
春秋鲁鱼多⁽⁴⁾　瑶琴空宝匣⁽⁵⁾　弦绝将如何

兴言理余韵⁽⁶⁾　龙门有遗歌⁽⁷⁾

【注解】（1）易：《易经》。图象隐：易卦图象藏天地之秘，深邃隐微。（2）诗书：《诗经》《书经》。简编讹：诗书历时久远传抄而有错乱。简编：串连竹简的带子。（3）礼乐：《礼经》《乐经》。矧交丧：况且礼乐交互丧失。矧（shěn）：何况，况且。（4）春秋：《春秋经》。鲁鱼多：谓将鲁字误写成鱼字的现象较多，泛指文字错讹。（5）瑶琴：用玉装饰的琴。（6）理余韵：领会前人遗留下来的风教和情操。（7）龙门：指程伊川先生晚年居住龙门之南教授生徒，著书立说。遗歌：流传下来的诗歌。指程子论《好学》，著四箴，述《易传》，表彰《学》《庸》，上接孔孟千载不传之学，接续周濂溪、程明道、张横渠开创理学。

【述评】此言圣人没而大道隐，遗编传抄错误。宋儒周、程、张、朱表彰《学》《庸》，集注四书，刊正五经，上接不传之学，中华人文复明于世。朱子《大学》序曰："及孟子没而其传泯焉，则其书虽存，而知者鲜矣！""天运循环，无往不复。宋德隆盛，治教休明。于是河南程氏两夫子出，而有以接乎孟氏之传。实始尊信此篇而表章之，既又为之次其简编，发其归趣，然后古者大学教人之法，圣经贤传之指，粲然复明于世。"朱子《中庸》序曰："盖子思之功于是为大，而微程夫子，则亦莫能因其语而得其心也。"学者遵循程朱而上达孔孟，自《小学》、五子书为阶梯而上通《四书》《五经》，实乃进学之正道也。

篇十三

颜生躬四勿⁽¹⁾　曾子日三省⁽²⁾　中庸首谨独⁽³⁾
衣锦思尚䌹⁽⁴⁾　伟哉邹孟氏⁽⁵⁾　雄辨极驰骋⁽⁶⁾
操存一言要⁽⁷⁾　为尔挈裘领⁽⁸⁾　丹青著明法⁽⁹⁾
古今垂焕炳⁽¹⁰⁾　何事千载余　无人践斯境⁽¹¹⁾

【注解】（1）颜生：亚圣颜回，字子渊。孔门"四圣"之"复圣"，孔庙四配之首。躬四勿：亲身践行孔子"非礼勿视，非礼勿听，非礼勿言，非礼勿动"的教诚。择善固执，乃至行无过不及之差，而德成行修，实为后学楷模。（2）曾子：名参（shēn），字子舆。孔门四圣之宗圣，孔庙四配之一，著《大学》《孝经》。三省：曾子日常用"为人谋而不忠乎？与朋友交而不信乎？传不习乎？"认真反省自己。是在切近处下功夫，故能学得夫子之大道而传承。（3）中庸：即《中庸》，述圣子思著，是孔门传授的心法。子思是孔子之孙，孔门四圣之述圣，孔庙四配之一。谨独：《中庸》首章曰："故君子慎其独也。"谨独是谨慎对待迹虽未形而几则已动，人虽不知而己独知之际，在思虑意念之间去恶存善，遏人欲于将萌，不使其滋长于隐微之中，而偏离人之正道。（4）衣锦：身穿锦绣的礼服。尚：加。䌹：单薄的朴素衣裳。《中庸》曰："'衣锦尚䌹'，恶其文之著也。"是说学以修己成德，务在去邪存诚而善美其身心，不可张扬炫耀。（5）邹孟氏：孟子名轲，周朝邹国人。孔门"四圣"之"亚圣"，孔庙四配之一，著《孟子》。（6）雄辩：有力的辩论。孟子批杨墨，息邪说。曰："我亦欲正人心，息邪说，距诐行，放淫辞，以承三圣者；岂好辩哉？予不得已也。"驰骋：纵马疾驰。指孟子以王道仁政游说诸侯大夫。（7）操存：执持心志，不使丧失。语出《孟子·告子上》："孔子曰：'操则存，舍则亡，出入无时，莫知其乡，惟心之谓与！'"《朱子全书》卷三："为学之要，只在着实操存，密切体认，自己身心上理会。"（8）挈：提起。裘领：皮裘的衣领。指为学者提起了尽心养性以成德的要领。（9）丹青：指史籍。古代丹册纪勋，青史纪事。这里指儒学经典《四书》《五经》。明法：明确的方法、措施。儒学经典是修身明道、齐家治国平天下的大经大法。（10）焕炳：明亮直白，清楚显明。光彩昭彰，彪炳千秋。（11）无人：后继无人。论述颜、曾、思、孟笃信圣人，躬行善道而成德，上接尧、舜、禹、汤、文、武、周公、孔子之道统，指出学者当取法四子之学行要领以修身。感叹孟子之后道统失传，学儒者虽众而无人学得夫子之大道。

【述评】"此诗论颜子、曾子、子思、孟子传心之法，以上接尧、舜、禹、汤、文、武、周公、孔子，盖所以明道统之支派，而又叹其自孟子而下，寥寥千有余载，而道通（统）几于绝也，其旨深哉"（蔡模）。学者必精读深思《四书》义蕴，领悟颜、曾、思、孟立身、处世准则，效仿他们的语言、行迹。如颜子之非礼勿视，非礼勿听，非礼勿言，非礼勿动，真诚地躬行四勿以迁善改过。如曾子固守孝悌忠恕，每日以忠信传习三省其身。如子思谨独于心几之动，遏制私欲于将萌，以存善去恶。如孟子"每道性善，而必称尧舜"以证实人性本善，必由知善、行善而可复于善道，为学者提起了尽心养性以成德的要领。努力学习颜、曾、思、孟的语言行迹，把圣贤言语学成自己的优美言辞（诵尧之言），把圣贤的行迹化为自己的行为习惯（行尧之行），就会逐步养成高尚品性（是尧而已矣）。此乃程朱指明的学为好人，成德成才，通往圣人之道的正确途径。

篇十四

元亨播群品⁽¹⁾　利贞固灵根⁽²⁾　非诚谅无有⁽³⁾
五性实斯存⁽⁴⁾　世人逞私见　凿智道弥昏⁽⁵⁾
岂若林居子⁽⁶⁾　幽探万化原⁽⁷⁾

【注解】（1）元亨：元亨利贞是天之四德。元者，生物之始；亨者，生物之通。故以播群品，育万物，以尽春生夏长之宜。群品：万事万物。圣人仰观俯察，效法天地以应万事而养育万物。（2）利贞：利者，生物之遂；贞者，生物之成。物生既遂，各得其宜，不相妨害。遂：顺遂其所适宜以生发长养。物生既成，实理备具，历尽风霜冰雪，而生机益强，本根益固。固灵根：

以道德修养培固做人根基，恢复天然本性。灵根：灵魂根基。（3）诚：真实无妄，天所赋物所受之正理。谅无有：元亨是诚之通，利贞是诚之复，申言乾之四德，示人育德养性执中守正以固守善道，不诚则不能成其德性。（4）五性：仁、义、礼、智、信。人秉受天之四德以成仁义礼智之性，而信贯其中，信即是诚。（5）凿智：任意穿凿而不顺乎实理之自然。道弥昏：更加昏聩而不明君子之大道。（6）林居子：避弃纷繁无谓的世务，而致力心性修养的士人。（7）幽探：探求幽胜之境。万化原：万物造化的本原，万物造化源于诚，不诚无物。

【述评】此言万物顺天之时以生育长养、成熟归藏，以成生生不息循环，源于天地赋予之诚，皆具天理而循性命。人禀天理以存仁义礼智之性，以诚信自强而止于至善。天以健行亿万斯年而不差忒之诚，故能生生不息。人心诚实，才能有以自成其德，养成敦厚古朴的习俗。唯有避弃纷繁无谓的世务，致力心性修养，探求万物造化的本原以明理尽性，方能成己成人。不立其本而揣其末，是异端词章之害道妨教而惑乱人心也。真氏曰："乾之四德，迭运不穷，其本则诚而已矣。诚，即太极也。其所以'播群品'者，诚之通也；其所以'固灵根'者，诚之复也。通则为仁为礼，复则为义为智。所谓'五行一阴阳，阴阳一太极也'。然动静循环，而静其本，故元根于贞，而感基于寂，不能养于未发之中，安得有即发之和。"真氏：真德秀，南宋理学家、官员、朱子再传弟子。

篇十五

飘飖学仙侣⁽¹⁾　遗世在云山⁽²⁾　盗启元命秘⁽³⁾
窃当生死关⁽⁴⁾　金鼎蟠龙虎⁽⁵⁾　三年养神丹⁽⁶⁾
刀圭一入口⁽⁷⁾　白日生羽翰⁽⁸⁾　我欲往从之
脱屣谅非难⁽⁹⁾　但恐逆天道⁽¹⁰⁾　偷生讵能安⁽¹¹⁾

【注解】（1）飘飖：飘泊山林，务求虚无洒脱。学仙侣：学习道家的所谓长生不老之术。仙侣：长生不老的仙人。（2）遗世：绝人逃世，隐匿深山。（3）元命秘：天地万物生长衰亡规律。（4）生死关：生与死的关键，这里指长寿原理。（5）金鼎：道士炼丹的鼎炉。蟠：龙虎之气交相蟠结。龙虎：道家炼丹所谓的水火铅汞魂魄。（6）养神丹：经三年炼制温养，炼成保养精神的丹药。（7）刀圭：量药器具。入口：服食丹药。（8）生羽翰：如人长了翅膀，可以飞升。（9）脱屣：（我）修炼成长生不老功力，就像脱鞋那样简单。（10）逆天道：违背天地生长衰亡规律。（11）偷生：苟且求活。讵能安：怎么能安心呢。

【述评】此言避世隐居，务虚静，为方药以求长生者。圣人长养民人，引导和谐，共行善道。生顺死安，或寿或夭，修身以俟其自然。

篇十六

西方论缘业⁽¹⁾　卑卑喻群愚⁽²⁾　流传世代久

梯接凌空虚⁽³⁾　顾盼指心性⁽⁴⁾　名言超有无⁽⁵⁾

捷径一以开⁽⁶⁾　靡然世争趋⁽⁷⁾　号空不践实⁽⁸⁾

踬彼榛棘途⁽⁹⁾　谁哉继三圣⁽¹⁰⁾　为我焚其书

【注解】（1）西方：指佛教传自中国西边。缘业：佛教语，也称业缘。谓善业为招乐果的因缘，恶业为招苦果的因缘，一切众生皆由业缘而生。（2）卑卑：指初期传入中国的佛经，道理平庸，文辞浅陋。喻群愚：以缘业因果诱化知识不多的人，知识高明的人不认可其教义。（3）梯接：逐级承接。凌空：升到高空。言其流传既久，经过中国一些文人对原始佛学经典提纯、升华，逐渐凌升于空洞玄虚之域。（4）顾盼：向两旁或周围看来看去。心性：性即天理，心是人的神明，所以具众理而应万事者也。佛氏谓作用是性。（5）超有无：佛氏初以诸法空相，一切皆归于无。后转为不沦于无，不着于有，不任中间及内外。（6）捷径：近便的小路。指佛氏教人明心见性成佛，尽弃纲常度数，称为一超直入如来地。（7）靡然：草木顺风而倒的样子，喻望风响应。（8）号空：相与沦陷于空虚寂灭之境。不践实：不曾脚踏实地躬行于日用自然之实事。（9）踬：绊倒。榛棘途：布满荆棘的道路。榛棘，同荆棘。（10）继三圣：继承三个圣人除害安民的功业。三圣：禹、周公、孔

子。"昔者禹抑洪水而天下平，周公兼夷狄驱猛兽而百姓宁，孔子成春秋而乱臣贼子惧。"（《孟子·滕文公章句下》）

【述评】此言不求躬行实践功夫，而欲空寂顿悟明心见性。此三首是贞定儒学道统。

篇十七

圣人司教化⁽¹⁾　黉序育群材⁽²⁾　因心有明训⁽³⁾
善端得深培⁽⁴⁾　天叙既昭陈⁽⁵⁾　人文亦寰开⁽⁶⁾
云何百代下　学绝教养乖⁽⁷⁾　群居竞葩藻⁽⁸⁾
争先冠伦魁⁽⁹⁾　淳风反沦丧⁽¹⁰⁾　扰扰胡为哉⁽¹¹⁾

【注解】（1）司教化：掌管教化。教：把知识或技能传给人。言是传，以身作则是教。化：正身明法，上行下效，变化人民道德素养，养成亲睦仁善的风俗。（2）黉序：学校。黉：古代的学校。序：学校。（3）心：仁善爱敬之心，人人所共有。明训：圣人因亲以教爱，因严以教敬，使其执中守正以养其仁善亲睦之心。（4）善端：善言善行的端始。（5）天叙：天然的次第、等级。昭陈：显著地陈列。（6）人文：人类应持守的文明秩序——美好的礼乐习俗。寰：揭示。（7）乖：偏离了做人的正道。（8）葩藻：华丽（指华而无实的文章）。（9）冠伦魁：盖过同辈居第一位。指务记诵，为词章，以求功名利禄，背离了君子之大道。

（10）淳风：敦厚古朴的风俗。（11）扰扰：烦乱的样子。

【述评】此言圣人因人所具有的亲爱恭敬之心创立教化，以培养仁善亲睦之心。背弃圣人教化，务记诵，为文章，不务实践功夫，必无齐家治国本领而误己误人。爱亲敬兄是人的天性，人人所固有。圣人因爱敬之心，教以孝悌，使其执中守正以养仁善亲睦之心，以向善趋义。世教衰，民不兴行，趋功逐利者，工于文章以猎取功名，遂以逐利谋私为务，从而导致政教昏乱，风俗颓败，扰乱了人类正常生活。

篇十八

童蒙贵养正⁽¹⁾　　孙弟乃其方⁽²⁾　　鸡鸣咸盥栉⁽³⁾

问讯谨暄凉⁽⁴⁾　　奉水勤播洒⁽⁵⁾　　拥篲周室堂⁽⁶⁾

进趋极虔恭⁽⁷⁾　　退息常端庄⁽⁸⁾　　刓书剧嗜炙⁽⁹⁾

见恶逾探汤⁽¹⁰⁾　　庸言戒粗诞⁽¹¹⁾　　时行必安详⁽¹²⁾

圣途虽云远⁽¹³⁾　　发轫且勿忙⁽¹⁴⁾　　十五志于学⁽¹⁶⁾

及时起高翔⁽¹⁷⁾

【注解】（1）童蒙：幼稚而蒙昧的儿童。养正：以圣人正道涵养心性。（2）孙弟：谦逊恭谨，敬顺长上。孙同逊。乃其方：孙弟就是养正的根本方法。（3）咸：都，指人人都要这样做。盥栉：梳洗整容。盥：洗手、洗脸。栉：梳子与篦子的总称，这里指梳头。（4）问讯：向父母问安；问讯父母是否安康。谨暄凉：谨慎关照父母的饮食起居和冷暖需求。暄：温暖。（5）奉（pěng）：两手恭敬地捧着。播洒：像播种粮食一样均匀地洒水抑尘。（6）彗：扫帚。周室堂：把房子的所有角落都打扫得干干净净，让父母居住在清静亮堂的室屋。（7）进趋：快步走向父母长者。虔恭：诚实恭敬。（8）退息：事罢休息。常端庄：时常保持体貌端正，神情庄重。以上皆为小学功夫。（9）劬书剧嗜炙：尽心力于读书学问，超过了对烤肉的爱好。劬：劳苦，勤劳。剧：猛烈；厉害。嗜：特别爱好。炙：烤肉。（10）见恶：看到不好的事物。逾探汤：谨惧超过探试沸水，像唯恐伤着自己一样地谨防自己犯此恶劣行为。（11）庸言：平常的言语。粗诞：粗俗鄙陋，虚妄荒唐。（12）时行：平时的行动（一举一动）。必安详：都要庄重从容。（13）圣途：走向圣人境界。（14）发轫：拿掉支住车轮的木头，使车前进。借指出发，起程。轫：支住车轮不使旋转的木头。且勿忙：且记不要欲求速成，逾越等级，不按次序。（16）志于学：立志于道德学问。专心学习明明德、亲民、止于至善的圣人之道。（17）高翔：高飞；以期学到修齐治平的高尚品德与才能，不可安于小成。

【述评】此言成圣成贤，始于童蒙养正，成于终身笃行善道。这首诗指出圣人之学，以《小学》童蒙养正育德启智，至《大学》修齐治平明理尽性以成德成业。

必先笃行善道于洒扫、应对、进退等劳作实践之中，以体验亲爱、孝悌、慈惠、诚信之义。在动静语默中涵养谦逊恭谨、孝悌忠信品德，为其所当为，行其所当行。从而在日用自然行事之中，做诚意、正心、修身功夫，久久成熟，德性若出于自然，则仁义中正之德深深嵌固在脑海。

能孝敬父母者，足以养天下之老；能尊敬长上、和睦亲邻者，足以养天下之民；能友爱兄弟者，足以慈爱天下之幼。孝悌慈行成于家，故能"成教于国"（《大学》）。

篇十九

哀哉牛山木[1]	斧斤日相寻	岂无萌蘖在[2]
牛羊复来侵[3]	恭惟皇上帝[4]	降此仁义心[5]
物欲互攻夺[6]	孤根孰能任[7]	反躬艮其背[8]
肃容正冠襟[9]	保养方自此[10]	何年秀穹林[11]

【注解】（1）牛山木：指横遭摧残的善良本性。语本《孟子·告子上》："孟子曰：牛山之木尝美矣，以其郊于大国也，斧斤伐之，可以为美乎？"（2）萌蘖（niè）：树木砍去后又长出来的新芽。（3）复来侵：牛羊又啃掉了树根上新生的幼芽。（4）恭惟：对上的谦词。皇：大。上帝：天。（5）仁义心："天以阴阳五行化生万物，气以成形而理亦赋焉，犹命令也。"人禀天命，得仁、义、礼、智、信之德性而与心俱生，谓之仁

义心。（6）物欲：超越本分不可能具备的物质享受欲望。（7）孤根孰能任：言反复侵害枝干新芽，则树根难于存活。犹放纵私欲不予涵养，则人性受到侵害。（8）反躬：反求自身，自我反省。艮其背：言固守其正而不移。人体最不容易动的地方就是背部，如背部静止那样使内心不被外间的欲念所动，无欲则真理常存，永远保持内心清静。艮：止。（9）肃容：使仪容严肃庄重。正冠襟：端正衣冠，不忘以正涵养。（10）保养：保护培育自己的德性。（11）秀穹林：德成行修。秀：植物吐穗开花结出丰硕果实。穹林：幽深的树林。

【述评】此言物欲攻伐，良心易放。涵养善性，启发明德，不可间于须臾，以免物欲侵扰遮蔽。宜时时反身自省，悔过迁善以恢复善良本性。孟子谓浩然之气"是集义所生者，非义袭而取之也。行有不慊（满足）于心，则馁矣"。是知修身养性，在于躬行道义，防微杜渐，诚正涵养。必须惩戒愤怒，窒塞私欲，时时不忘养正。又曰："必有事焉而勿正，心勿忘，勿助长也。"教人必以集义为事，而勿预期其效。久行不止，几于心正身修，可望成德成业。

篇二十

玄天幽且默[1]　　仲尼欲无言[2]　　动植各生遂[3]
德容自清温[4]　　彼哉夸毗子[5]　　咕嗫徒啾喧[6]
但逞言辞好[7]　　岂知神监昏[8]　　曰余昧前训[9]

坐此枝叶繁(10)　**发愤永刊落**(11)　**奇功收一原**(12)

【注解】（1）玄天：泛指天。幽且默：深远沉静，寂然无声。（2）仲尼：孔子字仲尼。欲无言："学者多以言语观圣人，而不察其天理流行之实，有不待言而著者。是以徒得其言，而不得其所以言，故夫子发此以警之。"（《论语集注》）（3）各生遂：万物各顺其性之自然而生育。（4）德容：有德者的容仪。自清温：圣人一动一静，莫非妙道精义之发，自然极其清雅温舒，不待言而显。（5）彼哉：他呀！鄙视之辞，表示此人不足挂齿。夸毗：以谄谀、卑屈取媚于人。夸：颂扬。毗：附和。（6）呫嗫（tiè niè）：附耳小语声。啾喧：犹喧嚣。（7）逞言辞：唯以口舌应付人。逞：炫耀，卖弄。（8）神监昏：聪明识察的能力昏聩，丢失了做人的道义。（9）余：朱子自称。昧前训：朱子说自己有违"予欲无言"的训诫。（10）枝叶繁：喻言语烦琐，如树干之外更有枝叶。（11）发愤：下定决心努力。刊落：删除、删削文字。（12）奇功：异常的功劳、功勋。收：获得、修成。一原：道之本原。

【述评】此言天不言而四时行，动物、植物各遂其性以生生不息，莫非天理发现流行之实，不待言而可见。唯以口舌应付人者，为大言夸诞于世，行谄谀阿附于人，徒用私意小见谬作妄述。窃窃耳语，夸夸喧嚣，极力炫耀于世俗，足以惑世眇俗。先儒蔡模曰："详味末句，见其归根敛实，神功超绝，正有不能形容其妙者。便与致中和，天地位，万物育同一气象。呜呼伟哉！"天不言而动植生遂之功不已，培其本根，复其天性，则浑然一理通贯，大本中正，一原纯固。

秦冶《感兴诗注解述评》总述曰：朱子《感兴诗》二十首，内容丰富，说理透彻。以春秋笔法，首穷无极之旨，末归无言之妙，浑然一贯，涵盖《四书》《六经》蕴奥。究极道体，纲维世教，贴切日用，近而易知，足以感发兴起有识之士。朱文公以理为诗，幽探天地运转、万物生生、阴阳化育大道；揭示真诚练实、尊圣法天、居中守正美德；警戒肆欲妄作、德不配位、弃贤近佞、贪淫昏乱危害；指明道统传承、操存要领、顺天应时、勤行敬守途径；辨异端时学之伪，明下学上达之方；且于教之所以教，学之所以学，粲然条列，混然通贯。学者由是而启程善学，尽心乎《小学》、五子书、《四书》、《五经》义理。优游讽咏既久，盖性命至理，道学精微，人生依归，无不通明而笃行之，则安泰其生而贤圣可期也，达己达人，善世化俗之功可望焉。

上　朱子《感兴诗》凡二十篇

第二卷
天人一贯

第一篇　周子《太极图》

（附朱子《太极图解》）

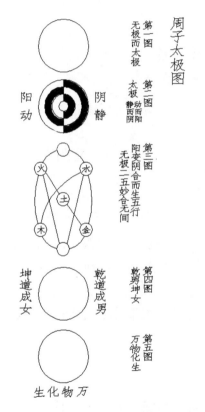

周子太极图

第一图
无极而太极

第二图
太极
动而阳
静而阴

阳动　　阴静

第三图
阳变阴合而生五行
无极二五妙合无间

火　水
土
木　金

第四图
乾男坤女

坤道成女　　乾道成男

第五图
万物化生

生化物万

○（第一图）**此所谓无极而太极也，所以动而阳，静而阴之本体也，然非有以离乎阴阳也。即阴阳而指其本体，不杂乎阴阳而为言耳。**◉（第二图）**此**○**（太**

极）之动而阳，静而阴也⁽¹⁾。中〇（极）者⁽²⁾，其本体也。☾（左半）者⁽³⁾，阳之动也，〇（太极）之用所以行也。☽（右半）者，阴之静也，〇（太极）之体所以立也。☽（阴）者，阳之根也，☾（阳）者，阴之根也。

【注解】（1）第二图中已包含太极阴阳，太极之一阴一阳而五气布四时行，乾坤之道以成男女而万物化生。（2）中〇（极）：指第二图正中的圆形，是动而阳静而阴的本体。（3）☾（左半）：（左半）是对本图的读音或图形定义，余仿此。

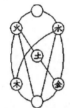

（第三图五行）**此阳变阴合而生水火木金土也，**＼（由左下交于右）**者，阳之变也，**／（由右下交于左）**者，阴之合也。**㊌阴盛，故居右；㊋阳盛，故居左；㊍阳稚，故次火；㊎阴稚，故次水；㊏冲气，故居中。**而水火之**╳（左交于右，右交于左）**交系乎上，阴根阳，阳根阴也。水而木，木而火，火而土，土而金，**

金而复水，如环无端，五气布，四时行也。（五

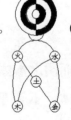

行阴阳太极者）**五行一阴阳，五殊二实，无余欠也；阴阳一太极，精粗本末，无彼此也；太极本无极**[(1)]**，上天之载，无声无臭也。五行之生，各一其性，气殊质异，各一其**〇（太极）**，无假借也。**🌢（四合）**此无极二五所以妙合而无间也。**〇（第四图太极之）**乾男坤女，以气化者言也，各一其性，而男女一太极也。**〇（第五图太极之）**万物化生，以形化者言也，各一其性，而万物各一太极也**[(2)]。

（此以上是解析太极图图体，以下根据太极图推说其意）

【注解】（1）太极本无极：太极是主载天地万物自然有序运行的极至之理。但其无形无声无臭，而实为造化之枢纽，品汇之根柢。因其主宰而四时行万物生，有序至乎极致，亿万斯年而不差忒，达于至极而无以复加，故曰"太极"。因其无形无声无臭，故曰"无极"。是太极原本无极，而不是太极之外，复有无极。（2）万物各一太极：万物各得天地之气以生，得是气必有是理，此极至之理称为太极，故曰"万物各一太极"。

【述评】万物各一太极，所谓理一分殊也，太极者，极至之理，形而上之道也。天地万物统为一理，而万物又各具一理，是因其凝聚天地之气而成为物，理宰乎气，气载乎理，不相分离。天大无外，因理之宰而得以有序运转。卫星绕行星，行星绕恒星，恒星组银河，银河拱北辰，健行亿万斯年而不差忒，万物充其间，生生而不相害。

惟人也，得其秀而最灵，则所谓人〇（极）者，于是乎在矣。然形，☽（阴）之为也，神，☾（阳）之发也。五性，㊏（五行）之德也。善恶，男女之分也。万事，万物之象也。此天下之动，所以纷纶交错，而吉凶悔吝，所由以生也。惟圣人者，又得夫秀之精一，而有以全乎〇（太极）之体用者也。是以一动一静，各臻其极，而天下之故，常感通乎寂然不动之中。盖中也，仁也，感也，所谓☾（阳）也，〇（太极）之用所以行也；正也，义也，寂也，所谓☽（阴）也，〇（太极）之体所以立也。中正仁义，浑然全体，而静者

〇

常为主焉，则人〇（极）于是乎立[1]，而 ◉（太极、阴阳、五行）天地、日月、四时、鬼神有所不能违矣。

君子之戒谨恐惧，所以修此而吉也；小人之放僻邪侈，所以悖此而凶也。天地人之道，各一〇（太极）也。阳也、刚也、仁也，所谓☾（阳）也，物之始也。阴也、柔也、义也，所谓☽（阴）也，物之终也。此所

儒学门径

谓易也，而三极之道立焉⁽²⁾，实则一◯（太极）也。故曰易有太极，◉（即阴阳而指其本体）之谓也。

【注解】（1）人◯（极）：中正仁义是做人的极至之道，称为人极，就是做人的最高标准。（2）三极：天、地、人各具一太极，称为三极。"立天之道曰阴与阳，立地之道曰柔与刚，立人之道曰仁与义，是谓三才之道，即太极也。是故六爻之动，而三极之道见乎其中。盖天地与人，各具一太极也。"（《周易卦解·圣人章》）

【述评】太极图概括了宇宙、生命、物质、能量、运动、结构等内容，可以揭示宇宙、生命、物质的起源。朱子《太极图解》，是对周子太极图的精准解说，详细分析了太极动静变化的效果和作用，万物生生的根基和原理。

第二篇　周子《太极图说》

（附朱子《太极图说解》）

无极而太极[1]。

上天之载，无声无臭，而实造化之枢纽，品汇之根柢也[2]。故曰："无极而太极。"非太极之外，复有无极也。

【注解】（1）无极而太极：周子《太极图说》原文，余仿此。极至之理无形无声无臭谓之无极，而其理至极无以复加，故曰无极而太极。太极：理至极而无以复加谓之太极，形而上之道也。（2）品汇：事物的品种类别。

太极动而生阳[1]，**动极而静，静而生阴，静极复动。一动一静，互为其根；分阴分阳，两仪立焉**[2]。

太极之有动静，是天命之流行也，所谓"一阴一阳之谓道"。诚者[3]，圣人之本，物之终始，而命之道也。其动也，诚之通也，继之者善，万物之所资以始也；其静也，诚之复也。成之者性，万物各正其性命也。动极而静，静极复动，一动一静，互为其根，命之所以流行而不已也。动而生阳，静而生阴，分阴分阳，两仪立焉，分之所以一定而不移也。盖太极者，本然之妙也；动静者，所乘之机也。太极，形而上之道也；阴阳，形而下之器也。是以自其著者而观之，则动静不同时，阴阳不同位，而太极无不在焉。自其微者而观之，则冲漠无朕[4]，而动静阴阳之理，已悉具于其中矣。虽然，推之于前，而不见其始之合；引之于后，而不见其终之离也。故程子曰："动静无端，阴阳无始。"非知道者，孰能识之。

【注解】（1）动而生阳：太极之动谓之阳，动极复静谓之阴，动静不已而阴根于阳阳根于阴，变化无穷。（2）两仪：指阴阳。"太极者，道也；两仪者，阴阳也，阴阳一道也；太极，无极也。"（《周易序》）（3）诚：真实无妄。（4）冲漠无朕：犹言空寂无形（即天地未判时的宇宙原始状态）。

阳变阴合而生水、火、木、金、土。五气顺布，四时行焉。

有太极，则一动一静而两仪分；有阴阳，则一变一合而五行具。然五行者，质具于地，而气行于天者也。以质而语其生之序，则曰水、火、木、金、土，而水、木，阳也，火、金，阴也。以气而语其行之序，则曰木、火、土、金、水，而木、火，阳也，金、水，阴也。又统而言之，则气阳而质阴也；又错而言之，则动阳而静阴也。盖五行之变，至于不可穷，然无适而非阴阳之道。至其所以为阴阳者，则又无适而非太极之本然也，夫岂有所亏欠间隔哉[1]！

【注解】（1）间隔：在空间或时间上的距离。

【述评】气聚成形，形溃气销于太虚，非一态而已。水在地为江河湖海冰川，在天为云雨霜雪。火在地为火，在天为日为电。木在地为林木草芥，在天为风为气。金在地为金石，在天为弥漫物质之属金者。土在地为山陆，在天为尘埃，为弥漫物质。故曰："质具于地，而气行于天者也。"

五行，一阴阳也；阴阳，一太极也；太极，本无极也。五行之生也，各一其性。

五行具，则造化发育之具无不备矣，故又即此而推本之，以明其浑然一体，莫非无极之妙。而无极之妙，亦未尝不各具于一物之中也。盖五行异质，四时异气，而皆不能外乎阴阳。阴阳异位，动静异时，而皆不能离乎太极。至于所以为太极者，又初无声臭之可言，是性之本体然也。天下岂有性外之物哉！然五行之生，随其气质而所禀不同，所谓"各一其性"也。各一其性[1]，则浑然太极之全体，无不各具于一物之中，而性之无所不在，又可见矣。

【注解】（1）性："在天为元亨利贞，在人为仁义礼智，自天言之则曰理，自人言之则曰性，其实一而已

矣。"（贺复斋《学旨要略》）

无极之真，二五之精[(1)]**，妙合而凝。乾道成男，坤道成女，二气交感，化生万物。万物生生，而变化无穷焉。**

夫天下无性外之物，而性无不在，此无极、二五所以混融而无间者也，所谓妙合者也。真以理言，无妄之谓也；精以气言，不二之名也。凝者，聚也，气聚而成形也。盖性为之主，而阴阳五行为之经纬错综，又各以类凝聚而成形焉。阳而健者成男，则父之道也；阴而顺者成女，则母之道也。是人物之始以气化而生者也[(2)]。气聚成形，则形交气感，遂以形化[(3)]。而人物生生，变化无穷矣。自男女而观之，则男女各一其性，而男女一太极也。自万物而观之，则万物各一其性，而万物一太极也。盖合而言之，万物统体一太极也；分而言之，一物各具一太极也。所谓天下无性外之物，而性无不在者，于此尤可以见其全矣。子思子曰："君子语大，天下莫能载焉；语小，天下莫能破焉。"此之谓也。

【注解】（1）二五：谓阴阳五行。（2）气化：人物最初的由来，以阴阳五行之气类聚气化而成。（3）形化：人物已生之后，形交气感，生生不息，称为形化。

惟人也，得其秀而最灵。形既生矣，神发知矣，五性感动，而善恶分，万事出矣。

此言众人具动静之理，而常失之于动也。盖人物之生，莫不有太极之道焉。然阴阳五行，气质交运，而人之所禀独得其秀，故其心为最灵。而有以不失其性之全，所谓天地之心，而人之极也。然形生于阴，神发于阳，五常之性，感物而动，而阳善、阴恶，又以类分。而五性之殊，散为万事。盖二气五行，化生万物，其在人者又如此。自非圣人全体太极有以定之[1]，则欲动情胜[2]，利害相攻，人极不立，而违禽兽不远矣。

【注解】（1）全体太极：得到天赋性命的全部而无所遮蔽。体：事物的本身或全部。（2）欲动情胜：私欲萌动而私情胜过了理智，偏离了公正。

圣人定之以中正仁义。

圣人之道，仁义中正而已矣。

而主静，立人极焉。

无欲故静。

故"圣人与天地合其德，日月合其明，四时合其序，鬼神合其吉凶"。

此言圣人全动静之德，而常本之于静也。盖人禀阴阳五行之秀气以生，而圣人之生，又得其秀之秀者。是以其行之也中，其处之也正，其发之也仁，其裁之也义。盖一动一静，莫不有以全夫太极之道，而无所亏焉，则向之所谓欲动情胜、利害相攻者，于此乎定矣。然静者诚之复，而性之真也。苟非此心寂然无欲而静，则又何以酬酢事物之变⁽¹⁾，而一天下之动哉！故圣人中正仁义，动静周流，而其动也必主乎静。此其所以成位乎中，而天地日月、四时鬼神有所不能违也。盖必体立而后用有以行，若程子论乾坤动静，而曰："不专一则不能直遂，不翕聚⁽²⁾则不能发散。"亦此意尔。

【注解】（1）酬酢：应对，斟酌。（2）翕聚：会聚。翕：闭合，和顺。

君子修之吉，小人悖之凶。

圣人太极之全体⁽¹⁾，一动一静，无适而非中正仁义之极，盖不假修为而自然也。未至此而修之，君子之所以吉也；不知此而悖之，小人之所以凶也。修之悖之，亦在乎敬肆之间而已矣⁽²⁾。敬则欲寡而理明，寡之又寡，以至于无，则静虚动直，而圣可学矣。

【注解】（1）太极之全体：圣人无私，浑然天理，以道为体，即太极之全体也。（2）肆：放纵。

【述评】张范卿师公曰："敬则戒慎恐惧，随时处中，故修之而吉。肆则纵欲妄行，而无所忌惮，故悖之而凶。"

故曰："立天之道，曰阴与阳；立地之道，曰柔与刚；立人之道，曰仁与义。"又曰："原始反终，故知死生之说。"

阴阳成象，天道之所以立也；刚柔成质，地道之所以立也；仁义成德[1]，人道之所以立也。道，一而已，随事著见，故有三才[2]之别，而于其中又各有体用之分焉，其实则一太极也。阳也，刚也，仁也，物之始也。阴也，柔也，义也，物之终也。能原其始[3]，而知所以生，则反其终而知所以死矣。此天地之间，纲纪造化，流行古今，不言之妙。圣人作易，其大意盖不出此，故引之以证其说。

【注解】（1）仁义成德：依仁由义而不违，则私欲尽去而心德全备。功夫至此而无终食之违，则存养之熟，无适而非天理之流行，是德之成也。（2）三才：天、地、人。天地之大德曰生，圣人有参天地，赞助化育以助天地生生不息的才能，故人与天、地参为三才。（3）原其始：推究万物始生本原。

【述评】"推原其物之所以始，反求其物之所以终，则知二五之精，合而成形，物之始也。阴阳之精，散而为变，物之终也。而生之与死，无非阴阳之变，而死生之说可知矣。阴精阳气，聚而成物，神之申也；魂游魄降，散而为变，鬼之归也。申则生机盎然，中心悦豫，而有活泼精爽之态；归则生机已尽，中心悲伤，呈现萧

儒学门径

索僵直之状，而鬼神之情状可知矣。此则造化之迹，乃阴阳之聚散也。"（《周易卦解·易与章》）

大哉易也，斯其至矣！

易之为书，广大悉备，然语其至极，则此图尽之。其指岂不深哉！抑尝闻之，程子兄弟之学于周子也，周子手是图以授之。程子之言性与天道，多出于此。然卒未尝明以此图示人，是则必有微意焉。学者亦不可以不知也。

【述评】周子依据《周易》卦图文辞著《太极图》《太极图说》，揭示出宇宙本原，确认人和万物都是由太极、阴阳、五行相互作用而构成。五行统一于阴阳，阴阳统一于太极。文中突出人的价值和作用，主张："惟人也，得其秀而最灵。"在人群中，又特别突出圣人的价值和作用，认为"圣人定之以中正仁义，而主静，立人极焉"。对宋代理学形成和后世人文教化都起到了很大作用。

第三篇　朱子《答辩》

愚既为此说——《太极图说解》，读者病其分裂已甚，辨诘纷然，苦于酬应之不给也，故总而论之。

大抵难者，或谓不当以继善成性分阴阳，或谓不当以太极阴阳分道器，或谓不当以仁义中正分体用，或谓不当言一物各具一太极。又有谓体用一源，不可言体立而后用行者。又有谓仁为统体，不可偏指为阳动者；又有谓仁义中正之分，不当反其类者。是数者之说，亦皆有理。然惜其于圣贤之意，皆得其一而遗其二也。

夫道体之全，浑然一致，而精粗本末内外宾主之分，粲然于其中，有不可以毫厘差者。此圣贤之言，所以或离或合，或异或同，而乃所以为道体之全也。今徒知所谓浑然者之为大而乐言之，而不知夫所谓粲然者之未始相离也。是以信同疑异，喜合恶离，其论每陷于一偏，卒为无星之称、无寸之尺而已。岂不误哉！夫善之与性，不可谓有二物明矣！然继之者善，自其阴阳变化而言也；成之者性，自夫人物禀受而言也。阴阳变化流行，而未始有穷，阳之动也；人物禀受一定，而不可易，阴之静也。以此辨之，则亦安得无二者之分哉！然

儒学门径

性善，形而上者也；阴阳，形而下者也。周子之意，亦岂直指善为阳而性为阴哉。但语其分，则以为当属之此耳。阴阳太极，不可谓有二理必矣。然太极无象，而阴阳有气，则亦安得而无上下之殊哉！此其所以为道器之别也。故程子曰："形而上为道，形而下为器，须著如此说。然器亦道也，道亦器也。"得此意而推之，则庶乎其不偏矣。

仁义中正，同乎一理者也。而析为体用，诚若有未安者。然仁者，善之长也；中者，嘉之会也；义者，利之宜也；正者，贞之体也。而元亨者，诚之通也；利贞者，诚之复也。是则安得为无体用之分哉！万物之生，同一太极者也。而谓其各具，则亦有可疑者。然一物之中，天理完具，不相假借，不相陵夺，此统之所以有宗，会之所以有元也。是则安得不曰各具一理哉！若夫所谓体用一源者，程子之言盖已密矣。其曰"体用一源"者，以至微之理言之，则冲漠无朕，而万象昭然已具也。其曰"显微无间"者，以至著之象言之，则即事即物，而此理无乎不在也。言理则先体而后用，盖举体而用之理已具，是所以为一源也。言事则先显而后微，盖即事而理之体可见，是所以为无间也。然则所谓一源者，是岂漫无精粗先后之可言哉？况既曰体立而后用行，则亦不嫌于先有此而后有彼矣。所谓仁为统体者，则程子所谓专言之而包四者是也。然其言盖曰"四德之元，犹五常之仁，偏言则一事，专言则包四者"，则是仁之所以包夫四者，固未尝离夫偏言之一事，亦未有不识夫偏言之一事，而可以骤语夫专言之统体者也。况此图以仁配义，而复以中正参焉。又与阴阳刚柔为类，则亦不得为专言之矣，安得遽以夫统体者言之，而昧夫阴阳动静之别哉。

至于中之为用，则以无过不及者言之，而非指所谓未发之中也。仁不为体，则亦以偏言一事者言之，而非指所谓专言之仁也。对此而言，则正者所以为中之干，而义者所以为仁之质，又可知矣。其为体用，亦岂为无说哉？大抵周子之为是书，语意峻洁而混成，条理精密而疏畅。读者诚能虚心一意，反复潜玩，而毋以先入之说乱焉，则庶几其有得乎周子之心，而无疑于纷纷之说矣。

第四篇 周子《通书》

（附朱子《通书解》）

诚上第一

诚者[(1)]**，圣人之本。**

诚者，至实而无妄之谓[(2)]，天所赋、物所受之正理也。人皆有之，而圣人之所以圣者，无他焉，以其独能全此而已。此书与太极图相表里。诚即所谓太极也。

"大哉乾元，万物资始"，诚之源也。

此上二句，引易以明之。乾者，纯阳之卦，其义为健，乃天德之别名也。元，始也。资，取也。言乾道之元，万物所取以为始者，乃实理流出，以赋于人之本。如水之有源，即图之"阳动"也。

"乾道变化，各正性命"[(3)]**，诚斯立焉。**

此上二句亦易文。天所赋为命，物所受为性。言乾道变化，而万物各得受其所赋之正，则实理于是而各为一物之主矣，即图之"阴静"也。

【注解】（1）诚：天道之实，真实无妄，天理之本然。（2）无妄：没有虚假，实实在在。（3）各正性命：万物各顺性命之正而无妄。万物各得其性命之正以自全，则无所不利。

【述评】万物聚天地之气以成形，禀受天理以为性，得天地能量以发育长养。"变者化之渐，言量变也，其变渐以微，时时在变而未易察也。化者变之成，言质变也，突尔而化，迥异于昔也。乾元始物，非能遽而成形也。由无形渐至于有形，其间须经历无数岁月，及其即化，则形定矣。万物之生，由二气、五行之精气聚合而成形。而元亨利贞，乃乾始所以大生之理，周子所谓无极之真也。无此则阴阳五行之气，惩忒不定，而不能以生物矣。此有生之类所以无不禀受此理，而各正性命也。保和太和，物之所以自成。有性命而不知保和太和，则无以自全，而生理或几乎息矣。夫人生而不得贤师友以教育而辅导之，能自知保和太和以自全者盖寡矣，可慨也夫。"（《周易卦解·乾》）

纯粹，至善者也。

纯，不杂也。粹，无疵也。此言天之所赋、物之所受，皆实理之本然，无不善之杂也。

故曰："一阴一阳之谓道，继之者善也[1]**，成之者性也。"**

此亦易文。阴阳，气也，形而下者也。所以一阴一阳者，形而上者也。道，即理之谓也。继之者，气之方出而未有所成之谓也。善则理之方行而未有所立之名也，阳之属也，诚之源也。成则物之已成，性则理之已立者也[2]，阴之属也，诚之立也。

【注解】（1）继之者善也："继，言其发也，善，谓化育之功，阳之事也"（《周易本义》）。（2）理之已立：理已经存在。

元、亨，诚之通。利、贞，诚之复。

元始，亨通，利遂，贞正，乾之四德也。通者，方出而赋于物，善之继也。复者，各得而藏于己，性之成也。此于图已为五行之性矣。

大哉易也，性命之源乎！

易者，交错代换之名。卦爻之立，由是而已。天地之间，阴阳交错，而实理流行，一赋一受于其中，亦犹是也。

【述评】此章言诚乃圣人之本、性命之源、真实无妄之谓、天理之本然也。《通书》与太极图相表里。诚即所谓太极也。《易》使人穷天理，尽天性，以至于命耳。性指人的本性、天性、理性，就是健顺五常之德。命是天赋予万物之理，所谓气以成形而理亦赋焉。张子

《横渠易说·系辞》："易乃性与天道。其象日月为易，易之义包括天道变化。"认为《易》是讲事物的本性，尤其是讲人性的书，也是讲天道的书。源指本源，这里当指理。自然界万物以及人的性命都是天理运行的产物，人、物之性只不过是天理的表现，因此性就是理。《易》是穷究天理人事之书，人们可以从《易》中了解事物的特性，而且进一步认识其必然性，所以易理是性命的源泉。

诚下第二

圣[1]，诚而已矣。

圣人之所以圣，不过全此实理而已，即所谓"太极"者也。

诚，五常之本，百行之源也。

五常，仁、义、礼、智、信，五行之性也。百行，孝、弟、忠、信之属，万物之象也。实理全，则五常不亏，而百行修矣。

静无而动有，至正而明达也[2]。

方静而阴，诚固未尝无也。以其未形，而谓之无耳。及动而阳，诚非至此而后有也，以其可见而谓之有耳。静无，则至正而已；动有，然后明与达者可见也。

五常百行，非诚非也，邪暗塞也⁽³⁾。

非诚，则五常百行皆无其实，所谓不诚无物者也。静而不正，故邪；动而不明、不达，故暗且塞。

故诚则无事矣。

诚则众理自然，无一不备，不待思勉，而从容中道矣。

至易而行难。

实理自然，故易；人伪夺之⁽⁴⁾，故难。

果而确，无难焉。

果者，阳之决；确者，阴之守。决之勇，守之固，则人伪不能夺之矣。

故曰："一日克己复礼，天下归仁焉⁽⁵⁾**。"**

克去己私，复由天理，天下之至难也。然其机可一日而决，其效至于天下归仁，果确之无难如此。

【注解】（1）圣：圣人，大而化之之谓圣。圣人智识高超，德性诚实，不勉而中，不思而得，从容中道。（2）明达：通达，懂得；通晓。（3）邪：不正当，不正派，险恶。（4）伪：诡诈，不诚实。（5）天下归仁焉：天下的人就会称赞其是仁人了。归：属于。

【述评】"太极"一动一静，产生阴阳万物。圣人依太极建立人极。人极就是做人的最高标准，人极以诚为本。诚是"纯粹至善"的"五常之本，百行之源"，道德的最高境界。只有通过主敬、无欲，才能达到这一境界。

诚几德第三

诚，无为。

实理自然，何为之有！即"太极"也。

几[(1)]**，善恶。**

几者，动之微，善恶之所由分也。盖动于人心之微，则天理固当发见，而人欲亦已萌乎其间矣。此阴阳之象也。

德爱曰仁，宜曰义，理曰礼，通曰智，守曰信。

道之得于心者，谓之德，其别有是五者之用，而因以名其体焉，即五行之性也。

性焉、安焉之谓圣。

性者，独得于天。安者，本全于己。圣者，大而化之之称。此不待学问强勉，而诚无不立，几无不明，德无不备者也。

复焉、执焉之谓贤。

复者，反而至之。执者，保而持之。贤者，才德过人之称。此思诚研几以成其德，而有以守之者也。

发微不可见，充周不可穷之谓神。

发之微妙而不可见，充之周遍而不可穷，则圣人之妙用而不可知者也。

【注解】（1）几：细小隐微处。

【述评】"仁、义、礼、智、信，德之体；爱、宜、理、通、守，德之用。诚性也，几情也，德兼性情而言也。"（《近思录解义·道体》）。思诚研几，择善而为知，固执良善。笃行而为仁，百倍其功而弗怠。希贤希圣之所为，以复其天命之性也。

圣第四

寂然不动者，诚也。感而遂通者，神也。动而未形有无之间者，几也。

本然而未发者，实理之体，善应而不测者，实理之用。动静体用之间，介然有顷之际，实理发见之端，而众事吉凶之兆也。

诚精故明，神应故妙，几微故幽。

"清明在躬，志气如神"，精而明也。"不疾而速，不行而至"，应而妙也。理虽已萌，事则未著，微而幽也。

诚、神、几[(1)]**，曰圣人。**

性焉、安焉，则精明应妙，而有以洞其幽微矣。

【述评】"至诚如神，故可与几。几者动之微，吉凶之先见者也。一念初萌，鬼神莫如而己独知之。于是自省自验，至于无一念之不诚，则忠信为主，而德日进矣。"（《周易卦解·乾·文言》）

慎动第五

动而正，曰道。

动之所以正，以其合乎众所共由之道也。

用而和，曰德。

用之所以和，以其得道于身，而无所待于外也。

匪仁，匪义，匪礼，匪智，匪信，悉邪矣。

所谓道者，五常而已[(1)]。非此，则其动也邪矣。

邪动，辱也。甚焉，害也。

无得于道，则其用不和矣。

故君子慎动。

动必以正，则和在其中矣。

【注解】（1）五常：仁、义、礼、智、信。人当共行之常道。

【述评】言出合义，行不违礼，是为动而正。合乎众所共由的五常之道，行此常道而有得于身谓之德。久行不悖而德无不实。"积而至于能化，则其至诚之妙，亦不异于圣人矣。"

道第六

圣人之道，仁义中正而已矣。

中即礼。正即智。图解备矣。

守之贵。

天德在我，何贵如之！

行之利。

顺理而行，何往不利！

廓之配天地。

充其本然并立之全体而已矣。

岂不易简！岂为难知。

道体本然，故易简，人所固有，故易知。

不守，不行，不廓耳。

言为之则是，而叹学者自失其几也。

【述评】夏峰孙氏曰："守之、行之、廓之，正见知几慎动。"

师第七

或问曰："曷为天下善？"曰："师。"曰："何谓也？"曰："性者，刚柔、善恶，中而已矣。"

此所谓性，以气禀而言也。

不达。曰："刚善，为义，为直，为断，为严毅，为干固。恶，为猛，为隘，为强梁。柔善，为慈，为顺，为巽；恶，为懦弱，为无断，为邪佞。"

刚柔固阴阳之大分，而其中又各有阴阳，以为善恶之分焉。恶者固为非正，而善者亦未必皆得乎中也。

惟中也者，和也，中节也，天下之达道也，圣人之事也。

此以得性之正而言也。然其以和为中，与中庸不合。盖就已发无过不及者而言之，如书所谓"允执厥中"者也。

故圣人立教，俾人自易其恶，自至其中而止矣。

易其恶则刚柔皆善，有严毅慈顺之德，而无强梁懦弱之病矣。至其中，则其或为严毅，或为慈顺也，又皆中节，而无太过不及之偏矣。

故先觉觉后觉，暗者求于明，而师道立矣。

师者所以攻人之恶，正人之不中而已矣。

师道立，则善人多。善人多，则朝廷正，而天下治矣。

此所以为天下善也。

此章所言刚柔，即易之"两仪"。各加善恶，即易之"四象"。易又加倍，以为"八卦"。而此书及图则止于四象，以为火、水、金、木，而即其中以为土。盖道体则一，而人之所见详略不同，但于本体不差，则并行而不悖矣。

【述评】平治天下以正人心为先务。人心不正，善恶观念模糊，胆大妄为者背义趋利，侥幸试法以致富贵。众人效之，则贪残横行，禁网虽密，焉得全部绳之于法哉？故曰："法不治众。"必须重教化，正师道，育师资，以讲明善道。引导人们明确善恶观念，改正恶习，笃行于善道。培养既久，则善人日益增多，民风趋厚。"师道立，则善人多。"任人唯贤，"则朝廷正，而天下治矣"。

幸第八

人之生，不幸，不闻过。大不幸，无耻。

不闻过，人不告也。无耻，我不仁也。

必有耻，则可教。闻过，则可贤。

有耻，则能发愤而受教。闻过，则知所改而为贤。然不可教，则虽闻过而未必能改矣。以此见无耻之不幸为尤大也。

【述评】知耻则能发愤受教而日损其过。如"子路人告之以有过则喜，禹闻善言则拜"，喜其得闻过而改之，至于不二过，是勇于自修也。

思第九

《洪范》[(1)]**曰："思曰睿，睿作圣。"**

睿，通也。

无思，本也；思通，用也。几动于彼，诚动于此。

无思而无不通，为圣人。

无思，诚也。思通，神也。所谓"诚、神、几，曰圣人"也。

不思，则不能通微；不睿，则不能无不通。是则无不通生于通微，通微生于思。

通微，睿也。无不通，圣也。

故思者，圣功之本，而吉凶之机也。

思之至，可以作圣而无不通。其次，亦可以见几通微，而不陷于凶咎。

易曰："君子见几而作(2)，不俟终日(3)。"

睿也(4)。

又曰："知几其神乎！"

圣也。

【注解】（1）《洪范》：《尚书》篇名。箕子向周武王陈述"天地之大法"的记录，提出了帝王治理国家必须遵守的九种根本大法，即"洪范九畴"。（2）见几而作：发现一点苗头就立刻采取措施。作：行动。（3）俟（sì）：等待。（4）睿（ruì）：明智通达，见解深远。

志学第十

圣希天，贤希圣，士希贤。

希，望也。字本作"睎"[1]。

伊尹、颜渊，大贤也。伊尹耻其君不为尧、舜，一夫不得其所，若挞于市[2]。颜渊"不迁怒[3]，不贰过[4]"，"三月不违仁"[5]。

说见《书》及《论语》，皆贤人之事也。

志伊尹之所志，学颜子之所学。

此言"士希贤"也。

过则圣，及则贤，不及则亦不失于令名。

三者随其所用之浅深，以为所至之近远。不失令名，以其有为善之实也。胡氏曰："周子患人以发策决科、荣身肥家、希世取宠为事也，故曰'志伊尹之所志'。患人以广闻见、工文词、矜智能、慕空寂为事也，故曰'学颜子之所学'。人能志此志而学此学，则知此书之包括至大，而其用无穷矣。"

【注解】 (1) 睎（xī）：希望；仰慕。 (2) 若挞于市：羞愧得好像在市面上被人鞭打了自己。 (3) 不迁怒：怒于甲者不移于乙。(4) 不贰过：不重犯以前的过失。(5) 三月不违仁：在很长时日内，心无私欲杂念，心不违仁。

【述评】朱子曰："三月，言其久。仁者，心之德。心不违仁者，无私欲而有其德也。"少有私欲，便是不仁。效法乎上，仅得乎中。立志必学伊尹、颜渊，如伊尹以悯世安民为己任，如颜子学欲达于圣人，择善笃行不止，将以成就经天纬地之才，以成己成人。学所以学明至善之所在，择善以为知而明于善，笃行于善以为仁。择善固执笃行不已，至于动静云为无过不及之差，则几于积而能化矣。是故孔子谓颜子说："用之则行，舍之则藏，唯我与尔有是夫！"是说颜子已几几乎圣矣。"学字内兼有知行并进，敬义夹持功夫"（张范卿）。

顺化第十一

天以阳生万物，以阴成万物。生，仁也；成，义也。

阴阳，以气言；仁义，以道言。详已见图解矣。

故圣人在上，以仁育万物，以义正万民[1]。

所谓定之以仁义。

天道行而万物顺，圣德修而万民化。大顺大化，不见其迹，莫知其然之谓神。

天地圣人，其道一也。

故天下之众，本在一人。道岂远乎哉！术岂多乎哉！

天下之本在君，君之道在心，心之术在仁义。

【注解】（1）以义正万民：以"义"的方式让个体处在群体的和谐中正之中。

【述评】顺化是顺应天理人情，行施仁义教化。使天下之人皆有以明其明德，而循礼守分，互爱互敬，则天下平和安乐。"上有好者，下必甚焉"，故曰："上老老而民兴孝，上长长而民兴弟"（《大学》）。君主躬行仁义表率于上，万民景仰尊崇效法于下。上行下效之功，如影随形。只要君主心正身修，施行仁义教化就够了。

治第十二

十室之邑，人人提耳而教，且不及，况天下之广，兆民之众哉！曰，纯其心而已矣。

纯者，不杂之谓；心，谓人君之心[1]。

仁、义、礼、智四者，动静、言貌、视听无违之谓纯。

仁、义、礼、智，五行之德也。动静，阴阳之用；而言貌、视听，五行之事也。德不言信，事不言思者，欲其不违，则固以思为主，而必求是四者之实矣。

心纯则贤才辅[2]。

君取人以身，臣道合而从也[3]。

贤才辅则天下治。

众贤各任其职，则不待人人提耳而教矣。

纯心要矣，用贤急焉。

心不纯，则不能用贤；不用贤，则无以宣化[4]。

【注解】（1）人君：率领人民有序安宁生存的最高领导人，是为民谋福祉的责任者，而非役民自享的特权者。（2）心纯：心纯乎天理而无一毫人欲之私。纯：纯净；纯粹无杂。（3）合而从：君主能纯正其心，则与贤臣道义相合，不合则不能辅政化民，贤才必不苟从。（4）宣化：宣讲道德仁义以教化人民。

【述评】秦治《论用贤急焉》：濂溪周子曰："纯心要矣，用贤急焉。"纯正人心，改善风俗，在于上有明主倡导，下有师儒宣化。使人知其德善为美，经书必读，身心必修，义礼必行，然后才能善身善世而美化风俗。师儒虽人微言轻，然其有德之行足以影响左右，合理之言足以感召善良明智。生而为人，无不有向善恶恶之心。由于低俗风气习染而善恶观念不明，得师儒宣化，必有听其言而效其行者。一而十，十而百，假以时日，先觉者继任师儒从事宣化，从学者日益增多而风俗渐易，则圣贤之道逐渐获得广泛认同。尊德行、重道义、尚贤能、鄙视低俗的社会风气可逐步形成，则文明社会建成有望焉，师儒之责重矣哉！

建成文明社会必须以教化大行为前提，教化大行以贤能尽举为条件。"善人为邦百年，亦可以胜残去杀"（《论语·子路》）。教化既久，从善去恶之人日益增多，仁义良善风气渐积而渐深厚，则仁圣睿智者应运而生。将仁圣睿智者选而举之于上位，为主席、为总统、为长为上以任贤使能，奉行王道政治理顺国家，行仁讲让倡率万民。贤能尽举，上行下效，天下化纯，四海和乐而宇内升平。主席、总统、长上成为率领人民有序安宁生存的国家领导人，成为为民谋福祉的责任者，而不是役民自享的特权者。则平等、自由、民主、公正之属，不待维护而自无不在矣。

纯其心者非人人皆能焉，大善大智则大纯，小善小智则小纯，下愚不移者非旦不能纯，而又江河日下，欲止不能，焉能使其纯哉。故于大纯者举而戴之为主上以教化万民，于小纯者鼓之舞之扶之翼之框之直之，使其自化以成德。不纯者于以导之正之律之刑之，使其免于害人以自害，冥顽不化者律之刑之以强制。然后人人务纯其心而守于正，入孝而出恭，勤于家业以孝养父母，忠于职守以发展事业。大善大纯者受举以任政，尸位素餐者必逐而离职。官民皆以德业等次各安其位，各守其职，则政治清明，天下太平矣。孔夫子倡导的"天下为公""社会大同"，首重"选贤与能，讲信修睦"而已矣。选举贤德任主上以行教化，岂不急乎？

礼乐第十三

礼，理也；乐，和也。

礼，阴也；乐，阳也。

阴阳理而后和，君君⁽¹⁾、臣臣⁽²⁾、父父、子子、兄兄、弟弟、夫夫、妇妇，万物各得其理，然后和。故礼先而乐后。

此"定之以中正仁义而主静"之意，程子论"敬则自然和乐"，亦此理也。学者不知持敬，而务为和乐，鲜不流于慢者。

【注解】（1）君君：（前）君：国君、上级官员。（后）君：以爱民为心尽主、上之道。（2）臣臣：（前）臣：下属官员。（后）臣：以忠于国家人民事业而尽臣、下之道。

【述评】设置君主臣属是为了天下有序生存。主上以仁义中正倡率臣民，爱民如子，使臣以礼，方为明主。下属以忠于国家人民的事业追随上级，听其调遣指使，忠心为民办事。君臣各守其正谓之君君、臣臣。若主上执意图谋一己之私，独断专行不利于民的政令，其大臣畏于权势而不敢谏阻纠正，或不识其有误而不知谏，使人民遭受涂炭而无以恤，则君不君臣不臣之过，孰大于是哉！不敢谏不知谏而窃居臣下之位不知去，是甘做帮凶而助长主上之恶，不顾百姓生死矣。《书经·太誓》曰："天降下民，作之君，作之师。惟曰其助上帝（指普生万物的天），宠之四方。"是说设立君主师傅是帮助上帝来爱护人民的，而不是作威作福不利于人民的。

务实第十四

实胜[1]**，善也；名胜，耻也。故君子进德修业，孳孳不息，务实胜也。德业有未著，则恐恐然畏人知**[2]**，远耻也。小人则伪而已！故君子日休**[3]**，小人日忧。**

实修而无名胜之耻，故休。名胜而无实修之善，故忧。

【注解】（1）实胜：功德之实高于名声。（2）恐恐：惶惧貌。（3）休：（因悔过自新）喜悦、快乐。

【述评】务实，讲究实际，实事求是，是做人做事的原则。务实是中国文化较早形成的一种民族精神。注重现实，崇尚实干是中华民族的传统美德。

爱敬第十五

"有善不及。"

设问人或有善，而我不能及，则如之何？

曰："不及则学焉。"

答言。当学其善而已。

问曰："有不善？"

问人有不善，则何以处之？

曰："不善，则告之不善，且劝曰：'庶几有改乎？'斯为君子。"

答言。人有不善，则告之以不善，而劝其改。告之者，恐其不知此事之为不善也。劝之者，恐其不知不善之可改而为善也。

"有善一，不善二，则学其一，而劝其二。"

亦答词也。言人有善恶之杂，则学其善，而劝其恶。

有语曰："斯人有是之不善，非大恶也。"则曰："孰无过，焉知其不能改？改，则为君子矣。不改为恶，

恶者天恶之[1]。**彼岂无畏耶？乌知其不能改**[2]**！"**

此亦答言。闻人有过，虽不得见而告劝之，亦当答之以此，冀其或闻而自改也。有心悖理谓之恶，无心失理谓之过。

故君子悉有众善，无弗爱且敬焉。

善无不学，故悉有众善；恶无不劝，故不弃一人于恶。不弃一人于恶，则无所不用其爱敬矣。

【注解】（1）恶之：讨厌、憎恨他（指有恶不改的人）。（2）乌：何，怎么。

【述评】欢善规过，朋友之义也。人有善则学之，人有不善，恐其不知此事之为不善而告之。恐其不知不善之可改而为善则劝其改，如此爱人敬人，不弃一人于恶，是进于君子之行也。

乐上第十七

古者圣王制礼法，修教化，三纲正[1]**，九畴叙，百姓太和，万物咸若**[2]**。**

纲，网上大绳也。三纲者，夫为妻纲，父为子纲，君为臣纲也。畴，类也。九畴，见《洪范》。若，顺也。此所谓理而后和也。

乃作乐以宣八风之气，以平天下之情。

八音以宣八方之风，见《国语》。宣，所以达其理之分。平，所以节其和之流。

故乐声淡而不伤，和而不淫。入其耳，感其心，莫不淡且和焉。淡则欲心平，和则躁心释。

淡者，理之发；和者，理之为。先淡后和，亦主静之意也。然古圣贤之论乐曰："和而已。"此所谓淡，盖以今乐形之，而后见其本于庄正齐肃之意耳。

优柔平中，德之盛也。天下化中，治之至也。是谓道配天地，古之极也。

欲心平，故平中；躁心释，故优柔。言圣人作乐功化之盛如此。或云"化中"当作"化成"。

后世礼法不修，政刑苛紊，纵欲败度，下民困苦。谓古乐不足听也，代变新声，妖淫愁怨，导欲增悲，不能自止。故有贼君弃父，轻生败伦，不可禁者矣。

废礼败度，故其声不淡而妖淫。政苛民困，故其声不和而愁怨。妖淫，故导欲而至于轻生败伦。愁怨，故增悲而至于贼君弃父。

呜呼！乐者，古以平心，今以助欲；古以宣化，今以长怨。

古今之异，淡与不淡，和与不和而已。

不复古礼，不变今乐，而欲至治者，远矣！

复古礼，然后可以变今乐。

【注解】（1）三纲：三纲是人与人之间应该遵守的三个行为准则。（2）咸若：万物皆能顺其性，应其时，得其宜。

【述评】君主与臣下的言行都符合义理，父母子女之间相亲相爱，夫妻之间平和柔顺，相互之间都能遵守道义才能称为三纲正。且首先在于纲正，就是君、父、夫能够以正当行为表率于前，做得更好。

乐中第十八

乐者，本乎政也。政善民安，则天下之心和。故圣人作乐，以宣畅其和心，达于天地，天地之气，感而太和焉。天地和，则万物顺，故神祇格，鸟兽驯。

圣人之乐，既非无因而强作，而其制作之妙，又能真得其声气之元。故其志气天人交相感动，而其效至此。

乐下第十九

乐声淡则听心平，乐辞善则歌者慕，故风移而俗易矣。妖声艳辞之化也，亦然。

【述评】孔子曰："放逐郑声。"就是特别重视文艺演播的教化浸染功能。淡和之声，善美之辞，感化陶冶人的平心善性。妖声艳辞，浸染污秽人的真诚。声乐宣化的功用不可不慎之又慎。

圣学第二十

"圣可学乎？"曰："可。"曰："有要乎？"曰："有。""请闻焉。"曰："一为要。一者无欲也。无欲则静虚、动直。静虚则明[(1)]，明则通。动直则公，公则溥[(2)]。明通公溥，庶矣乎！"

此章之指，最为要切。然其辞义明白，不烦训解。学者能深玩而力行之，则有以知无极之真，两仪四象之本，皆不外乎此心，而日用间自无别用力处矣。

【注解】（1）明：聪明睿智，通明事理。（2）溥（pǔ）：（心胸）广大。

【述评】此节以一为要，一是心纯乎天理而无人欲之杂。静时淡泊清虚，心无障蔽而明通事物之理。动时惟理是循，不受外物干扰而正直公平，处事得宜。能够实用存养省察功夫，克己寡欲，慎独审几，主敬守一，遵循颜子行迹而学行不已，则可望入于圣域。

公明第二十一

公于己者公于人，未有不公于己而能公于人也。

此为不胜己私而欲任法以裁物者发。

明不至则疑生[(1)]。**明，无疑也。谓能疑为明，何啻千里？**

此为不能先觉，而欲以逆诈[(2)]、亿不信为明者发[(3)]。然明与疑，正相南北，何啻千里之不相及乎！

【注解】（1）疑：迷惑；猜疑。（2）逆：未至而迎之也。诈：欺骗、冒充、狡诈诓骗。（3）亿：未见而意之也。不信：谓人疑己。（《论语集注·子路》）

【述评】秦治《论疑古思潮与经济腾飞》：疑古思潮曾经阻碍了中国经济社会发展，当人们逐渐认清疑古思潮的危害，认清中华优秀传统文化治世安民的功用时，自然摒弃疑古而回归了文化自信。

周濂溪先生曰："明不至则疑生。明，无疑也。"疑古思潮一味诬陷中华优秀文化的先进性和引领性能，但是，它不可能改变明通事理，具有真知灼见者的正确认知，更不能改变中华优秀传统文化引领社会进步和经济发展的强大功用。所以有疑古风气者，世教衰而明不至也。浅学未至于明通事理，未能明辨是非曲直，又惑于国外图谋颠覆者之伪辞而人云亦云，于是自以怀疑一切为明。此则疑古之风所以数典忘祖，害人害己，诬世惑民，以是为非，以非为是也。奉劝尚有疑古心理的人们，要改变怀疑一切的陋习，尊重历史的真实性。研究历代兴替缘由，敬畏往圣前贤的榜样与教化，回归到实事求是，唯真唯正而传递正能量。把有限精力转移到提升品性，关注和谐，导人向善，促进发展上来。放弃成见，勇于为学，择善固执以明至善之所在而躬行实践，可逐渐至于知无不尽理无不明。则能知是知非，知疑古之害，知和家强国必行中华圣人之道。

以儒家文化为母本的西方文化复兴运动，促成了现代物质文明。以优秀文化为动力的中国经济腾飞，驱动着中华文化复兴。文化复兴逐步促成民族伟大复兴。思想先于文化，文化先于制度，制度维护发展。中华优秀文化是先圣先王天下为公、天人一体悯人思想运用于家国治理的经验结晶，形成了王道政治体制，并得仁智者执政而大行数千年。次者亦足以基本稳定社会文明。根植于中华优秀文化的中国特色社会思想，不断优化着理论优势、政治优势、制度优势、文化优势。确认中国经济腾飞源于文化优秀，济之以文化复兴，则民族复兴有望也。

颜子第二十三

颜子"一箪食⁽¹⁾，一瓢饮⁽²⁾，在陋巷，人不堪其忧，而不改其乐"。

说见《论语》。

夫富贵，人所爱也。颜子不爱不求，而乐乎贫者，

独何心哉？

设问以发其端。

天地间有至贵至爱可求，而异乎彼者，见其大而忘其小焉尔。

"至爱"之间，当有"富可"二字。所谓"至贵至富、可爱可求"者。即周子之教程子，每令寻仲尼、颜子乐处，所乐何事者也。然学者当深思而实体之，不可但以言语解会而已。

见其大则心泰，心泰则无不足。无不足则富贵贫贱，处之一也。处之一，则能化而齐。故颜子亚圣。

"齐"字意复，恐或有误。或曰："化，大而化也。齐，齐于圣也。亚则将齐而未至之名也。"

【注解】（1）颜子：复圣颜回，字子渊。一箪食：用一个竹器盛饭而食（饭菜单一）。箪：竹器。食（sì）：吃饭。（2）一瓢饮：一瓢水饮（无羹汤）。瓢：用葫芦干壳做成的勺（《小学通俗解义》）。

【述评】颜子学欲达于圣人，择善笃行不止，以成就经天纬地之才。颜子所以为复圣而居文庙四配之首，是他为世人展示了圣人可学而至的亲身实证，并留下了择善固执，不迁怒，不二过，躬四勿以迁善改过，克己

复礼等学行轨迹，使后世学者得循其迹而进于圣人
之道。

师友上第二十四

**天地间，至尊者道，至贵者德而已矣。至难得者
人，人而至难得者，道德有于身而已矣。**

此略承上章之意，其理虽明，然人心蔽于物欲，鲜
克知之。故周子每言之详焉。

求人至难得者有于身，非师友，则不可得也已！

是以君子必隆师而亲友。

师友下第二十五

道义者，身有之，则贵且尊。

周子于此一意而屡言之，非复出也。其丁宁之意
切矣。

人生而蒙，长无师友则愚，是道义由师友有之。

此处恐更有"由师友"字属下句。

而得贵且尊，其义不亦重乎！其聚不亦乐乎！

此重、此乐，人亦少知之者。

【述评】"天下有达尊三：爵一，齿一，德一。朝廷莫如爵，乡党莫如齿，辅世长民莫如德"（《孟子·公孙丑下》）。惟有德者贵且尊，是故孔子师表万世，受天子、万民景仰祭拜，尊贵之至也，德慧术智垂教万世。历代士人君子学习孔夫子的中正仁义，成为清官名师，维系着中华文明，得到万民尊贵效仿。

过第二十六

仲由喜闻过，令名无穷焉。今人有过，不喜人规，如护疾而忌医，宁灭其身而无悟也。噫！

【述评】子路勇于自修，希望别人指出自己的过错，立即改正以寡过，因而有无穷的美名，可谓百世之师。有过不改，终成大过。

势第二十七

天下，势而已矣。势，轻重也。

一轻一重，则势必趋于重，而轻愈轻，重愈重矣。

极重不可反。识其重而亟反之，可也。

重未极而识之，则犹可反也。

反之，力也。识不早，力不易也。

反之在于人力，而力之难易，又在识之早晚。

力而不竞，天也。不识不力，人也。

不识，则不知用力。不力[1]，则虽识无补。

天乎？人也，何尤[2]！

问势之不可反者，果天之所为乎？若非天，而出于人之所为，则亦无所归罪矣。

【注解】 （1）不力：不努力纠正。（2）尤：怨恨；归咎。

【述评】 对邪恶思潮及似是而非、蛊惑人心偏离正道的言行，应遏制纠正于萌芽之中，不能任其滋长。滋长壮大则难于遏制。必须加倍努力，遏制纠正不正确言行造成的负面影响。如"批杨墨""恶乡原（同愿）"，引导人心归正。邪佞不可不及早放逐，一旦成势，足以乱政害民。

文辞第二十八

文所以载道也。轮辕饰而人弗庸[1]，徒饰也；况虚车乎！

文所以载道，犹车所以载物。故为车者必饰其轮辕，为文者必善其词说，皆欲人之爱而用之。然我饰之而人不用，则犹为虚饰而无益于实。况不载物之车，不载道之文，虽美其饰，亦何为乎！

文辞，艺也；道德，实也。笃其实，而艺者书之，美则爱，爱则传焉。贤者得以学而至之，是为教。故曰："言之无文，行之不远。"

此犹车载物，而轮辕饰也。

然不贤者，虽父兄临之，师保勉之，不学也。强之，不从也。

此犹车已饰，而人不用也。

不知务道德而第以文辞为能者，艺焉而已。噫！弊也久矣！

此犹车不载物，而徒美其饰也。

或疑有德者必有言，则不待艺而后其文可传矣。周子此章，似犹别以文辞为一事而用力焉。何也？曰："人之才德，偏有长短，其或意中了了，而言不足以发之，则亦不能传于远矣。"故孔子曰："辞达而已矣。"程子亦言："西铭吾得其意，但无子厚笔力，不能作耳。"正谓此也。然言或可少，而德不可无。有德而有言者常多，有德而不能言者常少。学者先务，亦勉于德而已矣。

【注解】（1）弗庸：不用。庸，意思为用，多用于否定式。

儒学门径

圣蕴第二十九

"不愤不启[1]，不悱不发[2]，举一隅不以三隅反[3]，则不复也[4]。"

说见《论语》。言圣人之教，必当其可，而不轻发也。

【注解】（1）愤：心求通而未得之意。启：谓开其意。（2）悱：口欲言而未能之貌。发：谓达其辞。（3）隅（yú）：角落。如桌子有四个角，举一角可知其余三角。反：类推。比照这一事物的道理推出跟它同类的其他事物的道理。（4）复：再告许。

【述评】圣人因材施教。不到他将要弄通又弄不通的时候不去点拨他，不到似乎能说出来又说不出的时候不去启发他。待到"愤""悱"之时启发他，他就会以不可阻挡之势前进。

精蕴第三十

圣人之精，画卦以示；圣人之蕴，因卦以发。卦不画，圣人之精不可得而见。微卦，圣人之蕴，殆不可悉得而闻。

精者，精微之意。画前之易[1]，至约之理也。伏羲画卦，专以明此而已。蕴，谓凡卦中之所有，如吉凶消长之理，进退存亡之道，至广之业也。有卦则因以形矣。

易何止五经之源，其天地鬼神之奥乎！

阴阳有自然之变，卦画有自然之体。此易之为书，所以为文字之祖（zǔ），义理之宗也。然不止此，盖凡管于阴阳者[2]，虽天地之大，鬼神之幽，其理莫不具于卦画之中焉。此圣人之精蕴，所以必于此而寄之也。

【注解】（1）画前之易：天地自然形象与其所以有序健行生生不息之理称为画前之易。"天有昼夜寒暑之变，以化生万物，是为自然界之易，画前之易也"（《周易卦解·序三》）。"未画（卦）之前，已有此（易）理"（《皇极经世》）。（2）管于阴阳：归属于阴阳。

【述评】精谓精深而隐微，蕴谓卦中藏有吉凶悔吝、进退存亡之义理。天地之大，鬼神之幽，无不蕴含于易卦之中。故欲得圣人之精蕴，必从易卦究深研几而发微。周子治《易》，本象数而阐发义理。故谓圣人之精蕴，画卦以示、因卦以发。

乾损益动第三十一

君子乾乾，不息于诚，然必惩忿窒欲，迁善改过而后至。乾之用，其善是。损益之大，莫是过。圣人之旨

深哉！

此以乾卦爻辞、损益大象，发明思诚之方。盖乾乾不息者，体也。去恶进善者，用也。无体则用无以行，无用则体无所措。故以三卦合而言之。或曰："其"字亦是"莫"字。

"吉凶悔吝生乎动。"噫！吉一而已，动可不慎乎！

四者一善而三恶，故人之所值，福常少而祸常多，不可不谨。此章论易所谓"圣人之蕴"。

家人暌复无妄第三十二

治天下有本，身之谓也[(1)]**；治天下有则，家之谓也。**

则，谓物之可视以为法者，犹俗言则例、则样也。

本必端。端本，诚心而已矣。则必善。善则，和亲而已矣。

心不诚，则身不可正。亲不和，则家不可齐。

家难而天下易，家亲而天下疏也。

亲者难处，疏者易裁。然不先其难，亦未有能其易者。

家人离，必起于妇人，故睽次家人。以"二女同居，而志不同行"也。

睽次家人，易卦之序。二女以下，睽彖传文。二女，谓睽卦兑下离上，兑少女，离中女也。阴柔之性，外和悦而内猜嫌，故同居而异志。

尧所以厘降二女于妫汭，舜可禅乎[(2)]**？吾兹试矣。**

厘，理也。降，下也。妫（guī），水名。汭，水北，舜所居也。尧理治下嫁二女于舜，将以试舜而授之天下也。

是治天下观于家，治家观身而已矣。身端，心诚之谓也。诚心，复其不善之动而已矣[(3)]**。**

不善之动息于外，则善心之生于内者无不实矣。

不善之动，妄也。妄复，则无妄矣。无妄，则诚矣。

程子曰："无妄之谓诚。"

故无妄次复，而曰"先王以茂对时[(4)]**，育万物"。深哉！**

无妄次复，亦卦之序。先王以下，引无妄卦大象，以明对时育物。唯至诚者能之，而赞其旨之深也。

此章发明四卦，亦皆所谓"圣人之蕴"。

【注解】（1）身之谓也：治天下以修身为根本，身不修，无以治天下。（2）禅：禅让。帝王生前把领导地位让给贤人。禅，在祖宗面前大力推荐。让，让出帝位。（3）动：意动、体动。体动包括言语、形态、四肢之动。（4）以茂对时：在万物最茂盛的时节（指长夏），按一定标准核对、校验。

【述评】此章进一步阐明治天下以身为本，以家为则。一身之不修，无以齐其家。不能齐家，何以平天下。圣人厘降二女于妫汭，所以观齐家以验其能否平治天下也。心诚而后身正亲和而家齐。先王观天下雷行，物与无妄之象，感于天地生物之盛，敬对天时以养育民物，使之遂其生复其性，而无不得其宜，所以体天地物与无妄之心也。

富贵第三十三

君子以道充为贵，身安为富，故常泰无不足。而铢视轩冕⁽¹⁾，尘视金玉，其重无加焉尔！

此理易明，而屡言之，欲人有以真知道义之重，而不为外物所移也。

【注解】（1）铢：古代重量单位，二十四铢为一市两。喻微小。轩冕：古时大夫以上官员的车乘和礼帽礼服。

陋第三十四

圣人之道⁽¹⁾，入乎耳，存乎心，蕴之为德行，行之为事业。彼以文辞而已者⁽²⁾，陋矣！

意同上章。欲人真知道德之重，而不溺于文辞之陋也。

【注解】（1）圣人之道："圣人之道，仁义中正而已矣。"就是执中持正以修身而居仁由义以齐家、治国、平天下。（2）文辞：这里指专务作文章修词语以猎取功名。

【述评】"圣人之道，仁义中正而已矣。""蕴积于中为德行，道之体也。发扬于外为事业，道之用也。""圣人之道是人人当由之道也。圣人之言与行，载在经传，诵而讲之，入于耳，存于心，通过思辨而力行之。而蕴在心为德行，行于外为事业，才能有益于身心。彼务记诵，为词章，夸多闻，摩循于外为人者，适以害道败德，不如无学。"（《小学通俗解义·嘉言59》）

拟议第三十五

至诚则动，"动则变，变则化"。故曰："拟之而后言，议之而后动，拟议以成其变化⁽¹⁾。"

《中庸》《易大传》所指不同，今合而言之，未详其义。或曰：至诚者，实理之自然；拟议者，所以诚之之事也。

【注解】 （1）拟议：指事前的揣度讨论。

【述评】 天下之事深奥杂乱，然而全都是人的事。必拟议而后言，言必符合当事之理。亦必拟议而后行事，使其政令谋猷符合事理人情。符合人所当行之道，才能应对人事变化而成全其理顺功效。

刑第三十六

天以春生万物，止之以秋。物之生也，既成矣，不止则过焉，故得秋以成(1)**。圣人之法天，以政养万民，肃之以刑。民之盛也，欲动情胜，利害相攻，不止则贼灭无伦焉。故得刑以治**(2)**。**

意与十一章略同。

情伪微暧(3)**，其变千状。苟非中正、明达、果断者，不能治也。讼卦曰："利见大人。"以"刚得中"也。噬嗑曰："利用狱**(4)**。"以"动而明"也。**

中正，本也。明断，用也。然非明则断无以施，非断则明无所用，二者又自有先后也。讼之中，兼乎正。噬嗑之明，兼乎达。讼之刚，噬嗑之动，即果断之谓也。

呜呼！天下之广，主刑者，民之司命也，任用可不慎乎！

【注解】（1）得秋以成：众物春生夏长，成熟于秋以全其生迹，然后免于秋气肃杀而得敛藏。遇春复生，以应四时气候而生生不息。（2）得刑以治：以德行政，教化大行则民从其化而尊礼守法。愚顽不化者辅以刑律控制，使其不敢为非以害人。然后天下得以治，非惟独用刑律治国也。（3）微暧：幽隐。暧：昏暗不明的样子。（4）利用狱：有利于用来处理狱讼之事。

【述评】用刑者，去其害民之心而已，非独以刑杀禁之也。故必选用有道德能明断的人主管刑罚，以得刑之中正。"所以利用狱者，则以阴阳正等，不刚不柔，足以威凶犯，哀无罪也。明动相资，明察善断，无情者不得尽其辞也。雷电相合，威明并用，足以大畏民志也。柔得中而上行，戒武断而尚仁柔。罪疑惟轻，既得其情，则哀矜而勿喜。卦才如是，是以诸爻虽不当位，而利用折狱也。"（《周易卦解·噬嗑》）

公第三十七

圣人之道，至公而已矣。或曰："何谓也？"曰："天地至公而已矣。"

【述评】"天地之大德曰生。"所以万物充盈而生生不息。圣人效法天地至公无私之大德，以仁义中正化万民，以维系社会和谐、万物并育。故曰圣人之道，至公而已矣。

孔子上第三十八

《春秋》，正王道，明大法也[1]，孔子为后世王者而修也。乱臣贼子诛死者于前，所以惧生者于后也。宜乎万世无穷[2]，王祀夫子[3]，报德报功之无尽焉[4]。

【注解】（1）正王道：厘正君主以保国安民为最大职责，而立典中正之道。王道者，君主以中正仁义治理天下，以礼乐宣化化育百姓，以德主刑辅安抚万民的圣王治道。明大法：谓《春秋》是"分辨伦理纲常，判别嫌疑，明辨是非，定断犹豫难决之事，表彰善良，贬斥丑恶，尊重贤能，贱视不肖，振衰兴废"的大经大法。（2）宜乎万世无穷：适宜人类的教泽万世永续，传于无穷。（3）王祀夫子：用祭祀先代帝王之礼祭祀孔夫子。（4）报德报功：用王祀夫子的方式报答夫子功德，至于无尽。

孔子下第三十九

道德高厚，教化无穷，实与天地参而四时同，其惟孔子乎！

道高如天者，阳也；德厚如地者，阴也；教化无穷如四时者，五行也。孔子其太极乎！

【述评】孔夫子学为人师，行为人范，德侔天地，道贯古今，删述六经，垂宪万世。设教式，传道义，继往圣，开来学，师表后世。后世为报答孔夫子大功大德，于孔子去世后的第二年，鲁哀公为其立庙设祀。汉高祖刘邦以太牢亲祭孔庙。历代追封甚多，汉平帝追封褒成宣尼公；隋文帝追封先师尼父；唐玄宗封孔子为"文宣王"；宋真宗大中祥符元年，孔子被封为"元圣文宣王"；大中祥符五年被改封为"至圣文宣王"。历代王朝多有以帝王之礼祭孔子，现在台湾仍以八佾之礼祭孔子，而历代孔庙中的孔子像用冕旒像，"所以报德报功之无尽焉"。

蒙艮第四十

"童蒙求我"，我正果行，如筮焉。筮，叩神也⁽¹⁾。再三则渎矣⁽²⁾，渎则不告也。

此通下三节，杂引蒙卦彖、象而释其义。童，稚也。蒙，暗也。我，谓师也。筮，揲蓍以决吉凶也⁽³⁾。言童蒙之人，来求于我以发其蒙⁽⁴⁾，而我以正道，果决彼之所行，如筮者叩神决疑，而神告之吉凶，以果决其所行也。叩神求师，专一则明。如初筮则告，二三则惑，故神不告以吉凶，师亦不当决其所行也。

山下出泉⁽⁵⁾，静而清也。汨则乱，乱不决也。

山下出泉，大象文。山静泉清，有以全其未发之善，故其行可果。汩，再三也。乱，渎也。不决，不告也。盖汩则不静，乱则不清。既不能保其未发之善，则告之不足以果其所行，而反滋其惑，不如不告之为愈也。

慎哉！其惟"时中"乎[6]**！**

"时中"者，彖传文，教当其可之谓也。初则告，渎则不告；静而清则决之，汩而乱则不决。皆时中也。

艮其背[7]**，背非见也。静则止，止非为也，为不止矣。其道也深乎！**

此一节引艮卦之象而释之。艮，止也，背，非有见之地也。"艮其背"者，止于不见之地也。止于不见之地则静，静则止而无为，一有为之之心，则非止之道矣。此章发明二卦，皆所谓"圣人之蕴"，而主静之意矣。

【注解】（1）叩：询问。（2）渎：轻慢不敬。（3）揲蓍（shé shī）：亦称"揲蓍草"、数蓍草。古代问卜的一种方式。（4）发其蒙：启迪他的蒙昧无知。（5）山下出泉：蒙卦上艮下坎，上山下水，有山下出泉的象征。圣人画八卦"以象征天地风雷雨日山泽，以肖天地造化发育之具，所以化生万物者，而万象包罗于其中矣"（《周易卦解·蒙》）。（6）时中：不偏不倚，随时行中处正。（7）背：脊背；人体后面从肩到腰的部分。

【述评】"蒙以养正，实为作圣之基，修齐治平之本，乃发蒙之先务也。故教者以正养蒙，而学者以正自养。然后能尽发蒙之道，而贤豪英俊从此出焉。此关乎世道之升降，国家之盛衰，不可或忽也"（《周易卦解·蒙》）。君子观流水之行，"不舍昼夜，终归于海，则果决其行以育德，必造于至善之地而后止。见渊泉混混，时出不穷，而知有本者如此。则养育其德，敦化源以果行。内外交致其力，以期德明行修，此启蒙之要，作圣之功也"。圣人定之以中正仁义而主静。"惟有主静以应天下之感，则能止于所当止。第知理义之悦我心，而不知此外有可慕，然后天君泰然，百体从令，不识不知，顺帝之则，动静各止其所，而无一毫有我之私。"（《周易卦解》）

第三卷
明理尽性

第一篇　程明道先生语

(附　居安解说)

明道先生曰：天地生物，各无不足之理，常思天下君臣、父子、兄弟、夫妇，有多少不尽分处[(1)]。

【注解】（1）尽分：竭尽全力完成本分应该完成的事。尽：竭力做到。分：天理本然之准则。

【述评】人人都应该做到本身应做到的仁义忠信，慈善孝顺，幼爱恭敬，敦厚中正。"天赋人以正理，君仁臣忠，父慈子孝，兄幼弟恭，夫义妇正。道理完全具足，必各止于至善，然后能尽其分者。失其正理，故无序而不和耳。"（《近思录解义》）

"忠信所以进德"[(1)]，"终日乾乾"[(2)]。君子当终日对越在天也[(3)]。盖"上天之载，无声无臭"。其体则谓之易，其理则谓之道。其用则谓之神，其命于人则谓之性。率性则谓之道，修道则谓之教。孟子于其中又发挥出浩然之气[(4)]，可谓尽矣。故说神"如在其上，如在其左右"，大事小事，而只曰"诚之不可掩如此夫"。彻上彻下，不过如此。**形而上为道，形而下为器，须着如此说。器亦道，道亦器，但得道在，不系今与后，己与人。**

居安夫子曰[(5)]："失正理，不尽分，只是不诚。求诚莫如忠信，忠信所以进德。君子当终日乾乾，对越在天也。天地之理，吾得之以为性，故天人一理。天地之气，吾得之以成形，故天人一气。理气流行于天人间，神妙不测，洋洋如在，诚之不可掩者，彻上彻下，在天在人，无二道也。理之当然为道，气之成形为器。道者器之理，器者道之质。道器不相杂，亦不相离。形上之道，即寓于形下之器。君臣父子兄弟夫妇，皆器也。而莫不有道焉，皆实理也。人能以实心体实理，则道在我矣。以时节言之，则有古今，而道无间于古今。以形体言之，则有人己，而道无间于人己。君子诚之为贵，必忠信以进其德。终日对越在天，无须臾之敢忽，庶得其正理，推而行之，而无不尽之分也。"

魏默深曰："明道先生之言，高远阔阔，当求其着落处，亲切处，下手处。此段只是言天理流行，无乎不在，人不可有一息之不体也。终日对越在天，是下手处。曰忠信，曰诚，则存主之要也。"

【注解】 （1）忠：忠诚无私，尽心竭力。信：如实，不欺骗。（2）终日乾乾：整天自强不息，勤奋努力。（3）对越：犹对扬。答谢颂扬。指帝王祭祀以答谢颂扬天地神灵。对：报答。扬：颂扬。（4）浩然之气：天地间的正气。（5）居安：张绍价，字范卿，号居安，山东省即墨人，清朝举人，民国大儒，思想家，教育家。著有《近思录解义》《中西学说通辨》《居安轩存稿》等。1918年与同窗好友刘可培等发起共同捐资建造灵峰精舍，以居四方来学之士。1900～1914年，先后同即墨举人张显超、黄泽蕚等在礼贤书院任教儒学。学部侍郎刘廷琛曾设家塾，聘同年举人张绍价为西席。1937年春，应其弟子傅明臣聘请，举家迁移到关中太白山下的眉县醋家塬，协助傅明臣修孔庙，办义学，成立崂峰书院，担任崂峰书院主教。先考敬修公应义兄傅明臣邀请前往求学，师从张师公研读《周易》四年，遂从事教书育人、扶贫济困事业。

【述评】"终日乾乾，君子所以进德修业也。内积忠信，主于心者，无一念之不诚，所以进德也。择言笃志，见于外者，无一言之不实，所以居业也。知德之进，以忠信为至，而日进以至之。至诚如神，故可与几。几者动之微，吉凶之先见者也。一念初萌，鬼神莫如，而己独知之。于是自省自验，至于无一念之不诚，则忠信为主，而德日进矣。知业之所修，以诚为终，而力行以终之，则言无不实，行无不中，可与存义矣。进德修业以主忠信立诚为工夫，亦以为本体。此悠远、博厚、高明之德，所以必由至诚无息以致之也。"（《周易卦解·乾》）

医书言手足痿痹为不仁[(1)]，此言最善名状。仁者以天地万物为一体[2]，莫非己也。认得为己，何所不至。若不"有诸己"，自不与己相干，如手足不仁，气已不贯，皆不属己。故博施济众，乃圣人之功用。仁至难言，故止曰："己欲立，而立人，己欲达，而达人，能近取譬[3]，可谓仁之方也已[4]。"欲令如此观仁，可以得仁之体。

【注解】 （1）痿痹：肢体不能动作或丧失感觉。（2）天地万物为一体：天地万物犹如同一整体。天体（宇宙）有天地万物，犹如人体有五脏六腑四肢百体。（3）譬：比喻，打比方。（4）仁之方：为仁的方法。

【述评】 视天地万物为一体，则物我同体，痛痒相关。故圣人欲博施济众，以除其痛痒。人若有私意之蔽，视物我为异体，视他人疾苦与己无关。漠然无动于衷，是心体之不仁。如同手足痿痹，痛痒不觉，则手足亦不属己，是四体之不仁，由气不贯通所致。为仁之法，即取己所欲，比喻他人，知他人与己所欲是相同的。然后推己所欲以及于人，以去人欲之私而全其天理之公，勤勉于此则仁德渐进。

生之谓性[1]，性即气，气即性[2]，生之谓也。人生气禀，理有善恶[3]。然不是性中元有此两物，相对而生也。有自幼而善，有自幼而恶，是气禀有然也。善固性也，然恶亦不可不谓之性也[4]。盖"生之谓性"，"人生而静"以上不容说，才说性时，便已不是性也。凡人说性，只是说"继之者善也"，孟子言性善是也。夫所谓"继之者善也"者，犹水流而就下也。皆水也，有流而至海，终无所污，此何烦人力之为也。有流而未远固已渐浊；有出而甚远，方有所浊。有浊之多者，有浊之少者。清浊虽不同，然不可以浊者不为水也。如此则人不可以不加澄治之功。故用力敏勇则疾清，用力缓怠则迟清。及其清也，则却只是元初水也，不是将清来换却浊，亦不是取出浊来置在一隅也。水之清则性善之谓也，故不是善与恶在性中为两物相对各自出来。此理天命也，顺而循之则道也，循此而修之，各得其分则教也。自天命以至于教，我无加损焉。此舜"有天下而不与焉者"也。

【注解】 （1）生之谓性：真理精气妙合而凝以生物，形即生而理亦全备以为性，可谓生之谓性。（2）气即性：理气浑然合一，则性即气，气即性。（3）理：朱子曰："此理字不是说实理，犹云理当如此，只作合字看。"（4）善固性也：性无不善，善是人的本性。

【述评】 人物禀受天理，理具于身谓之性。"性，即理也。天以阴阳五行化生万物，气以成形，而理亦赋焉，犹命令也。于是人物之生，因各得其所赋之理，以为健顺五常之德，所谓性也"（《中庸章句》）。无极之真理，阴阳五行之精气，浑然合一，妙合而凝以生物。无气则理无所附，无理则气惩忿不定。如人有身无心则性无所秉，四肢百体紊乱无序而痿痹不仁。有心无体则心性无以存而意念言动无所施。自其理气浑然合一言之，则曰性即气，气即性也。居安师公曰："性无不善，气禀拘蔽而后流而为恶。仁、性也，慈爱之过，流为姑息，则恶矣。然亦仁之为也，不可谓之非性也。义、性也，断制之过，流为惨刻，则恶矣。然亦义之为也，不可谓之非性也。故程子曰：'善恶皆天理，谓之恶者本非恶，但或过或不及便如此。'"

观天地生物气象[(1)]。

万物之生意最可观，此"元者善之长也"[(2)]，**斯所谓仁也**[(3)]。

【注解】（1）天地生物：万物皆由天地精气化生。（2）元者善之长也：天理流行，元亨利贞，周而复始以生物。四德无有不善，元为天德之大始，统天之始终，故为善之长也。（3）斯所谓仁也：元亨利贞（天道）为天之四德，赋之于人为仁义礼智（人性），故曰天之元就是仁。

满腔子是恻隐之心[(1)]。

居安夫子曰："远观诸万物，仁之理充满于宇宙，近验诸一心，仁之理，充满于吾身。"

【注解】（1）恻隐之心：见到遭受灾祸或不幸的人产生同情之心。

天地万物之理，无独必有对⁽¹⁾，皆自然而然，非有安排也。每中夜以思，不知手之舞之，足之蹈之也。

【注解】 （1）无独必有对：任何事物都不是孤立的，而是相对立存在，且是相互作用的。

【述评】 无独必有对，是辩证法的基本范畴。是事物自身所包含的既相互排斥又相互依存，既对立又统一的关系。朱子曰："阴与阳对，动与静对，以至屈伸消长，左右上下，或以类对，或以反对，反复推之，未有兀然无对而孤立者。"

中也者天下之大本⁽¹⁾，天地之间，亭亭当当，直上直下之正理⁽²⁾。出则不是⁽³⁾，惟"敬而无失"最尽⁽⁴⁾。

【注解】 （1）中：不偏不倚，恰如其分，适当其时宜，无过与不及之差。本：事物的根源，与"末"相对。(2) 正理：正确的道理。(3) 出：静而不加存善，则放逸失中。不是：不是中。（4）敬而无失：敬守中正，不犯过失。

【述评】 "大本者，天命之性，天下之理皆由此出，道之体也"（《中庸章句》）。"静而无以存之，则此心放逸于外，而不可以言中。惟戒慎恐惧，敬而无失，则浑然在中，无少偏倚，有以存养天命之性，而大本立矣。"（《近思录解义》）

伊川先生曰：公则一[1]，私则万殊，人心不同如面，只是私心[2]。

【注解】（1）公：视民视物与己同体，如横渠先生"民吾同胞（如同胞兄妹），物吾与（同类）也"。一：同为一体。（2）私心：私其心则趋利忘义，损人损物以利己。

凡物有本末，不可分本末为两段事，洒扫应对是其然，必有所以然[1]。

【注解】（1）所以然：所以应该做好洒扫应对等小事的原因和道理。

【述评】只有诚心做好洒扫应对等日用小事，才可以从中体认出万事万物之理以成就其德性。"事有大小，理无精粗。日用常行之事，皆有至当不易之理，本末精粗，一以贯之。为其事而昧其理，俗学也；以日用为粗迹而别求玄妙之理，异学也。"（《近思录解义》）

明道先生曰：天地之间，只有一个感与应而已，更有何事。

居安夫子曰："屈伸往来，皆感应也。天地之感应，至诚无伪，故生生不息。人事之感应有诚有伪，以诚感者以诚应，以伪感者以伪应。故君子不问人之所以应，而但慎己之所以感。"

横渠先生问于明道先生曰："定性未能不动，犹累于外物[1]，何如？"明道先生曰：所谓定者，动亦定[2]，静亦定。无将迎[3]，无内外。苟以外物为外，牵己而从之，是以己性为有内外也。且以性为随物于外，则当其在外时，何者为在内。是有意于绝外诱，而不知性之无内外也。既以内外为二本，则又乌可遽语定哉[4]？

【注解】（1）犹：还，仍然。（2）动亦定：应事接物之际，安定于性理而无少差谬。（3）无将迎：无所送于事之往，也无所迎于事之来。将：送。（4）乌可遽（jù）语定：怎么可以就说是定呢？乌：何，怎么。

【述评】天下事物之理，皆吾性所具有。惟穷究事物之理，探明人生大义，践行于人所当行之道而身与理一者，为能顺理而动以应事接物，无少差谬。天下没有理外的物，只要顺理而动，动而皆中节合理，动也是定，顺理当静，静就是定。

夫天地之常，以其心普万物而无心[1]。圣人之常，以其情顺万事而无情[2]。故君子之学，莫若扩然而大公[3]，物来而顺应[4]。易曰："贞吉，悔亡，憧憧往来[5]，朋从尔思[6]。"苟规规于外诱之除[7]，将见灭于东而生于西也，非惟日之不足，顾其端无穷，不可得而除也。人之情，各有所蔽，故不能适道。大率患在于自私而用智。自私则不能以有为为应迹，用智则不能以明觉为自然。今以恶外物之心，而求照无物之地，是反鉴

而索照也。

居安夫子曰："学圣人之道，在知行尤在敬义。学者用知行功夫，而未能知止有定，往往恶动求静，以累于外物为患而求绝于物⁽⁸⁾。求绝于物则自私而不公。故知虽致，而不能以有为为应迹。累于外物则用智而不顺。故行虽力而不能以明觉为自然，皆敬义之功未至也。此篇未明言敬义，而敬义自在其中。盖必敬以直内，则心无私曲，而后能扩然大公。义以方外则因事制宜，而后能物来顺应。"（《近思录解义·为政大要》）

【注解】（1）心普万物而无心：仁爱之心普及于万物而一视同仁，无私与之心。（2）情顺万事而无情：情感和顺于万事而不掺杂私情，情动达理，符合礼节。情：喜、怒、哀、乐等心理状态。（3）扩然而大公：包容万物，大公无私。扩然：广阔无垠貌。（4）物来而顺应：遇事即顺其事物之理合宜处置。（5）憧憧：往来不停的样子。（6）朋从尔思："失其正固之道，但憧憧焉以私情相感，故但令其朋类从之，而思不能及远矣"（《周易卦解·系辞下传》）。（7）规规：浅陋拘泥。（8）累于外物：以外物为累而不与顺应，只求心静。

【述评】咸之九四，当心之位，心之感物，惟贞为吉，若憧憧然用其私心以感物，岂能无感不通哉！

易曰⁽¹⁾："艮其背不获其身⁽²⁾，行其庭，不见其

人⁽³⁾。"孟子亦曰："所恶于智者，为其凿也⁽⁴⁾。"与其非外而是内，不若内外之两忘也，两忘则澄然无事矣。无事则定⁽⁵⁾，定则明，明则尚何应物之为累哉！圣人之喜，以物之当喜；圣人之怒，以物之当怒。是圣人之喜怒，不系于心，而系于物也⁽⁶⁾。是则圣人岂不应于物哉！乌得以从外者为非，而更求在内者为是也。今以自私用智之喜怒，而视圣人喜怒之正为何如哉！夫人之情，易发而难制者，惟怒为甚。第能于怒时遽忘其怒，而观理之是非，亦可见外诱之不足恶，而于道亦思过半矣。

【注解】（1）易：《周易》。（2）艮其背：艮卦象辞。不获其身：看不见脊背。（3）行其庭，不见其人：行而止于其所当行。（4）凿：弃诚用智，牵强附会。（5）定：志向定于至善之所在。（6）系于物：关联在事物上。

【述评】艮之为卦，其德为止，其象为山，至静者也。人之一身，惟背为静，不见其身，是止其所当止，忘我而无私也。行其庭不见其人，是行而止于其所当行。动静各止其所，而皆主夫静焉。惟有主静以应天下之感，则能止于所当止。可怒而怒者，怒系于物，不动于心。"喜怒系于心，则自私而用智。喜怒系于物，则大公而顺应。"（《近思录解义·为学大要》）

修辞立其诚⁽¹⁾，不可不仔细理会。言能修省言辞，便是要立诚。若只是修饰言辞为心，只是为伪也⁽²⁾。若修其言辞，正为立己之诚意，乃是体当自家"敬以直内⁽³⁾，义以方外"之实事。

道之浩浩⁽⁴⁾，何处下手，惟立诚才有可居之处。有可居之处，则可以修业也。

【注解】 （1）修辞：修省言辞。诚：真实无妄。（2）为伪：弄虚作假。（3）体：亲身体验。（4）道：圣人中正仁义之道。是做人做事应遵循的道理、方法和准则。

【述评】修省言辞，是在使用语言的过程中，利用多种修辞手段以收到真实无妄的表达效果。无诚心实意而务修辞，是务虚假淫巧以夸美。

且省外事⁽¹⁾，但明乎善⁽²⁾，惟进诚心⁽³⁾，其文章虽不中不远矣⁽⁴⁾。所守不约⁽⁵⁾，泛滥无功。

【注解】（1）省外事：不专攻修辞，不追逐名利。（2）但明乎善：只是省察人心天命之本然，追求真正知道至善之所在。（3）惟进诚心：只求增进身心真诚、信道笃实、行事果断、执守牢固。(4) 文章：威仪制度或记载言语的文字作品。不远矣：有德者的行为必合道义，语言必合道理，他的文章不会偏离道义、文理。（5）约：约束。

【述评】文章无须专攻。学道、行道而有得于心以为德，则其行为必合道义，出言不离道理。文以记言，其文章必然自有骨干，不会偏离文理，可以成为经世致用的好文章。务记诵为词章者之文，安可与之伦比？

学者识得仁体⁽¹⁾，实有诸己。只要义理栽培⁽²⁾，如求经义皆栽培之意⁽³⁾。

【注解】（1）仁体：仁爱的本旨。（2）义理栽培：用义理培养造就自己至于中正仁义。（3）求经义：学习经书中的义理。

昔受学于周茂叔⁽¹⁾，每令寻颜子仲尼乐处⁽²⁾，所乐何事？

【注解】（1）周茂叔：周敦颐，字茂叔，号濂溪，谥号元，称元公。（2）颜子：复圣颜回，字子渊。仲尼：孔子字仲尼。

【述评】朱子曰："程子之言，引而不发，盖欲学者深思而自得之。今亦不敢妄为之说。学者但当从事于博文约礼之诲，以至于欲罢不能而竭其才，则庶乎有以得之矣。"又，答问孔颜之乐，求之亦甚难，曰："且就圣贤着实用功处求之。如克己复礼，致谨于视听言动之间，久久自当纯熟，充达向上去。""圣人安仁，颜子不违仁，私欲尽净，天理流行，其乐可知。学者从事于博文约礼之诲，真知力行渐精渐熟，使仁体实有诸己，则亦能乐孔颜之乐。"（《近思录解义》）

所见所期，不可不远且大[1]。然行之亦须量力有渐[2]。志大心劳，力小任重，恐终败事。

【注解】（1）远且大：立志高远宏大（志伊尹之所志，学颜渊之所学）。（2）渐：循序渐进。

【述评】学问之道，不可只贪多务得，不可求大去微，要就细就近处下功夫，铢积寸累，循序渐进。朱子曰："学者志道，固不可不以远大自期。然苟悦其远而忽于近，慕于大而略于细，则无渐次经由之实，而徒有悬空跂望之劳，亦终不能以自达矣。"

朋友讲习[1]，更莫如"相观而善"工夫多。

【注解】（1）朋友讲习：朋友讲论经籍，辩问义理，研习善道。（2）相观而善：朋友之间互相观察，互相模仿，取长补短，从而变得更加善良聪慧。

【述评】朋友之间，从容论说，探讨不明之理。切实体验，习所不熟之事。能互相滋益，则心与理相涵，而所知者益精。身与事相安，而所能者益固。

须是大其心[1]，使开阔，譬如为九层之台，须大做脚始得[2]。

【注解】（1）大其心：使心地开阔，不失于狭隘鄙陋。（2）脚：楼台基座。

【述评】宽大平静其心以居仁由义，是立人之大本。

自舜发于畎亩之中⁽¹⁾，至百里奚举于市⁽²⁾，若要熟，也须从这里过⁽³⁾。

【注解】（1）舜（shùn）：中国上古时代五帝之一，名重华，字都君。帝舜、大舜都是虞舜的帝号，诸冯（今山东诸城）人。舜相帝尧28年，继承帝尧帝位，在位42年。畎亩：田地；田野。舜微时，家境清贫，从事各种体力劳动。曾在历山耕耘种植，在雷泽打鱼，在黄河之滨制作陶器。由于舜的德行感化，大家都愿意居住在舜的周围向他学习。凡是舜劳作过的地方，都会很快发展成为富庶且人民风气很好的村落、都市。（2）百里奚：姜姓，名奚，字子明，史称百里奚。春秋楚国宛邑（今河南南阳）人。秦穆公时贤臣，著名政治家、思想家。史载百里奚"三置晋国之君"，"救荆州之祸"，"发教封内，而巴人致贡。施德诸侯，而八戎来服"。使秦国成为春秋五霸之一，为秦国最终统一中国奠定了牢固的基础。举于市：百里奚是秦穆公用五张黑羊皮从市井之中换回的一代名相，史称"五羖大夫"。（3）这里：指虞舜、百里奚的人生经历。

【述评】借鉴虞舜、百里奚的人生经历，着实磨炼。究明其所不知，增益其所不能，进德修业至于义精仁熟，方可以当大任。"功夫须就实处做，动心忍性，增益不能，从贫困艰苦中练出毅力，方可以当大任而不惧。故曰'若要熟，也须从这里过'"（《近思录解义》）。叶平岩曰："履艰处困，则历变多而虑患深，察理密而制事审。"叶平岩：叶采，字仲圭，号平岩。南宋时期官员，福建人。累官翰林学士兼侍讲。主要著作为《近思录集解》《暮春即事》。

参也竟以鲁得之[1]。

【注解】（1）参：宗圣曾子，姓曾名参，字子舆，孔门十二哲之一。鲁：迟钝。得之：完全继承了孔夫子的道统。

【述评】曾子生性迟钝，但以其刚强坚毅之力深钻细研，故能见识深透。由其见理真切、潜心深造、持守牢固而全得夫子之道，成为孔门四圣的宗圣。

明道先生以记诵博识为"玩物丧志"[1]。

【注解】（1）记诵：默记背诵。博识：学识渊博，见多识广。

【述评】每学一件事理，就要按照这个事理去做，做得熟了，才能有得于身心，真正成为自己的知识和德性。若仅仅停留在记诵博识而不实践，其所知只在皮毛而算不得真知道理，知其然而不知其所以然，所以说是玩物丧志。

礼乐只在进反之间[(1)]，**便得性情之正**[(2)]。

【注解】（1）礼：符合天理人情的合宜秩序。进：进一步努力向前做到礼上，达到言行合礼。反：退敛节制，使其不至于流荡而恰到好处。（2）性情之正：天生之性与感物而动的情能达到中、和而不偏。正：中正而不偏离礼乐。

【述评】秦治《论社会文明有待于礼乐重建》：礼是由诚敬之心自发形成的有秩序的习惯性规则。来源于人类生存过程中自愿交往、自愿合作而形成的良好习惯和优美仪式，确定为成文的准则，如《周礼》《仪礼》《礼记》等。是故太史公曰："缘人情而制礼，依人性而作仪，礼者养也。"

礼是仁德体现在人的言语行动中的音容和仪态。"仁在哪里，礼就在哪里，华夏就在哪里。没有了这个仁，也就没有了礼，也就成了蛮夷，即使外在的礼还在，但本质上依然是没有文明的蛮夷。"

礼是出自有诚敬心的生活习惯和节操义行形成的合宜秩序。这些秩序来自人性自觉自愿，适合人生需求，符合天理、人情、法度，扩展为维持社会秩序的典章制度和道德规范，是人类应当履行的准则。偏离了这些秩序，就会出现人际失和，社会动乱。严重偏离这些秩序，则人失诚信，尔虞我诈，强凌弱，众暴寡，战争频仍，人民生命朝不保夕，是故孔夫子首重复礼。

父子君臣[1]，天下之定理[2]，无所逃于天地之间。安得天分[3]，不有私心，则行一不义，杀一不辜有所不为[4]。有分毫私，便不是王者事[5]。

【注解】（1）君臣：君主和臣子。（2）定理：不可改变的道理。（3）安得天分：安定在天然的本分上。天分：天定的名分。"天分，即天理也。父安其父之分，子安其子之分"（《朱子语类》）。（4）不辜：指无罪之人。（5）王者：以王道治天下的君主。

【述评】父子、兄弟、夫妇称为天伦，是天生不可改变的伦常关系。君臣即领导与被领导。王者怀仁德以化万民，视天下为一家，痛痒相戚，举动为民，大公无私。

视听、思虑、动作，皆天也[1]。人但于其中，要识得真与妄尔[2]。

【注解】（1）皆天也：都来源于天，是天生的本能。（2）真：客观存在的，合理的，跟"假"相对。妄：虚妄，极不真实。

【述评】人禀赋天地之理，集天地之气而生，以有视听、思虑、动作。若视听、思虑、动作皆符合道理，皆顺理而发，便是合理的，是真实无妄的。只有努力于学问思辨，学明白什么是对的、正确的、合理的，什么是错的、不正确的、不合理的，才能识得真与妄，才能笃行善道，而不至于无知妄作。

学只要鞭辟近里⁽¹⁾，着己而已⁽²⁾。故切问而近思⁽³⁾，则仁在其中矣。言忠信，行笃敬，虽蛮貊之邦行矣⁽⁴⁾。言不忠信，行不笃敬，虽州里行乎哉⁽⁵⁾！立则见其参于前也，在舆则见其倚于衡也⁽⁶⁾，夫然后行，只此是学。质美者明得尽⁽⁷⁾，渣滓便浑化⁽⁸⁾，却与天地同体。其次惟庄静持养，及其至则一也。

【注解】（1）鞭辟近里：古代洛阳方言。意谓深入剖析，使靠近最里层。形容探求透彻，深入精微。（2）着己：着实达到自己心领神会。（3）切问：恳切求教。近思：谓就习知易见者思之，近思己所能及之事。（4）蛮貊（mò）：古代称南方和北方落后部族。亦泛指四方落后部族。（5）州里：古代二千五百家为州，二十五家为里。本为行政建制，后泛指乡里或本土。（6）倚于衡：指忠信笃敬与我相参，念念不忘，随其所在，常若有见，虽欲顷刻离之而不可得。然后一言一行，自然不离于忠信笃敬。衡：驾车时套在牲口脖子上的曲木。（7）明得尽：深察人心天命本然，真知至善之所在。（8）浑化：私欲私意全部消除而化为真诚无妄。

【述评】"识真识妄，必由于学。存真去妄，亦必由于学。学要鞭辟近里着己，就身心上切实用功，勿苟且徇外为人。切问近思，致知之鞭辟近里也。忠信笃敬，力行之鞭辟近里也。忠信笃敬，念念不忘，立则参前，興則倚衡，随其所在，常若有见，鞭辟近里之功，无时或懈，只此是学。记诵训诂词章非学也。质美者明得尽，渣滓便浑化。渣滓妄也，浑化则真实而无妄矣。无妄诚也，天之道也。人能真实无妄，私欲尽净，天理流行，则人而人矣。故可与天地同体。其次明得未尽，须庄敬持养，以消融其渣滓。持养既久，渐明渐尽，渣滓渐浑化，亦可与天地同体，及其至一也。"（《近思录解义》）

"忠信所以进德"，"修辞立其诚，所以居业"者，乾道也。"敬以直内，义以方外"者，坤道也。

【述评】内积忠信，无一念之不诚以进德。择言笃志，无一言之不实以居业。终日健行不息，故为乾道。君子主敬以直其内，守义以方其外。敬义夹持，持循裁节，顺而有常，故为坤道。

凡人才学，便须知着力处[1]。既学便须知得力处[2]。

【注解】（1）着力处：忠信诚实以进德，为实下手处。（2）得力处：修辞立其诚，择言笃志，见于外者，无一言之不实，为实修业处。

有人治园圃，役智力甚劳。先生曰：《蛊》之《象》[1]"君子以振民育德[2]"。君子之事，惟有此二者，余无他焉，二者为己为人之道也。

【注解】（1）《蛊》之《象》：蛊卦的大象。（2）振民：导之以德，以正人心，使人民振作，兴起淳正古朴风气。育德：培养品德。

【述评】君子以修己治人为终生目标。居仁由义，执中持正以成己之德。以道德宣化正人心兴民行，所以治蛊坏之俗也。"山下有风，回旋飘发，草木扰乱、摧折，蛊之象也。君子知治蛊之道，莫如德。导之以德，则民易治，弊易革，事易理。振民育德，必先正人心，乃拨乱反正之急务也。巽为风，风能动物，风教之行，所以振民。振民者，作新民也。艮为山，山则静以镇。静以育德，所以敦治本也。君子观蛊之象，而知治蛊之道以振民育德为急也。盖天下之治乱，在于人心，人心正，则祸根除。治本立，而后天下可治也。"（《周易卦解·蛊》）

"博学而笃志⁽¹⁾，切问而近思⁽²⁾"，何以言"仁在其中矣"。学者要思得之⁽³⁾，了此便是彻上彻下之道⁽⁴⁾。

【注解】（1）笃志：忠诚专一的志向。（2）切问：恳切提问。近思：就近思考。（3）思得之：通过深思明辨，得到这里面的道理。（4）彻上彻下：贯通上下。彻：贯通。

【述评】专心一意地从事学问思辨，在切近处笃实用功，心不外驰，以全其心之德，故曰"仁在其中矣"。

恳切提问，就近思考，在当前日用事物之中，探究是非曲直以明理，迁善改过以复性，是穷理修身的切实功夫。

弘而不毅则难立⁽¹⁾，毅而不弘⁽²⁾，则无以居之⁽³⁾。

【注解】（1）弘：宽阔、广大。难立：信道不笃，守道不固，故难立于道。（2）毅：意志坚强、果断。（3）无以居：心地狭隘，见识短浅，无以居仁由义。

性静者，可以为学。
论性不论气不备⁽¹⁾，论气不论性不明⁽²⁾，二之则不是⁽³⁾。

【注解】（1）性：人禀受天理，理具于心谓之性。性主宰思维言动以应万事。气：气质之性，是人禀受天地气质生成的躯体本能。不备：不完备。（2）不明：不明白义理之性是人禀受于天的善性，是人人所同有的本性。（3）二之则不是：或偏于论气而不论性，或偏于论性而不论气，都是不正确的。

【述评】资性沉静，则智日明，行日笃，故可望学而有成。人性本善而气禀不齐。禀受纯阳正气者为贤为圣。其次则为气禀所拘而私欲遮蔽，不能得其本性之全，故其意识言动会有不合道义之处。此非本性不善，若能专心修养，去其私欲，纠正气质禀受的偏拘，就会逐渐恢复本然善性。论性不论气，则不能察识人的气质有所不同，不知有昏明开塞、刚柔强弱等差异。气质虽有差异，而人的善良本性未有全部泯灭者。故论气不论性，则不能明白义理之性源于天性之善，是人人所同有的本性。

论学便要明理，论治便须识体[(1)]。

【注解】 （1）识体：识知体要。懂得所要治理的主体。

【述评】 张范卿师公曰：“性者万事万理所从出，存之为天德，行之为王道。学之理，治之体，皆吾性中所固有。论学而不明理，则为记诵词章，而不足以达天德。论治而不识体，则为小惠私智，而不足以语王道。”朱子曰：“所谓明理，亦只是明其所当然，与其所以然而已。学者只要理会这一理，这理才通，则凡天理人欲公私义利善恶之辨，莫不皆通。事理合当做处，凡事皆有个体。如作州县，便合治告讦，除盗贼，劝农桑，抑末作。如朝廷，须便开言路，通下情，消朋党。如为大吏，便须求贤才，去贼吏，除暴敛，均力役。这个是一定格局，合当如此做。”

曾点、漆雕开[(1)]**，已见大意**[(2)]**，故圣人与之**[(3)]。

【注解】 （1）曾点：字皙，春秋时期鲁国南武城（今山东临沂市平邑县南武城）人，儒家一代传人“宗圣”曾参之父，比孔子小 6 岁。与其子曾参同师孔子，曾自言其志，孔子颇叹赏。唐玄宗开元二十七年（739）曾皙被封为"宿伯"。宋真宗大中祥符二年（1009）改封"莱芜侯"，明世宗时尊称为"先贤曾子"。漆雕开：（前540~前489），字子开，又字子若，春秋时鲁国人，孔子的学生。在孔门中以德行著称，漆雕氏之儒的创始人，著有《漆雕子》十三篇。（2）已见大意：已经见到了圣人之道的高明宏大处。(3)与之：赞许两人的见识修为。

【述评】曾皙在《论语·侍坐》中描绘了一幅在太平盛世之中，民安物丰，上下和顺，天下和乐的安泰场景。这是圣贤向往且欲亲手建立起来的理想社会格局。与孔夫子"老者安之，少者怀之，朋友信之"的向往相符合，故夫子叹息而深许曰："吾与点也。"因为这是圣贤修身明道，己欲立而立人，己欲达而达人，以之齐家、治国、平天下的终极目标。曾皙之学，盖有以见夫人欲尽处，天理流行，随处充满，无少欠阙。故其动静之际，从容如此。其胸次悠然，直与天地万物上下同流，各得其所之妙，隐然自见于言外。曾子亲受父师教育而得圣人宗传，继承了先圣道统。

根本须是先培壅⁽¹⁾，然后可立趋向也⁽²⁾。趋向既正，所造浅深⁽³⁾，则由勉与不勉也。

【注解】（1）培壅：于植物根部堆土以保护其根系，促其生长。这里指为学之初，庄敬矜持以培养身心。（2）趋向：行走的方向。（3）所造浅深：培养成就的深厚程度。

【述评】 张范卿师公曰："学问有得，乃能见大意。为学之初，须先培养根本，身心者人之根本也。庄敬持养，栽培深厚。根本既固，然后趋向可立。以圣人之道为必可学而至，而卓然不惑于歧途，则趋向正矣。趋向既正，苟能孳孳不已，勉之又勉，可以见大意，亦可以达天德矣。"

敬义夹持直上[(1)]**，"达天德"自此。懈意一生**[(2)]**，便是自弃自暴**[(3)]**。**

【注解】 （1）夹持：犹夹辅、匡助。（2）懈意：懈怠的心意。（3）自弃：自我抛弃，自己瞧不起自己，自甘堕落，不求进取。自暴：言行不由礼义，妄自尊大，自己糟蹋自己。

【述评】 敬义夹持，是指在道德修养的过程中既要"主敬"又要"集义（积善）"，两者必须有机结合起来。敬主于内以养正于中，义防于外以免非礼干扰，直上而不懈则可达天德矣。"德之直，以其正也。德之方，出于义也。君子敬以直内，义以方外，敬义夹持，则内直外方，德乃盛而不孤矣。德既盛，则无往不利"（《周易卦解》）。自暴就是说话办事不遵守礼义，自己残害自己。自弃就是不求自身行为符合仁义，自己抛弃自己。孟子曰："自暴者，不可与有言也；自弃者，不可与有为也。言非礼义，谓之自暴也；吾身不能居仁由义，谓之自弃也。"

不学便老而衰。

人之学不进，只是不勇。学者为气所胜⁽¹⁾，习所夺⁽²⁾，只可责志⁽³⁾。内重则可以胜外之轻，得深则可以见诱之小。

【注解】 （1）为气所胜：为血气之欲所支使。（2）习所夺：本性被习染剥夺。（3）只可责志：立刚大之志，强毅不屈，则不为气所胜，习所夺。

【述评】人能不懈于义理之学，则志坚识定，神明内蕴，气血虽衰而志气不衰。不学则懈怠颓萎，神识日昏而不能自振。朱子曰："人之为学，当如救火追亡，犹恐不及。如自家有个光明宝藏被人夺去，寻求赶捉，必要取回始得。"能如此勇于为学，则日见进步。

立志高远而刚强，如程明道、范希文，少有大志，矢志不移于进德修业，卒成大儒。以成育贤慈民之功，为志士仁人所向往。胡文定公曰："立志以明道、希文自期待。"程明道先生十四五岁便锐然欲学圣人，卒成传承道统大儒。"范文正公自做秀才时，便以天下为己任，学者立志，当以明道，希文期望自己，对待自己。"（《小学通俗解义·嘉言13》）

董仲舒谓："正其义⁽¹⁾，不谋其利，明其道，不计其功。孙思邈曰⁽²⁾："胆欲大而心欲小⁽³⁾，知欲圆而行欲方⁽⁴⁾"，可以为法矣。

【注解】（1）董仲舒：西汉思想家、儒学家、哲学家。汉景帝时任博士，讲授《公羊春秋》。汉武帝采纳了董仲舒的建议，从此儒学继续成为官方哲学，延续至今。其教育思想和"大一统""天人感应"理论，为后世行政治理提供了理论基础。他的著作汇集于《春秋繁露》一书。（2）孙思邈：唐京兆（陕西耀县）人，擅长医学，著有《千金要方》《千金翼方》，被后世尊称为"药王"。现今我国各地都有其祠堂纪念。（3）胆大：敢于有为。心小：心存畏敬，临事谨慎。（4）知圆：通变有谋，知同智。行方：操守有规则。

【述评】匡扶正义而不图谋个人私利，倡明君子大道而不计较个人功劳，则富贵利达皆在所轻，外物的诱惑也就愈小，故能成其德业。胆大则敢于有为，能果决应事。心小则心存畏敬，临事谨慎，合宜处置，而不至于狂妄恣肆以废事。知圆谓能通变有谋，恰当理事。行方谓操守有规则，行不违礼失义。"行方而智不圆，固不足以虑事。然智圆而行不方，则权谋相尚，而或流为机械变诈。欲进乎此，其惟敬义乎！敬则胆大而心小，义则智圆而行方。胆大智圆，弘也，心小行方，毅也。"（《近思录解义·为学大要》）

大抵学不言而自得者，乃自得也⁽¹⁾。有安排布置者，皆非自得也。

【注解】 （1）自得：潜心积虑，知行并进而默识心通，蕴藏于心以成德性谓之自得。

【述评】 张范卿师公曰："学问之功，知行并进，敬义夹持，深造以道，真积力久，乃可自得。自得者，默识心通，自然而得之于己，未可以言语形容，亦无待于安排布置也。安排布置，则非自得矣。"

谢显道云⁽¹⁾：明道先生善言《诗》，他又浑不曾章解句释⁽²⁾。但优游玩味⁽³⁾，吟哦上下⁽⁴⁾，便使人有得处。"瞻彼日月，悠悠我思，道之云远，曷云能来⁽⁵⁾。"思之切矣。终曰："百尔君子，不知德行，不忮不求，何用不臧⁽⁶⁾。"归于正也。

又云：伯淳尝谈《诗》，并不下一字训诂，有时只转却一两字，点掇地念过，便教人省悟。又曰：古人所以贵亲炙之也⁽⁷⁾。

【注解】 （1）谢显道：谢良佐（1050~1103），北宋官员、理学大家，字显道，蔡州上蔡（河南上蔡）人，人称上蔡先生或谢上蔡。从二程子学，与游酢、吕大临、杨时号称程门四先生。神宗元丰八年进士，曾任河南渑池、湖北应城知县。谢良佐创立了上蔡学派，是心学的奠基人，湖湘学派的鼻祖，在程朱理学的发展史上起到了桥梁作用，著有《论语说》《谢上蔡语录》。谢良佐严于律己，修身甚谨。他每天写日记，对所做之事经常反思，日常言行皆用礼仪约束，如有违背就自己惩罚自己。他说："要克制自己，必须从本性最难克服的地方克服。"他认为修身的最大障碍在于"矜"。刚愎自用、自欺欺人的心态，骄傲自大的气势，皆是由"矜"引起的。他与伊川先生分别一年后相见，伊川先生问他："一年来有何进益？"他回答道："唯去得一'矜'字。"伊川先生高兴地说："这足以证明你的用功，你已经学会独立思考了。""良佐去矜"成为千古佳话，被收入《中华典故》。他的许多修身名言被后人奉为"座右铭"，如"人须先立志，立志则有根本"，"莫为英雄之态，而有大人之器。莫为一身之谋，而有天下之志。莫为终身之计，而有后世之虑"等。（2）浑：全；都。（3）优游：悠闲自得。（4）吟哦（yín é）：指有节奏地背诵、朗读。（5）曷云能来：《诗经·邶风·雄雉》篇，是见日月之往来，而深深思念君子从役日久。（6）何用不臧：《诗经·邶风·雄雉》篇，言凡尔君子，岂不知德行乎。若能不忮害，又不贪求，则何所为而不善哉。忧其远行中遭受灾祸，期望其善处而得全。（7）亲炙：谓亲受教育熏陶，所谓学必有师也。

【述评】"明道先生言诗，深得孔子家法。'高山仰止，景行行之。'孔子只曰：'诗之好仁如此。'鸱鸮之诗，蒸民之诗，孔子只赞以'为此诗者，其知道乎'。

朱子本孔子、程子之意，作为集传。定其章句，叶(xié) 其音韵，分其比兴赋。略加解释，使人自悟，复还温柔敦厚之旨，一洗拘牵穿凿之陋。学诗者但依其说读之，优游玩味，吟哦上下，则于诗人之旨，必有心领神会，而自得之者。"（《近思录解义·格物穷理》）

学者不可以不看《诗》[(1)]**。看《诗》便使人长一格价**[(2)]**。**

【注解】（1）《诗》：《诗经》。（2）长一格价：提升自己的精神品位。

【述评】读《诗经》，可以涵养性情，通达事理，涤荡邪思杂念，提升自己的精神品位。

"不以文害辞"。文，文字之文。举一字则是文[(1)]**，成句是辞**[(2)]**。《诗》为解一字不行，却迁就他说**[(3)]**。如"有周不显"**[(4)]**，自是文当如此。**

【注解】（1）文：字。一个字称作文。（2）成句是辞：构成句子的文字称作辞。（3）却迁就他说：解诗不能一个字一个字地解读，要寻思作者诗意，往往是由此喻彼，迁移到其他意思。（4）有周不显：周朝光辉岂不荣耀显著哉！

【述评】解说诗的办法，不可以一字而害一句的意思。不可以一句而害设辞的志意，应当以己意迎取作者之志，才能识得诗中真正含意。

看书须要见二帝三王之道⁽¹⁾，如二典即求尧所以治民⁽²⁾，舜所以事君。

【注解】（1）二帝：帝尧陶唐氏、帝舜有虞氏。三王：夏禹王、商汤王、周文王。道：教化人民、治理国家的道理、政策、方略和实施措施。（2）二典：《书经·虞书》中的尧典、舜典。

【述评】二帝三王之道，居仁由义、执中守正以自善而率民从善。宣化礼乐，谨严政刑，以宣扬正道而化民成俗，致万民安乐者，尧所以治民也。选用贤圣、放逐四虐以平和国政，察天道、布历法以利民生，统一音律及度、量、衡以利经济文化交流等，而落实帝尧爱民治民之心于民，促成尧舜盛世者，大舜所以事君也。孟子曰："欲为君，尽君道；欲为臣，尽臣道。二者皆法尧舜而已矣。不以舜之所以事尧事君，不敬其君者也。不以尧之所以治民治民，贼其民者也。"

《易经》曰："'古者包牺氏之王天下也，仰则观象于天'，'包牺氏没，神农氏作'，'神农氏没，黄帝、尧、舜氏作'，'黄帝尧舜垂衣裳而天下治'。"《书经·舜典》曰："'浚哲文明，温恭允塞，玄德升闻，乃命以位。''在璇玑玉衡，以齐七政。''协时月正日，同律度量衡。''三载考绩，黜陟幽明。''舜生三十征，庸三十，在位五十载。'"《中庸》曰："今天下车同轨，书同文，行同伦。"以史为鉴，可以知兴替。上列典籍所描述，都是孔夫子摘编《三坟》《五典》中的真实历史。一是证实上古是天下大一统体制（"王天下"而不是管部落）。二是明确了历代政体承袭（包牺氏没，神农氏作，神农氏没，黄帝、尧、舜氏作）。三是王道仁政下的天下和平（垂拱无为而天下治）。四是天下为公众共有，选贤用能及于平民（舜生三十征，庸三十，在位五十载）。五是效法天道以仁施政（以齐七政）。六是颁历正时、规范音律、统一度量衡（协时月正日，同律度量衡）。七是有完善的罢免昏庸提拔贤明的考绩制度（三载考绩，黜陟幽明）。八是统一文字、弘扬仁德、注重教化（车同轨，书同文，行同伦）。凡此等等，证明中华自上古五千余年间，天下一统，政令畅通，万邦协和。有完善统一的道德准则，宪章制度，文献典籍，政令法纪，行为规范，交流模式，礼乐标准，维生技术。大一统王朝条件无不具备，帝位传承人必备品德高尚、政绩显著、年轻气壮等条件，方得推选为帝王，组成贤能行政体系，有效维系了中华上古文明盛世。

《中庸》之书，是孔门传授，成于子思、孟子。其书虽是杂记，更不分精粗，一衮说了[1]。今人语道，多说高便遗却卑，说本便遗却末。

【注解】（1）一衮：犹言混在一块儿。

【述评】"《中庸》一书，发明道要，无复余蕴。道本于性，性命于天。首章由天而推之人，末章由人而推之天，教人以尽人合天之学。其要在于戒惧慎独，择善固执，诚明两尽，尊道并重。由念虑之微，庸行之常，推之以参天地，赞化育。精粗毕具，本末兼赅。学者潜心是书，真知而自得之，休患不心通于道乎？"（《近思录解义》）尊道：尊德性而道问学。

若不能存养⁽¹⁾，只是说话。

【注解】（1）存养：存心养性。意为保持人善良的本心，抚育人的善性。这是儒家修身的方法。

【述评】读书学问，学明白了做人做事的道理，就要在意念言行之际，不违背这些道理。一举一动无不合于礼法，就是行之于人所当行之道，言行举止都是做人应该做的事。习惯成为自然，则心存善念，天性恢复。若只求通晓文义，不做理性实践，则与自己的品性、智能毫无补益，所以说"只是说话"。

圣贤千言万语，只是欲人将已放之心⁽¹⁾约之，使反复入身来，自能寻向上去，下学而上达也⁽²⁾。

【注解】（1）已放之心：已经失去了的善心。（2）上达：下学人事，上达天理。

【述评】人性本善，只因贪求超出限度的欲望而悖理忘义，飞扬跋扈，丢失了本身的善良本性。致知力行，做存养功夫，不使良心放逸于外，则志气清明，心存义理，为人处世无不符合天理。"圣贤千言万语，所谓讲学读书，所谓致知力行，所谓习礼学乐、事亲从兄，无非欲人将已放之心，约之使反复入身来，常在腔子里，不使放逸于外。则志气清明，义理昭著，自能寻向上去，下学上达，非只空守此心也"（《近思录解义》）。不如此从事内修功夫，无以升华德慧，难于身修家齐，无从得益合宜处事的品德与才能。

李籲问[1]："每当遇事，即能知操存之意[2]，无事时，如何存养得熟？"曰："古之人，耳之于乐，目之于礼，左右起居、盘盂几杖有铭有戒[3]，动息皆有所养。今皆废此，独有义理之养心耳。但存此涵养意，久则自熟矣。"敬以直内"[4]，是涵养意。

【注解】（1）李籲：字端伯，宋缑氏（今属偃师市）人。资质颖悟，尊崇和倡导二程学说。初登进士，哲宗元祐中为秘书省校书郎。曾记二程语一编，号《师说》。朱子爱其书，谓吁所造尤深，所得尤粹云。（2）操存：执持心志，不使放失。（3）盘盂：盘与盂，盛水和盛食物的器皿。几杖：坐几和手杖，皆老者所用，古代常用为敬老者之物。有铭有戒：古代常将铭言或戒律雕刻在盘盂几杖上，用以告诫子弟，使其涵养孝弟忠信的善良品德。（4）敬以直内：常怀诚敬心意，以消除私欲，使内心端直公正。敬：对人的尊敬、对事业的敬重、对责任的敬畏。

【述评】孟子曰："必有事焉。"张子曰："昼有为，宵有得，息有养，瞬有存。"言集义存养，无时间断。置座右铭、盘盂几杖铭，使己动息皆有所养也。朱子曰："要收拾此心，令有顿放处。若收敛到义理上安顿，无许多胡思乱想，则久久自于物欲上轻，于义理上重。"

吕与叔尝言患思虑多[1]，**不能驱除。曰：此正如破屋中御寇，东面一人来未逐得，西面又一人至矣，左右前后驱逐不暇。盖其四面空疏，盗固易入，无缘作得主定。又如虚器入水，水自然入；若以一器实之以水，置之水中，水何能入来。盖中有主则实**[2]，**实则外患不能入，自然无事。**

【注解】（1）吕与叔：吕大临，字与叔。宋代理学家，其先汲郡（今河南卫辉）人，后移居京兆蓝田（今陕西蓝田）。吕大临一生，先投张载，后投二程求学，无心仕途，最后以门荫得太学博士，秘书省正字。吕大临的主要著作有《礼记解》《大学解》《吕氏家礼》《考图》《易章句》《大学说》《礼记传》《论语解》《孟子讲义》《玉溪先生集》，又与其兄大防合著《家祭仪》1卷。（2）中有主：内心以敬为主。

【述评】敬主于中，义理充积，外扰自不能入，邪思杂念不待驱除而自无。

学者全体此心[1]。学虽未尽，若事物之来，不可不应。但随分限应之[2]，虽不中不远矣。

【注解】（1）全体此心：保全以敬为主之心。全体：人或事物的全部。（2）随分限应之：根据事物本分应有的限度合宜处置。之：指所应对的事物。

【述评】致知力行，动静交养，敬主于中以涵养本性。事物之来，诚信应对，虽不中理，亦不远矣。

"居处恭[1]，**执事敬**[2]，**与人忠**[3]"，**此是彻上彻下语**[4]。**圣人元无二语**[5]。

【注解】（1）恭：谦逊有礼。（2）敬：主一无适。一：专一，无杂念。（3）忠：尽己之诚心。（4）彻上彻下：贯通上下。（5）元：原来；本来。

【述评】"居处恭，静时之敬也。执事敬，与人忠，动时之敬也"（《近思录解义》）。主一无适为敬。主一是随时专一，心无他适便是主一。

"思无邪[1]，**毋不敬**[2]"，**只此二句循而行之，安得有差**[3]。**有差者，皆由不敬不正也。**

【注解】（1）思无邪：思想纯正，无邪意。（2）毋不敬：不要不敬重。不敢忽略任何事。（3）安得：怎么可以。

【述评】有邪心则差，有怠心则差。朱子曰："思无邪是正心诚意。"

今学者敬而不自得⁽¹⁾，又不安者，只是心生⁽²⁾，亦是太以敬来做事得重⁽³⁾，此"恭而无礼则劳"也。恭者，私为恭之恭也⁽⁴⁾。礼者，非体之礼⁽⁵⁾，是自然底道理也⁽⁶⁾。只恭而不为自然底道理，故不自在也⁽⁷⁾，须是"恭而安"。今容貌必端，言语必正者，非是道独善其身⁽⁸⁾，要人道如何⁽⁹⁾？只是天理合如此，本无私意⁽¹⁰⁾，只是个循理而已。

【注解】（1）不自得：不自我满足。（2）心生：身体力行的功夫还没有到位，恭敬之心不成熟。生：不熟悉；不熟练。（3）太以敬来做事得重：做事超过了合理的恭敬。是作意太过，勉强以为恭，不是出自礼之自然。（4）私为恭：只是人为之恭，不是合于礼的恭敬。（5）非体之礼：不只是身体显示出来的仪态（礼制仪容）。（6）自然底道理：礼容是心存天理而显现于外表的自然容态，不是刻意造作出来的。（7）自在：安闲；自由自在。（8）道：说。用语言表达情意。（9）要人道如何：不是要别人说怎么办。（10）私意：矫饰作伪的意念。

【述评】礼本自然，需要先理会道理。理无不明，依理而行，久行不悖，则容态自然，举动合礼，自无生疏、造作之虞。

今志于义理，而心不安乐者何也⁽¹⁾？此则正是剩一个"助之长"⁽²⁾。虽则心"操之则存，舍之则亡"，然而持之太甚⁽³⁾，便是"必有事焉"而正之也⁽⁴⁾。亦须且恁去⁽⁵⁾，如此者，只是德孤⁽⁶⁾。"德不孤，必有邻"。到德盛后，自无窒碍，左右逢其原也⁽⁷⁾。

【注解】（1）心不安乐：急于求进而不得，则烦躁不安。（2）助之长：拔苗助长。（3）持之太甚：急于求成，操持超过了合宜的限度。（4）正：预先期待效果。（5）恁去：这样把捉操持。恁（nèn）：这样。（6）德孤：修行尚浅，涵养不充足，义理单薄。孤：孤单。（7）左右逢其原：指修养既久，德盛才高，做事得心应手而无差错。

【述评】修身养性，志于道而须臾不可离。必以集义为事，不可设定预期效果。其或未充，只是修养尚浅。应踏踏实实地为善去恶，择善固执而弗失，去恶务尽而不二过，不妄自作为以拔苗助长，才是集义养气的节度。

敬而无失⁽¹⁾，便是"喜怒哀乐未发之中"。敬不可谓中，但敬而无失，即所以中也⁽²⁾。

【注解】（1）无失：没有失误。（2）中：不偏不倚，无过无不及。

【述评】这段说静时主敬功夫，是守约于至静之中，不偏不倚，持守无失，泰然中处，便是未发之中。"敬是功夫，中是本体。敬则心与理合，由功夫而得本体，故敬非中。但敬而无失，即所以中也。"（《近思录解义》）

司马子微尝作《坐忘论》[1]，是所谓"坐驰"也[2]。

【注解】（1）司马子微：司马承祯，字子微，法号道隐，自号白云子，唐代河内温县（今河南温县）人，道教上清派茅山宗第十二代宗师。立意畅玄皆本"道法自然"为根基，著《坐忘论》，言清净无为坐忘遗照之道，要照见万境虚忘而融心于寂寥之境。（2）坐驰：身静坐而心驰逐于外。

【述评】坐忘者不用主敬功夫而专务虚静，则不能心存义理，而达到心与理合一。所以坐忘就是坐驰，是身静坐而心驰逐于外。"众人之忘，驰心于物欲之私，异学之忘，驰心于妙明之域，其不能存理均也。"（《近思录解义》）

伯淳昔在长安仓中闲坐[1]，见长廊柱，以意数之[2]，已尚不疑，再数之不合，不免令人一一声言数之，乃与初数者无差，则知越着心把捉[3]，越不定[4]。

【注解】（1）伯淳：程颢，字伯淳，学者称明道先生。闭坐：闭目静坐。（2）以意数之：默数廊柱。之：指廊柱。（3）着心把捉：用心把守；管理。（4）越不定：是说用心太过则心不能定。

人心作主不定，正如一个翻车，流转动摇，无须臾停，所感万端。若不做一个主⁽¹⁾，怎生奈何？张天祺昔尝言⁽²⁾："自约数年，自上着床，便不得思量事。"不思量事后，须强把他这心来制缚，亦须寄寓在一个形象，皆非自然。君实自谓吾得术矣⁽³⁾，只管念个"中"字。此又为"中"所系缚，且"中"亦何形象。有人胸中常若有两人焉，欲为善，如有恶以为之间。欲为不善，又若有羞恶之心者。本无二人，此正交战之验也。持其志，使气不能乱，此大可验。要之，圣贤必不害心疾。

【注解】（1）做一个主：居敬为处心之主。（2）张天祺：张戬（jiǎn），字天祺，横渠先生张载的弟弟。（3）君实：司马光，字君实。

【述评】 以敬自处，则心中有主而自治严肃，心无旁骛。朱子曰："天祺虽是硬捉，且把定得一个物事在这里。温公只是念个中字，又更生出头续多，他所以说终夜睡不得。天祺是硬截，温公是死守，旋旋（逐渐）去寻讨个中。"

明道先生写字时甚敬，曰：非是要字好，只此

是学。

【述评】一举一动，一语一默，无不以敬持志，使心之向往无不正，时时处处能用力于学而不间断。虽写字小事亦甚敬，则无往而不敬矣。

明道先生在澶州日，修桥少一长梁，曾博求之民间。后因出入见林木之佳者，必起计度之心，因语以戒学者：心不可有一事。

【述评】保持虚静心态，则心体虚明。"心体湛然虚明，事物之来，随感而应。事过之后，便须消化。若更留滞胸中，便失其鉴空衡平之体矣，故心不可有一事。"（《近思录解义》）

"天地设位⁽¹⁾，而易行乎其中⁽²⁾。"只是敬也⁽³⁾，敬则无间断。

【注解】（1）设位：天在上，地在下，各当其位。（2）易行乎其中：易在天地间变化运行。易：自然造化。（3）只是敬：就是心有主宰，主一无适。

【述评】易者，交易、变易、不易也。阴阳交易变易于天地之中，万物造化均由此出而流行不息。是天地有主宰，故实理流行不息，无少间断。人效法天地以涵养修行，就是要心有主宰，主一无适，才能实心流行不息，无少间断。不敬便间断，一念不存，也是间断，一事有差，也是间断，需要时时提醒自己。

"毋不敬[1]。"可以对越上帝[2]。

【注解】（1）毋不敬：不要不敬重；时时处处保持敬重。（2）对越：犹对扬；答谢颂扬。指帝王祭祀以答谢颂扬天地神灵。

【述评】"毋不敬则动静无违，内外交正。俯仰无所愧怍，故可以对越上帝。"（《近思录解义》）

敬胜百邪。

【述评】"人心所以有间断，私邪累之也。敬则私意无所容，邪僻不得而干，故曰'敬胜百邪'。"（《近思录解义》）

"敬以直内[1]，义以方外[2]"，仁也。若以敬直内，则便不直矣。"必有事焉[3]，而勿正[4]"，则直也。

【注解】（1）直内：使内心端直公正。（2）方外：表现在外表的言行符合义理，仪容形态正直。方：正直，符合义理。（3）必有事焉：敬其所当敬，敬畏责任，敬重事业，对人尊敬；时时处处自诚自律，以革除私欲杂念。（4）正：预先期待效果。

【述评】敬则欲寡而理明，是故君子主敬以存诚。志者，心之所向所往，敬以持其心之所向往，使其向往无不正，是敬以直其内。内心正直，则心无私而意念正。无妄念杂思，居之敬也。感于事而发乎外，则其言语动作行为无不合于义理，是义之形而外方。是谓敬以直内，义以方外。心存正直而无私，行事符合义理而无不妥当，所以说是"仁也"。若以敬直内，强行控制，用心把守，有意为直，则反为不直。

涵养吾一。

【述评】"一，即诚也，以其真实无妄，则谓之诚。以其不二不杂，则谓之一。敬以直内，涵养乎此，则可进于纯亦不已也。"（《近思录解义》）

子在川上曰："逝者如斯夫⁽¹⁾，不舍昼夜。"自汉以来，儒者皆不识此义，此见圣人之心"纯亦不已"也⁽²⁾。"纯亦不已"⁽³⁾，天德也。有天德便可语王道⁽⁴⁾，其要只在慎独⁽⁵⁾。

【注解】（1）逝者如斯夫：形容时光像流水一样不停地流逝。逝者：指流逝的时光。斯：这里指川（即河水）。（2）纯：纯净，单一，不含杂质。心纯：心底善美无私。（3）纯亦不已：生命不息，真诚不已。（4）王道：君主以仁义治理天下，以礼乐教化百姓，以德政安抚万民的圣王之道。（5）慎独：独处时也能保持庄严谨慎而不苟且。

【述评】天地造化，往者过，来者续，无一息停顿，这就是道体的本原。天地造化之迹可指而易见者，莫如川流。所以夫子在此感发以示人，欲学者时时省察，效法天地以涵养德性，保持心底纯净，善美无私，使诚心流行不息。亦如川流之往者过，来者续，而无毫发间断。程子曰："天运而不已，日往则月来，寒往则暑来；水流而不息，物生而不穷，皆与道为体。运乎昼夜，未尝已也。是以君子法之，自强不息。及其至也，纯亦不已焉。"天德刚健中正，至诚不息。圣人之心，纯一不杂，纯而又纯，如天运健行不息。

"不有躬[1]，无攸利[2]。"不立己后[3]，虽向好事，犹为化物[4]。不得以天下万物挠己[5]，已立后，自能了当得天下万物[6]。

【注解】（1）不有躬：谓道义不有于自身。（2）攸：所。（3）立己：使自己站立起来。（4）化物：被事物所化。（5）挠己：扰乱自己。（6）了当：办理；处理。

【述评】道义不有于自身，身不自主，如被事物所化。心无主宰，在应事之际，自己没有一定的想法，随着潮流走，则损人而败事。必使自己站立起来，具备符合道义的人格，具有承担大任操控事务的能力，自强自立而不需要依附于别人。敬以持躬，使自心有主，则处事接物无不合宜，自然能够担当经纶天下，主宰万物的责任。

人有四百四病[1]，皆不由自家，则是心须教由自家[2]。

【注解】 （1）四百四病：指四肢百体的四时病痛，泛指各种疾病。（2）教由自家：心病则须自医，由自己执持，不使物欲扰乱。

谢显道从明道先生于扶沟。一日谓之曰：尔辈在此相从，只是学颢言语，故其学心口不相应。盍若行之[1]。请问焉，曰：且静坐[2]，伊川每见人静坐，便叹其善学。

【注解】 （1）盍若行之：不如做静坐涵养功夫。盍：何不。（2）静坐：用戒慎恐惧功夫，凝定其散乱，和平其粗厉之气，收敛身心，销沉物欲，涵养天理，故伊川叹其善学。

【述评】 "学者从师讲论，而无操存涵养功夫，则学问义理，虽能举之于口，不能有之于心，故心口不相应。教以静坐使之收拾此心，正本澄源，则义理有之于己，然后心口相应，而非徒空言无实也。"（《近思录解义》）

义理与客气常相胜[1]，只看消长分数多少，为君子、小人之别[2]。义理所得渐多，则自然知得客气消散得渐少，消尽者是大贤。

【注解】（1）义理：性命之本然，普遍皆宜的道理。义：心之制，事之宜（分别事理，各有所宜）。理：道理、规律、准则。客气：形体感受的私欲之气。（2）君子：指人格高尚、道德品行兼好的成德之人。小人：一是古代指地位低的人（后代也用作对自己的谦称）；二是指人格卑下的人。

【述评】"理者何，在天为元亨利贞（天道），在人为仁义礼智（人性），自天言之则曰理，自人言之则曰性，其实一而已矣"（贺复斋《天性本原》）。义理源于天命之性，客气起于形气之私。

或谓人莫不知和柔宽缓，然，临事则反至于暴厉[(1)]**，曰：只是志不胜气**[(2)]**，气反动其心也**[(3)]。

【注解】（1）暴厉：粗暴乖戾。（2）志：志气，意愿；心之所向。（3）动其心：心被暴厉愤恨之气所动。

【述评】持志向善，择善而牢固执守，涵养既深，则心志和柔宽缓，虽遇临时仓猝之际，亦可少为暴戾之气所动。

人不能祛思虑[(1)]**，只是吝**[(2)]**。吝，故无浩然之气**[(3)]。

【注解】（1）祛：除去；消除。（2）吝：顾惜；舍不得。（3）浩然之气：天地之正气。

【述评】公孙丑问什么叫浩然之气？孟子认为，这很难描述清楚。如果大致去说的话，首先它是充满在天地之间，一种十分浩大、十分刚强的气。其次，这种气是用正义和道德日积月累形成的。反之，如果没有正义和道德存储其身，它也就消退无力了。这种气，是凝聚了正义和道德从人的自身中产生出来的，是不能靠伪善或是挂上正义和道德的招牌而获取的。

治怒为难，治惧亦难。克己可以治怒[1]，**明理可以治惧**[2]。

【注解】（1）克己：克制自己的私欲。克：制伏，抑制。己：自身不合理的超越本分的欲望。（2）明理：明察事理，明辨是非，通晓道理。理：道理。

【述评】"怒与惧皆出于气。怒气盛则不能自遏，惧气怯则不能自立，故治之皆难。克己则心平而气自降，故可以制怒。明理则志定而气自充，故可以治惧。"（《近思录解义》）

尧夫解"他山之石[1]**，可以攻玉**[2]**"。玉者温润之物，若将两块玉来相磨，必磨不成。须是得他个粗砺底物，方磨得出。譬如君子与小人处，为小人侵陵**[3]**，则修省畏避，动心忍性，增益预防，如此便道理出来**[4]。

【注解】（1）尧夫：邵雍（1011~1077），字尧夫，北宋著名理学家、数学家、诗人。生于林县上杆庄（今河南林州市刘家街村邵康村），与周敦颐、张载、程颢、程颐并称北宋五子。学有大成，并著有《皇极经世》《观物内外篇》《先天图》《渔樵问对》《伊川击壤集》《梅花诗》等。以教授为生。宋仁宗嘉祐年间与宋神宗熙宁初，两度被举，均称疾不仕。熙宁十年（1077）病卒，终年六十七岁。宋哲宗元祐中赐谥康节，称邵康节先生。（2）攻玉：将玉石琢磨成器。（3）侵陵：侵犯、欺凌。（4）道理出来：深思熟虑，动心忍性而增益出与小人妥善相处的办法。道理：处理事情的办法、打算。

【述评】君子与小人同处，则用心危而虑患深，德慧术智自此而生。尊其长，避其短，与其共同完成事业而不被侵陵，使小人成为君子进德的他山之石，才是处小人的好办法。

目畏尖物，此事不得放过。便与克下，室中率置尖物，须以理胜他。尖必不刺人也，何畏之有？

【述评】目畏尖物，是一种疑惑、猜忌的疾病，是不明道理而妄生畏惧。明道先生教于室中置尖物，使见之熟，知尖物不会自动刺人，则畏惧心理自然消除。于此说明以理治惧的道理。能明理尽性，则胸怀坦荡，无所疑惧。

责上责下(1)，而中自恕己(2)，岂可任职分。

【注解】（1）责上责下：推诿责任。（2）自恕己：

自己原谅自己，自己宽恕自己。

"舍己从人"[1]，**最为难事。己者我之所有**[2]，**虽痛舍之**[3]，**犹惧守己者固，而从人者轻也。**

【注解】（1）从人：己未有此善而人有，则舍己未善而学习人之善。（2）己：自身不合宜的欲望。（3）痛舍之：私欲很难割舍，必须痛下决心舍弃。

【述评】学者只看到自己的长处，认为他人都不如自己，就看不到他人的长处，就不能取人之善以善己，则是故步自封。必须虚怀若谷，择善而从，见贤思齐，以进德修业。

"九德"最好。

【注解】九德：见《书经·皋陶谟》。宽而栗（宽弘而能庄栗，则宽不至于驰），柔而立（和柔而卓立，则柔不至于懦弱），愿而恭（谨厚而恭敬，则朴实而不独尚乎质），乱而敬（乱：治。有治才而能敬畏，则恭著于外敬守于中），扰而毅（顺服而果毅，则不至于顺随），直而温（径直而温和，则直不至于攻击别人的短处），简而廉（简易而端方不苟且，则简不至于疏漏），刚而塞（刚果而笃实，则刚不至于虐），强而义（强勇而好义，则强不至于暴）。

【述评】"此言克己之功，在于变化气质也。人之

禀赋，不偏于刚，即偏于柔。自宽而栗以下，或以刚济柔，或以柔济刚，皆以学问之功，化其气质之偏也。"（《近思录解义》）

饥食渴饮，冬裘夏葛[(1)]。若著些私吝心在[(2)]，便是废天职[(3)]。

【注解】（1）裘：皮衣。葛：葛布衣服。（2）私吝心：不符合正理的欲望。（3）天职：天定下的职责，即符合正理的应该承担的职责。

【述评】饥食渴饮，冬裘夏葛，是维持生命的合理需求。如果穷口腹之奢欲，无所节制，是动于欲而失正理。此耳目口体之奢欲不可不克治也。

猎[(1)]，自谓今无此好。周茂叔曰："何言之易也。但此心潜隐未发，一日萌动，复如前矣。"后十二年因见[(2)]，果知未也[(3)]。

【注解】（1）猎：明道先生十六七岁时爱好田猎。（2）因见：在田野间见到田猎者。（3）果知未也：果然知道爱好田猎之心未曾彻底克去。

【述评】克己复礼之功，不可一日少懈。

子路亦百世之师[(1)]。

【注解】（1）子路：仲由（前542～前480），字子路，又字季路，鲁国卞人（今山东临沂市平邑县仲村镇）。孔门十哲之一，配享孔庙。子路以政事见称，为人伉直，好勇力，跟随孔子周游列国，是孔门七十二贤之一。

【述评】"子路人告之以有过则喜。"是诚心好善，勇于改过。子路以兼人之勇用于迁善改过以进德，足以为百世之师。

人言语紧急，莫是气不定否？曰："此亦当习，习到自然缓时，便是气质变也。学至气质变，方是有功。"

【述评】言语紧急，是气质的偏差，需要时时留心。发言时保持从容详审，习练到自然和缓时，则是气质改变，克治有功。

问："不迁怒(1)，不贰过(2)，何也？《语录》有怒甲不移乙之说，是否？"伊川先生曰："是。"

【注解】（1）不迁怒：怒于甲者不迁移其怒于乙。（2）不贰过：有过必改，永远不重犯同样的过失，不犯可以预见的错误。

明道先生尝言于神宗曰(1)：得天理之正(2)，极人伦之至者(3)，尧舜之道也。用其私心，依仁义之偏者，霸者之事也。王道如砥(4)，本乎人情(5)，出乎礼义，若履大路而行，无复回曲。霸者崎岖反侧于曲径之中，而卒

不可与入尧舜之道。故诚心而王则王矣，假之而霸则霸矣⁽⁶⁾，二者其道不同，在审其初而已。《易》所谓"差若毫厘，缪以千里"者，其初不可不审也。惟陛下稽先圣之言，察人事之理，知尧舜之道备于己⁽⁷⁾，反身而诚之⁽⁸⁾，推之以及四海，则万世幸甚。

【注解】（1）神宗：宋神宗赵顼（xū）。（2）天理：天体所以能够健行不止以生生不息的道理。（3）人伦：人的五伦，即父子有亲，君臣有义，夫妇有别，长幼有序，朋友有信。至：把人伦做到最好处。（4）王道：君主以仁义治理天下，以礼乐教化百姓，以德政安抚万民的圣王之道。砥：像砥柱山（在河南三门峡）那样屹立在黄河激流中。引申为砥直（公平正直）、砥路（平坦的道路）。王道如砥：王道就像宽大平坦的道路。（5）人情：人们共有的感情、情理（《礼记·礼运》："何谓人情？喜、怒、哀、惧、爱、恶、欲，七者弗学而能"）。（6）假之：假借仁义之名而施权谋寻私意。（7）备于己：尧舜之道自然全备在自己身心里。（8）诚之：诚心诚意地实行尧舜之道。

【述评】尧舜之道，是躬行孝悌，履王道行仁政以平治天下，亲和万民。"尧、舜、禹、汤、文、武之治，王道也。桓文、汉唐、欧美之法，霸术也。不法尧舜而法欧美，悖天理，灭人伦，弃仁义，谋功利，求富而得贫，求强而得弱，而国之亡无日矣"（《近思录解义》）。

人得天地之气以生而"理亦赋焉"，其身心具备仁义良善而不待外求。尧舜之道，就是仁义良善品德用于事业上的王道仁政。

先王之世，以道治天下。后世只是以法把持天下⁽¹⁾。

【注解】（1）把持：操纵，控制。把：掌握。持：拿着。

【述评】先王正其身以为榜样，率民向善背恶，推行礼乐教化以化民为善，使民向善而不愿违法。是用礼约束于将然之前，成其自律自化之功。法只能惩罚于已然之后，被刑者或不以为有罪。舍弃德教德政而专用法治，法虽密而禁不止，民不安。是故王道仁政政治思想，德主刑辅治国原则才是治理天下的正道。

为政须要有纪纲文章⁽¹⁾**，先有司，乡官**⁽²⁾**读法**⁽³⁾**，平价**⁽⁴⁾**，谨权量**⁽⁵⁾**，皆不可阙也**⁽⁶⁾**。人各亲其亲**⁽⁷⁾**，然后不独亲其亲。仲弓曰："焉知贤才而举之？"子曰："举尔所知，尔所不知，人岂舍诸。"便见仲弓与圣人用心之大小。推此义，则一心可以丧邦**⁽⁸⁾**，一心可以兴邦，只在公私之间尔。**

【注解】（1）为政：执掌国政，治理国家。纪纲：纲领、法度。文章：礼乐制度。（2）有司：官吏。古代设官分职，各有专司，故称。乡官：一乡所属官吏的总称。（3）读法：宣读法令，普及法律知识于所有民众。（4）平价：降低上涨的物价，使物价公平稳定。（5）权：秤锤。量：斗斛。（6）阙：空缺，缺陷。（7）人各亲其亲：人人各自亲爱自己的父母兄弟亲戚。（8）一心可以丧邦：不仁之人在高位，用私心以权谋私，是播其恶于民众，会导致国家丧乱，人民困苦。

治道亦有从本而言⁽¹⁾，亦有从事而言。从本而言惟是格君心之非⁽²⁾，正心以正朝廷⁽³⁾，正朝廷以正百官。若从事而言，不救则已⁽⁴⁾，若须救之，必须变⁽⁵⁾。大变则大益，小变则小益。

【注解】（1）治道：治理国家的方针、政策、措施等。（2）格君心之非：摒弃排除君主心中一切不正确的偏离道义的私欲妄念。君：君主，国家的最高领导者。（3）正心：端正身心，使自己的一切思意言行都能符合道义。（4）救：挽救国家，使其脱离困境，走上政治清明的仁政王道。（5）变：谓兴利除弊的变革。

【述评】榜样的力量是无穷的。"君仁莫不仁，君义莫不义。"主政者大公无私，品行端正则上行下效，天下一归于正。"程明道先生所谓变者，变汉唐功利苟且之法，以复三代（夏商周）之法"（《近思录解义》）。三代之治，执政者首重正身以正朝廷，正朝廷以正百官，倡率万民同归于正。行王道，施仁政以爱护人民，平治国家。尚德育、重教化，使人人亲其亲，长其长而致天下和平。

唐有天下，虽号治平，然亦有夷狄之风⁽¹⁾。三纲不正⁽²⁾，无君臣父子夫妇，其原始于太宗也。故其后世子弟，皆不可使，君不君，臣不臣。故藩镇不宾⁽³⁾，权臣跋扈⁽⁴⁾，陵夷有五代之乱。汉之治，过于唐，汉大纲正，唐万目举。本朝大纲正⁽⁵⁾，万目亦未尽举。

【注解】（1）夷狄：指扰乱安定的边远民族。（2）三纲：夫妇、父子、君臣关系称为三纲。是五伦关系中最重要的三个关系——君仁臣忠、父慈子孝、夫义妇顺。是上古社会人们对于社会秩序规律的普遍认同。（3）藩镇不宾：唐朝安史之乱以后，将领拥兵自重，在军事、财政、人事方面不接受中央政府控制。藩镇：为保卫边防安全设立的军镇，节度使掌管藩镇军政大权。（4）权臣：多指掌权而专横的大臣。跋扈：霸道、蛮横、独断专行。（5）本朝：宋朝。大纲：朝廷纲纪。

【述评】三纲是五伦达道主体，是兴国和家根本，是人人应当做到的正心修身，忠义仁爱的纲领。三纲归正，五伦实行，则万事和顺，民安物阜。父慈子孝，夫义妇顺，君仁臣忠各尽其宜。父、夫、君行正道表率在前，子、妇、臣顺其正义竭力扶持，是三纲正。君叫臣死，臣不得不死是三纲不正，是狂徒用以污蔑圣道的狂妄言论（秦治《论三纲》）。唐有天下而三纲不正者，谓太宗弑兄以逼父，弑弟而有其妻，是子不子，夫不夫，君不君，臣不臣，留下了昏迷淫乱的作风，导致其子孙气习相传，纲常陵蔑，君臣之道不正，遂使藩镇割据于外，阉宦擅权于内而政乱国危。叶平岩曰："唐之治目，若世业，若府兵，若租庸调，若省府，其区划法制，略仿先王之遗意，故亦足以维持天下。"

教人者，养其善心，而恶自消。治民者，导之敬让(1)**，而争自息。**

必有关雎麟趾之意(2)**，然后可以行周官之法度**(3)**。**

【注解】（1）导之敬让：引导人民互敬互爱，相互礼让而不争竞。（2）关雎、麟趾：皆《诗经·国风·周南》篇名。（3）周官：《周礼》原名《周官》，西周时期的著名政治家、思想家、文学家、军事家周公旦所著，是儒家主要经典之一，所涉及内容极为丰富。大至天下九州，天文历象，小至沟洫道路，草木虫鱼，凡邦国建制，政法文教，礼乐兵刑，赋税度支，膳食衣饰，寝庙车马，农商医卜，工艺制作，各种名物、典章、制度，无所不包。堪称上古文化史之宝库，是以人法天的理想国纲领。

【述评】《关雎》是周文王寻求圣女以为配偶，其未得之也，"寤寐求之，辗转反侧"。即得姒氏为贤内助，而友之乐之。"乐而不淫，哀而不伤。""乐得淑女以辅君子"。以德相配所以风化天下而正夫妇之道也。夫妇，万世之始，人之大伦也。夫妇之道正，而后父子亲，父子亲而后家人和睦，天下之家皆和睦而后天下安。

《麟之趾》言麒麟之足，不践生草，不履生虫。以赞美文王、后妃修德于身，而子孙宗族皆化于善。故诗人以麟之趾兴比文王之子，言麟性仁厚，故其趾亦仁厚。文王后妃仁厚，故其子亦仁厚。

"为政在人，取人以身，修身以道，修道以仁。"唯有修道之仁人举贤任能，方可实施如《周官》之善政良法。

君仁莫不仁，君义莫不义。天下之治乱，系乎人君仁不仁耳。离是而非，则生于其心，必害于其政，岂待乎作之于外哉！昔者孟子三见齐王而不言事[1]**，门人疑之。孟子曰："我先攻其邪心。"心既正，然后天下之事，可从而理也。夫政事之失，用人之非，知者能更之，直者能谏之。然非心存焉，则一事之失，救而正之，后之失者，将不胜救矣。格其非心**[2]**，使无不正，非大人其孰能之**[3]**。**

【注解】(1) 齐王：战国时期齐国国君齐宣王。(2) 格其非心：纠正国君错误和不正确的思想。(3) 大人：大德之人，如伊尹、周公、孔子、孟子。

【述评】上行下效，捷于影响，文王刑仁讲让而化及江汉。"不仁而在高位，是播其恶于众也。"欲天下太平，唯有完善选贤举能的可行措施，使贤者在位，能者在职，方能平治天下。孔子曰："大道之行也，天下为公，选贤与能，讲信修睦"（《礼记·礼运》）。可见孔子主张的大道是天下为公众所有，不是天子或某人的专属品。孔子亟称尧舜禹禅让美德。舜禹虽无民选过程及仪式，而实有民选的结果。尧老，集四岳，聚百僚，使共举天下贤士以为用，择有德者以为君。所以举之者，民举之，官举之，君试之，而禅让在其后矣。民举不见经传，岂未举乎？舜与百姓民人共耕陶，有大德显下界。见者莫不效法而宣道，听者莫不乐闻而尊崇共勉，天下莫不称誉焉。是民之举而百官得以闻，朝廷得以知。然后官举而试之以职，君举而委之以国，此则选举之极致也。世衰道隐，天下为家，民事不济者，事权不属于仁者，德教未宣，仁政不施，强人弄权故也。

明道先生言于朝曰：治天下以正风俗[(1)]**，得贤才为本**[(2)]**。宜先礼命近侍贤儒**[(3)]**，及百执事，悉心推访有德业充备，足为师表者；其次有笃志好学，材良行修者。延聘敦遣**[(4)]**，萃于京师**[(5)]**。俾朝夕相与讲明正学**[(6)]（求贤讲学，培养贤才）。**其道必本于人伦**[(7)]**，明乎物理**[(8)]**。其教自小学洒扫应对以往，修其孝弟忠信，周旋礼乐**[(9)]**。其所以诱掖激励**[(10)]**，渐摩成就之道，皆有节序**[(11)]**。其要在于择善修身**[(12)]**，至于化成天下**[(13)]**。自乡人而可至于圣人之道，其学行皆中于是者为成德**[(14)]**。取材识明达可进于善者**[(15)]**，使日受其业**（以修齐治平之道，教其明理尽性）。**择其学明德尊者**[(16)]**，为太学之师，次以分教天下之学⁽¹⁷⁾（推教法于天下）。**择士入学，县升之州，州宾兴于太学⁽¹⁸⁾。太学聚而教之，岁论其贤者能者于朝**（选其贤能者居官理政）。**凡选士之法，皆以性行端洁⁽¹⁹⁾，居家孝弟，有廉耻礼逊⁽²⁰⁾，通明学业，晓达治道者⁽²¹⁾。**

【注解】（1）正风俗：纠正不正确的风俗，使其符合道义，符合正礼。风俗：社会上长期形成的风尚、礼节、习惯等的总和。（2）贤才：品行高尚才能出众者。贤：有高尚品德者。才：有行政、治事能力者。二者为治天下之本。然得贤才斯可以正风俗，则得贤才又是正风俗之本。（3）礼命：以礼征聘任命。（4）延聘：（朝廷）厚礼聘请。敦遣：（州县）诚意遣送。（5）萃于京师：聚集到京城里。（6）正学：儒学。（7）人伦：人的五伦。（8）物理：事物的道理。（9）周旋礼乐：人事应酬中的礼节乐章。修习孝悌忠信和周旋礼乐是大学教育的主要内容。（10）诱掖激励：引诱扶持使其有进，激发鼓励使其无退。（11）皆有节序：谓通过小学、大学教育出贤能成德之士的方法和次序。（12）择善修身：选择善良的言辞和善良的行为而学之习之，使其成为自己的善言善行以修身养性。（13）至于化成天下：推而广之使人们的行为合乎文明礼仪，以成天下"大化"。（14）皆中于是：谓合乎小学、大学之教。中：适合于。（15）材识明达：才能与见识明确通达。（16）学明德尊：学明白了做人做事的大道理，修身践行至品德高尚，受到广泛尊重的大儒。（17）天下之学：天下的各级学校。（18）宾兴：周代举贤之法。谓乡大夫自乡小学荐举贤能而宾礼之，以升入国学。（19）性行端洁：品性行为正直清廉。（20）有廉耻礼逊：有廉洁的操守，知羞耻能礼让。（21）治道：治国的道理和方法。

【述评】此章详论学制以正风俗得贤才为根本的大经大法。朱子曰："明道论学制最为有本，读之未尝不慨然发叹也。"朝有大贤如明道，而其君不能用以为政，又不从其言以养育人才，却乐于实行不切实用的新法，此由神宗不明义利之辨故也。《大学》言："掌国家而务财用者必自小人矣，小人之使为国家，灾害并至，虽有善者，亦无如之何矣。"北宋之亡，未始不由新法为之阶。是故新法将行而明道先生辞去，所有端人正士皆被贬去而国空虚。蔡京、童贯之徒，以复新法为由而行贪残暴狠之实。诬蔑元祐诸贤为奸党而禁锢之，酿成靖康之祸。神宗如用明道之言，推访天下贤士，聚于京师，使之讲明正学。数十年后，人才蔚起，众正盈廷，以致君泽民，则人君谁与为不善。岂有奸臣误国，昏主荒政覆宗之祸哉！朱子读明道之言而慨叹，良有以也。释正学为儒学者，儒学是孔子总结中华上古传统文化精华为《六经》，以真实诚信、仁义中正、王道仁政、礼乐制度教人成德成才。使人明理以修身正行，齐家以和睦家人。执政则可治国安邦，为民造福，以展现修身成德才能。

明道先生论十事，一曰：师傅。

古者自天子达于庶人，必须师友以成就其德业。今师傅之职不修，友臣之义未著，所以尊德乐善之风未成。（《近思录解义·制度》，下同）

【述评】师傅教人明理修身，育人成德。培养人认知事理，辨别善恶。提高人的理解力、分析力及判断能力，使人具备尊德乐善的素质。

二曰：六官⁽¹⁾。

天地四时之官，历二帝三王，未之或改。今官秩淆乱，职业废驰，太平之治，所以未至。

【注解】（1）六官：是指《周礼》中的天官冢宰、地官司徒、春官宗伯、夏官司马、秋官司寇、冬官司空，又称为六卿。

【述评】司徒专管风俗教化，以五教（父子有亲、君臣有义、夫妇有别、长幼有序、朋友有信）善民风，厚民俗。虞舜任命其大臣契曰："契，百姓不亲，五品不逊，汝作司徒，敬敷五教在宽"（《书经·虞书》）。国家首重德育，使民懂礼义守廉耻而后方可谈论持续发展。治分六官，政治、教育、礼乐、军事、刑律及农工商务各有统属，各尽职守，以成其治，此古今所同也。贵在各得贤能之人任其职，爱人爱物，公而忘私，以化育民人，长养万物，消除战乱，减少犯罪，方可使人民安享和谐幸福的生活。

三曰：经界[1]。

治民常产，使之厚生，则经界不可不正，井地不可不均[2]。今富者跨州县而莫之止，贫者流离饿殍而莫之恤。幸民虽多，而衣食不足者，盖无纪极[3]。生齿日益繁，而不为之制，则衣食日蹙[4]，转死日多[5]。

【注解】（1）经界：农田边界。（2）井地：夏商周时期的井田制（八口之家，授田百亩，使耕者有其田）。（3）无纪极：（土地兼并）没有限度。（4）蹙：紧迫。（5）转死：贫困流离而死于沟壑。

【述评】土地无限度兼并，则农民失去衣食倚靠，会导致失地农民流离失所，饿死沟壑，这是执政者必须重视的重要问题。是故先儒批评曰："商鞅不仁而开阡陌。"剥夺了农民生活来源。

四曰：乡党。

古者政教始乎乡党。其法始于比闾族党州乡酂遂[1]，以相联属统治。故民相安而亲睦，刑罚鲜犯，廉耻易格[2]。

【注解】（1）比闾：《周礼·地官·大司徒》云："令五家为比，使之相保；五比为闾，使之相受；四闾为族，使之相葬；五族为党，使之相救；五党为州，使之相赒；五州为乡，使之相宾。"（2）易格：容易达到格局。

五曰：贡士。

庠序所以明人伦，化成天下。今师学废而道德不一，乡射亡而礼义不兴[1]，贡士不本于乡里，而实行不修，秀民不养于学校[2]，而人材多废。

【注解】（1）乡射：乡射礼。（2）秀民：优秀善良的人。

【述评】学校教育的主要任务是教人学明白人的大伦（人与人之间的正确关系，包括相互敬重友爱，相互支持帮助，相互配合协调等），明人伦而后民相亲睦，天下和谐。乡射礼是州长于春、秋二季在州学会民习射之礼，主要用于涵养正直平和的品性。《射义》说："射者，仁之道也。射求正诸己，己正而后发，发而不中，则不怨胜己者，反求诸己而已矣。"只是端正自己以求射中，而不责求别人胜过自己，由此养成修养身心的正确思维。能修养身心，力行于人所当行之道而不已，久则心胸开阔，智力精进，见识远大，学习运用技术、艺术的能力成倍增长，有无师自通之效。

六曰：兵役。

古者府史胥徒[1]，受禄公上，而兵农未始判也。今娇兵耗匮国力[2]，禁卫之外，不渐归之农，则将贻深虑。府史胥徒之役，毒遍天下。不更其制，则未免大害。

【注解】 (1) 府史胥徒：古代的官吏名。(2) 耗匮：消耗匮乏。

七曰：民食。

古者民必有九年之食[1]。今天下耕之者少，食之者众，地力不尽，人功不勤。固宜渐从古制，均田务农[2]，公私交为储粟之法，以为凶岁之备。

【注解】 (1) 九年之食：民户有可供九年食用的粮食贮备。(2) 均田：给农民平均分配农田。

八曰：四民。

古者四民各有常职[1]，而农者十居八九，故衣食易给。今京师浮民数逾百万，此在酌古变今，均多恤寡，渐为之业以救之[2]。

【注解】 (1) 四民：士农工商。(2) 渐为之业：逐渐使无业游民有赖以生存的职业。

九曰：山泽。

修虞衡之职[1]。圣人理物，山虞泽衡，各有常禁，故万物阜丰，而财用不乏。今五官不修，六府不治，用之无节，取之不时。惟修虞衡之职，使长养之⁽²⁾，则有变通长久之势。

【注解】（1）虞衡：古代掌山林川泽之官（"以九职任万民，三曰虞衡"（《周礼·天官·太宰》）。（2）长养之：通过封禁管理，取之有时，使山泽中的林木鸟兽虫鱼得到繁育成长，以丰富其用。

十曰：分数⁽¹⁾。

冠婚丧祭，车服器用等差。古者冠婚丧祭车服器用，等差分别，莫敢逾僭⁽²⁾。故财用易给，而民有常心⁽³⁾。今礼制不足以检饬人情⁽⁴⁾，名数不足以旌别贵贱⁽⁵⁾，奸诈攘夺，人人求厌其欲，此争乱之道也。

【注解】（1）分：管辖的分级。数：行伍及器用的数量。（2）逾僭：超越本分。（3）常心：持久不变的意志；指人所常有的善良本心。（4）检饬：检验整治。（5）旌别：表扬甄别（善恶）。

其言曰：无古今，无治乱，如生民之理有穷，则圣王之法可改，后世能尽其道则大治，或用其偏则小康，此历代彰灼著明之效也。苟或徒知泥古，而不能施之于今，姑欲徇名，而遂废其实，此则陋儒之见，何足以论治道哉！然傥谓今人之情，皆已异于古，先王之迹，不可复于今，趣便目前，不务高远，则亦恐非大有为之论，而未足以救天下之极弊也。

【述评】"此统论治天下之道。天生民而作之君师，不外治之养之教之而已。师傅正君，治之本也。六官分职，治之纲也。经界民食山泽，皆养民之事。乡党贡士分数，皆教民之事。兵役四民，皆治民之事。而谋所以养之教之也"。（《近思录解义》）

明道先生行状云：先生为泽州晋城令[(1)]。民以事至邑者，必告之以孝弟忠信，入所以事父兄，出所以事长上。度乡村远近为伍保[(2)]，使之力役相助，患难相恤，而奸伪无所容。凡孤茕残废者[(3)]，责之亲戚乡党，使无失所[(4)]。行旅出于其涂者，疾病皆有所养。诸乡皆有校[(5)]，暇时亲至，召父老与之语。儿童所读书，亲为正句读[(6)]。教者不善，则为易置。择子弟之秀者，聚而教之。乡民为社会[(7)]，为立科条，旌别善恶，使有劝有耻[(8)]。

【注解】（1）泽州晋城：宋泽州晋城县，今山西省晋城市。（2）伍保：五家互保。以五个家庭组成的基层组织，使其共同相恤相助、防盗禁奸。（3）孤茕（gū qióng）：孤独，无倚无靠。（4）使无失所：责令亲戚、乡党救济孤独残废的人，使他们不失其养。（5）校：学校，在学校里教育孩子、开导父老。（6）句读：文词停顿的地方，句是语意完整的一小段，读是句中语意未完，语气可停顿的更小的段落。（7）社会：由共同利益而互相联系起来的人群。社：指某些集体组织、团体、机构（合作社）。会：为共同目的所组成的团体。（8）有劝：相互劝勉其为善去恶，以至于共同向善。有耻：有羞耻之心。

邢和叔叙明道先生事云⁽¹⁾：尧舜三代帝王之治，所以博大悠远，上下与天地同流者，先生固已默而识之⁽²⁾。至于兴造礼乐，制度文为，下至行师用兵战阵之法⁽³⁾，无所不讲，皆造其极。外之夷狄情状，山川道路之险易，边鄙防戍，城寨斥候控带之要⁽⁴⁾，靡不究知⁽⁵⁾。其吏事操决，文法簿书，又皆精密详练。若先生可谓通儒全才矣⁽⁶⁾。

【注解】（1）邢和叔：二程子的大弟子。（2）默而识之：默识心通帝王治世之大道。（3）战阵之法：排列军队布置战斗阵形的法则和技巧。（4）城：累土筑墙以围护其内居民免受侵扰曰城。寨：有防守栅栏的驻兵营地。斥候：古代的侦察兵。控带之要：城池垣环水抱的险要程度。（5）靡不究知：没有不研究清楚明白的。（6）通儒全才：谓德高望重，有出将入相的本领，有平定天下，开创太平盛世的能力。

【述评】儒学是政事之学，不仅仅是个人修德之学，还是由个人明理以修德，使自己的言语行动时时处处合乎礼法，而摒弃私心妄念，一归于正，学习历练成为通儒全才。大儒德高望重，有出将入相的本领，有平定天下，开创太平盛世的能力。通晓天道、地道、人道，上明天文，下识地理，通达人情世故。是对治国安民所应做到的教化、行政、军事、农事及礼乐政刑诸多方面无所不知，无所不能的儒家贤士，称为通儒全才。他们推己以及人，己欲立而立人，己欲达而达人，广泛参与社会活动，以天下和平、人民安居乐业为己任而不记个人得失，皆为中华文明进步做出了不朽的功绩。

观明道先生行事轨迹，亦几"立之斯立，道之斯行，绥之斯来，动之斯和"矣。又如孔子主导的夹谷会盟，巧用武备挫败了强齐的劫盟图谋。孔子弟子冉有以文人带领小国之兵打败强齐。朱熹在潭州荆湖南路任职期间，调兵遣将、恩威并用，击溃并收服了以蒲来矢为首的叛乱，并在整顿飞虎军、体恤民困、改善风俗、选用良吏、兴学岳麓、更建书院等方面都取得了良好的为政成就。这些都显示出通儒大贤文武兼备的超强治世能力。

明道为邑[(1)]**，及民之事，多众人所谓法所拘者**[(2)]**，然为之未尝大戾于法**[(3)]**，众亦不甚骇。谓之得伸其志则不可**[(4)]**，求小补则过今之为政者远矣。人虽异之，不至指为狂也。至谓之狂，则大骇矣。尽诚为之，不容而后去，又何嫌乎**[(5)]**？**

【注解】（1）为邑：当官理政（在王安石变法之时）。邑：都城，城镇。（2）法所拘者：在法律所限制的方面。拘：束缚，限制。（3）未尝大戾于法：不曾严重违背当时的新法（所为之事合于情理而不合于新法）。戾：违背，违反。（4）则不可：指并没有达到明道先生的志愿。（5）又何嫌乎：诚心做自己认为正确的事，由此而不容于当局则离去，没有值得疑惑的。嫌：疑惑。

【述评】当法不合于常理之时，"拘于法者不能有为，有为者又多戾于法，以取人骇怪。明道道大德盛，从容裁处，不拘于法，亦不大戾于法，虽未能制民之产，得伸其教民养民之志，然过今之为政者远矣。盖尽诚为之，忠厚恳恻之意，有以深喻乎人心。故虽变通于法外，而人不至指为狂。"（《近思录解义》）

明道先生曰：一命之士⁽¹⁾，苟存心于爱物，于人必有所济⁽²⁾。

【注解】（1）一命：周代官爵的最低等级，即公、侯、伯的士及子男的大夫。（2）济：帮助，援救。

【述评】只要诚心爱民，必能为民解忿息争，兴利除害，让人民获得实惠。

明道先生与吴师礼谈介甫之学错处⁽¹⁾。谓师礼曰："为我尽达诸介甫⁽²⁾，我亦未敢自以为是。如有说⁽³⁾，愿往复⁽⁴⁾。此天下公理，无彼我⁽⁵⁾。果能明辨，不有益于介甫，则必有益于我。"

【注解】（1）吴师礼：字安仲，北宋杭州钱塘人。太学上舍赐第，调泾县主簿，知天长县。召太学博士、秘书省正字。介甫：王安石，字介甫。（2）为我尽达诸介甫：把我的谈论全部告诉给王安石。（3）如有说：如果对我的评论提出不同意见。（4）愿往复：愿意反复辩论。（5）无彼我：公理不因人而异，无彼我之不同。

【述评】"天下之理，惟其是而已。但能捐去彼我之见，虚心求益，往复辩明，以折衷至当，则人己两有所益。明道之言，大公无我。而介甫自以为是，所以卒于执拗，以误国而病民也。"（《近思录解义》）

明道先生作县，凡坐处皆书"视民如伤"四字[1]**，常曰："颢常愧此四字"。**

【注解】（1）视民如伤：形容在位者关怀人民，极其顾恤民众疾苦。

【述评】"文王视民如伤，望道而未之见"（《孟子·离娄》）。朱子注曰："民已安矣，而视之犹若有伤；道已至矣，而望之犹若未见。圣人之爱民深，而求道切如此。不自满足，终日乾乾之心也。"周文王德韫于中，德仪辉光自然焕发于外，这是装不出来的。是故仁德教化化及江汉，天下诸侯三分之二感服而听从，仍能率领诸侯奉侍殷商，真诚至于至极也。今之学者以剪商解说文王德政，实不识仁人之心，且不知人性之善，可叹也夫！

刘安礼曰⁽¹⁾："王荆公执政⁽²⁾，议法改令，言者攻之甚力。明道先生尝被旨赴中堂议事，荆公方怒言者，厉色待之。先生徐曰：'天下之事，非一家私议，愿公平气以听。'荆公为之愧屈⁽³⁾。"

【注解】（1）刘安礼：刘立之，字安礼，程子门人。（2）王荆公：王安石曾被宋神宗封为荆国公，故称王荆公。（3）愧屈：羞愧而理屈。

【述评】朱子曰："所谓平气者，非欲使甲操乙之见，乙守甲之说也；亦非谓都不论事之是非也。但欲姑暂置其是己非彼之意，然后可以据事论理，而终得其是非之实耳。"（《近思录解义》）

刘安礼问临民⁽¹⁾。明道先生曰："使民各得输其情⁽²⁾。"问御吏⁽³⁾，曰："正己以格物⁽⁴⁾。"

【注解】（1）临民：安抚人民。（2）输其情：大胆陈述他的详细情况。（3）御吏：驾驭、管理下属官员。（4）正己：端正自己的人品。格物：穷究事物的道理，明辨其是非曲直，以提高判断能力和洞察能力。

明道先生曰：忧子弟之轻俊者⁽¹⁾，只教以经学念书⁽²⁾，不得令作文字⁽³⁾。子弟凡百玩好，皆夺志⁽⁴⁾。至于书札⁽⁵⁾，与儒者事最近，然一向好著⁽⁶⁾，亦自丧志。

如王、虞、颜、柳辈⁽⁷⁾，诚为好人则有之，曾见有善书者知道否？平生精力，一用于此，非惟徒费时日，于道便有妨处⁽⁸⁾，足知丧志也⁽⁹⁾。

【注解】 （1）忧：担心。担心子弟不能成才。轻俊：性情轻浮而才气俊秀。（2）只教以经学：只教之读诵经书，讲明义理。（3）作文字：（不学）作文章。理明行修德成，不用学作文，自然能文善辞。（4）夺志：侵夺其求道成德的志向。（5）书札：书信，这里指书法。（6）好著：过分爱好。（7）王、虞、颜、柳：王羲之、虞世南、颜真卿、柳公权。（8）妨：妨碍（修身养性）。（9）丧志：丧失志向。

【述评】 写字和读书人的事最近，然一直努力于写字，也自然能丧志。"如王羲之，虞世南，颜真卿，柳公权诸人，皆工于书札，各有风节，然生平精力专用于此，不免玩物丧志，故终不足以知道，学者可不戒哉！"（《近思录解义》卷十一）

胡安定在湖州置"治道斋"⁽¹⁾，学者有欲明治道者讲之于中⁽²⁾，如治民治兵水利算术之类。尝言刘彝善治水利⁽³⁾，后累为政⁽⁴⁾，皆兴水利有功。

【注解】 （1）胡安定：胡瑗（993～1059），字翼之，泰州如皋（今江苏如皋）人，远祖世居安定（今甘肃泾川以北），学者习称其为安定先生。北宋儒家学者，经学家、教育家，与孙复、石介一起被后人合称为"宋初三先生"。（2）治道：治理国家，教化人民，安抚百姓的大政方针及具体措施。（3）刘彝：字执中，福州（今福建省长乐县）人。胡安定门人。北宋著名水利专家。（4）累为政：数次当官理政。

凡立言，欲涵蓄意思(1)**，不使知德者厌，无德者惑。**

【注解】（1）涵蓄：意思深远于言辞。

【述评】"立言贵有涵蓄，意思深远，须使意余于言，勿使言余于意。叶平严曰：'知德者顽其理而不厌，无德者守其说而不惑。'"（《近思录解义》卷十一）

教人未见意趣(1)**，必不乐学**(2)**。欲且教之歌舞，如古《诗》三百篇**(3)**，皆古人作之。如《关雎》之类**(4)**，正家之始**(5)**，故用之乡人，用之邦国**(6)**，日使人闻之。此等诗其言简奥**(7)**，今人未易晓。欲别作诗，略言教童子洒扫应对事长之节**(8)**，令朝夕歌之，似当有助。**

【注解】（1）意趣：意向兴趣。（2）乐：喜好。（3）三百篇：指《诗经》305篇。（4）关雎：《诗经·国风·周南》篇名。（5）正家之始：歌颂周文王修身以齐正家庭并化行于国的开始。（6）用之乡人，用之邦国：乡人歌唱它，邦国也歌唱它，可以感发人的好善心。（7）简奥：言语简约，寓意深奥。（8）洒扫应对：

洒水扫地让长者清净居处，和颜柔声应对使长者心情舒畅，是涵养心性、修身成德而不可不做的基本功。

【述评】"古诗反复咏吟，使人感发好善恶恶之心。小雅大雅对于善者美之，恶者刺之，三颂歌功颂德，读之可以兴起好善恶恶之心。"（《小学通俗解义·嘉言4》）

子厚以礼教学者最善[(1)]，使学者先有所据守[(2)]。

【注解】（1）子厚：张载（1020～1077），字子厚，凤翔眉县（今陕西眉县）横渠镇人，北宋思想家、教育家，理学创始人之一。（2）据守：占据一定的防御设施守卫、防守。

【述评】"教以诗歌，和之以乐也。乐主和，礼主节。知和而和，不以礼节之，欢欣鼓舞之意多，而收敛整肃之意少，则学者无所依据而不可行。故教之以礼，纳于规矩准绳之中，方有依据持守之地。"（《近思录解义》卷十一）

语学者以所见未到之理[(1)]，不惟所闻不深彻[(2)]，反将理低看了。

【注解】（1）所见未到：所看到的只是事物的表面及片面，没有见到其真实内涵。（2）深彻：深刻透彻。

【述评】"见其礼而知其政，闻其乐而知其德。"非深造以圣贤之道，安能有此知乎？有物必有则。未见到之理，必待其学问思辨而加深认知，笃行而有得于心，方不至于低看所寓于事物之中的道理。是故先儒学未至于知道，只敢求证自己的见解于师傅，不敢轻易发表自己的见解。

舞射便见人诚[1]。古之教人，莫非使之诚己[2]。自洒扫应对上，便可到圣人事[3]。

【注解】（1）舞射：跳舞射箭。（2）诚己：使自己做到真诚无妄。（3）圣人事：圣人的品德功业。

【述评】能以诚心舞蹈，方可应和节律。能以诚心正己而后发，然后可言射中标的。教人以诚，为作圣成德的基础。洒扫、应对、进退，就是行道，就是行道于应做的事。行重于学，行也是学。自诚心洒扫应对做起，事事无所不尽其诚而为之，以涵养爱亲敬长之心，真心敬事之诚。推之以至其极，则可至于圣人之诚矣。

自"幼子常视无诳"以上[1]，便是教以圣人事。

【注解】（1）常视无诳：经常以真诚信实示范引导幼子，避免其隐瞒事实真相而欺骗迷惑人。视：同示；示范、示教。诳：欺骗，迷惑。

【述评】教其真诚信实而无诳，就是教育幼童学习圣贤德行事业。

先传后倦[1]，君子教人有序。先传以小者近者，而后教以大者远者。非是先传以近小，而后不教以远大也。

【注解】（1）先传后倦："言君子之道，非以其末为先而传之，非以其本为后而倦教。"（《论语集注·子张》）

【述评】"洒扫应对，小者近者也。由此可至于圣人，大者远者也。朱子曰：'洒扫应对，精义入神，事有大小，理无大小。事有大小，故其教有序，而不可躐。理无大小，故随其所处，而皆不可不尽（虽小事亦不可不尽心力而为之）。'"（《近思录解义》卷十一）

富贵骄人固不善[1]，学问骄人，害亦不细。

【注解】（1）骄人：自高自大，蔑视他人。

【述评】自以为有学问而自高自大，蔑视他人，是学为务外而傲惰败德，其学问也难于长进。

人以料事为明[1]，便骎骎入逆诈[2]、亿不信去也[3]。

【注解】（1）料事：预测事情。（2）骎骎：形容马跑得很快的样子，比喻进展得很快。逆诈：猜疑别人存心欺诈。（3）亿不信：事先疑忌别人欺诈不正。亿：同"臆"，猜测的意思。

人于外物奉身者[1]，事事要好，只有自家一个身与心，却不要好[2]。苟得外面物好时，却不知道自家身与心，却已先不好了也。

【注解】（1）外物奉身者：如衣食住行之所需，及一切用具等。 （2）却不要好：不知修身，不知存心养性。

【述评】"为了奉身的外物好，至于以身发财，违法乱纪，以求必得。幸而得之，而身陷囚系，成为罪犯者，往往有之，实在可哀！世人奉身以害身者，可以悟矣。"（《小学通俗解义·嘉言65》）

人于天理昏者[1]，是只为私欲乱着他[2]。庄子言："其嗜欲深者[3]，其天机浅[4]。"此言却最是。

【注解】（1）天理：天体所以能够健行不止以生生不息的道理，万事万物因顺从天理而有序。（2）私欲：不符合正当情理的个人欲望。（3）嗜欲：嗜好与欲望。多指贪图身体感官方面享受的欲望。(4) 天机：谓天赋灵机，灵性。

【述评】"天理之在人心，本自昭著，只为嗜欲所乱，故昏而不明。嗜欲深则神气昏浊，天理之发见常少。譬如明珠沉于污泥中，则宝光掩蔽，不能发露也。"（《近思录解义》卷十二）

邢恕云[1]："一日三点检。"明道先生曰："可哀也哉！其余时理会甚事？盖仿三省之说错了⁽²⁾，可见不曾用功。"又多逐人面上说一般话。明道责之，邢曰："无可说。"明道曰："无可说，便不得不说⁽³⁾？"

【注解】（1）邢恕，北宋时郑州阳武（今原阳县）人。（2）三省：曾子日常用"为人谋而不忠乎？与朋友交而不信乎？传不习乎？"认真反省自己，以修身成德。（3）便不得不说：责问邢恕即无可说，就不必说，莫非不得不说这不合理的话吗？

【述评】君子正心修身，时时省察于理欲公私之界，无时无处不用其力，方可迁善改过，岂止于一日三次点检乎？

杨、墨之害，甚于申、韩⁽¹⁾。佛、老之害，甚于杨、墨。杨氏"为我"，疑于义⁽²⁾。墨氏"兼爱"，疑于仁⁽³⁾。申、韩则浅陋易见。故孟子只辟杨、墨，为其惑世之甚也⁽⁴⁾。佛、老其言近理，又非杨、墨之比，此所以为害尤甚。杨、墨之害，亦经孟子辟之，所以廓如也⁽⁵⁾。

【注解】（1）杨：杨朱，字子居，战国时期魏国人。墨：墨子，名翟，东周春秋末期战国初期宋国人，宋国贵族目夷的后代，他是墨家学派的创始人。申：申不害，亦称申子。战国时期法家重要代表人物之一。韩：韩非，战国时期韩国公子，战国末期法家代表人物。（2）疑于义：惑乱正义。（3）疑于仁：惑乱人之仁心仁德。（4）惑世之甚也：孟子曰："杨氏为我，是无君也，墨氏兼爱，是无父也，无父无君，是禽兽也。"（5）廓如也：澄清貌。

道之外无物，物之外无道[1]，是天地之间，无适而非道也。即父子而父子在所亲。即君臣而君臣在所严。以至为夫妇，为长幼，为朋友，无所为而非道，此道所以"不可须臾离"也。然则毁人伦，去"四大"者[2]，其外于道也远矣。

【注解】 （1）物之外无道：道寓于物而无须臾分离，"天下之物，皆实理之所为，故必得是理，然后有是物"（《中庸》）。（2）四大：佛教讲地、水、火、风为四大，谓四大幻假而成人身。要灭绝幻根，断除一切。

【述评】"道不外日用伦常（五伦）。诗曰：'天生蒸民，有物有则。'则即道也。物生于道，故道外无物。道寓于物，故物外无道。""父子、君臣、夫妇、长幼、朋友，皆物也。亲、义、别、序、信之则，皆道也。天地之间，无适而非道，道所以不可须臾离也。"（《近思录解义》卷十三）

故君子之于天下也，无适也[1]，无莫也[2]，义之与比[3]，若有适有莫，则于道为有间，非天地之全也。彼释氏之学，于敬以直内⁽⁴⁾，则有之矣。义以方外⁽⁵⁾，则未之有也。故滞固者入于枯槁，疏通者归于恣肆，此佛之教所以为隘也。吾道则不然，率性而已⁽⁶⁾，斯理也，圣人于易备言之⁽⁷⁾。

【注解】（1）适：专主；可。（2）莫：不肯；不可。（3）义之与比：只是以道义相亲比，惟义是从。比：亲密。（4）敬以直内：事事敬重，使内心端直公正。（5）义以方外：用义理约束自己，使自己言行方正。（6）率性：遵循人的本性。（7）易：《周易》。

【述评】君子对于天下人，无专主之亲，无特定之疏，惟以道义是从。即不问亲疏，但以道义是亲，亦即以义为处世准则。

释氏本怖死生⁽¹⁾为利，岂是公道，唯务上达，而无下学⁽²⁾。然则其上达处岂有是也？元不相连属，但有间断，非道也。孟子曰："尽其心者，知其性也。"彼所谓识心见性是也。若存心养性一段事，则无矣。彼固曰："出家独善⁽³⁾，便于道体自不足。"或曰："释氏地狱之类，皆是为下根之人设此怖，令为善。"先生曰："至诚贯天地，人尚有不化，岂有立伪教，而人可化乎？"

【注解】（1）怖死生：惧怕死生轮回。（2）无下学：没有学习洒扫、应对、进退以修身成德的基本功。

(3）出家独善：叶平严曰："道本人伦，今日出家，则于道体亏欠大矣。"

【述评】下学人事，方能上达天道。

学者与释氏之说，直须如淫声美色以远之，不尔则骎骎然入其中矣。颜渊问为邦，孔子既告之以二帝三王之事，而复戒以放郑声，远佞人。曰："郑声淫，佞人殆。"彼佞人者，是他一边佞耳。然而于己则危，只是能使人移[1]，故危也。至于禹之言曰："何畏乎巧言令色[2]。"巧言令色，直消言畏。只是须着如此戒慎，犹恐不免。释氏之言，更不消言常戒，到自家自信后，便不能乱得。

【注解】（1）使人移：使人偏移其善良的本性。（2）巧言令色：好其言，善其色，致饰于外，务以说人。则人欲肆而本心之德亡矣。

【述评】"释氏言觉，言识心见性，最为近理而易惑人，故须如淫声美色以远之。然空言远之，亦恐无益。须潜心于道，实用下学之功，敬以直内，义以方外，尽心知性以明其理，存心养性以履其事。于吾道知之真，信之笃，则视彼近理之言，皆为诐淫邪遁之辞，而自不能乱矣。"（《近思录解义》卷十三）

所以谓万物一体者，皆有此理[1]，只为从那里来。

"生生之谓易。"⁽²⁾生则一时生，皆完此理。人则能推⁽³⁾，物则气昏推不得，不可道他物不与有也。人只为自私，将自己躯壳上头起意，故看得道理小了他底。放这身来，都在万物中一例看，大小大快活⁽⁴⁾。

【注解】（1）皆有此理：理一分殊，万物各自具备相同之理，是人物同有此理。（2）易：宇宙（大自然）是画前之易，是自然易，《易经》是摹仿宇宙阴阳变化的，是图文易。（3）人则能推：人能推究明白这个理。（4）大小大快活：犹如许多快活。

【述评】万物无不凝集类同元素以成形，禀赋相同的天理以为性。所谓万物同性、一体也。"人惟自私，故所见者小。若知万物一体之理，不为私己之见，物我两忘，胸次悠然。直与天地万物上下同流，各得其所。何快活如之，安所用其烦恼厌恶。"（《近思录解义》卷十三）

释氏以不知此⁽¹⁾，去他身上起意思。奈何那身不得，故却厌恶。要得去尽根尘，为心源不定，故要得如枯木死灰⁽²⁾。然没此理。要有此理，除是死也。释氏其实是爱身，放不得，故说许多。譬如蝜蝂之虫⁽³⁾，已载不起，犹自更取物在身。又如抱石投河，以其重愈沉，终不道放下石头，惟嫌重也⁽⁴⁾。

【注解】（1）不知此：不知万物一体之理。（2）枯木死灰：身如枯木，心如死灰。枯木：已经枯死的树木。死灰：燃烧后余下的冷灰。（3）蜗蝂之虫：是一种喜爱背东西的小虫。爬行时遇到东西，总是抓取过来，抬起头背着这些东西。东西越背越重，即使非常劳累也不停止。它的背很不光滑，因而东西堆上去不会散落，最终被压倒爬不起来。有的人可怜它，替它去掉背上的东西。可是蜗蝂（fù bǎn）如果能爬行，又把东西像原先一样抓取过来背上。这种小虫喜欢往高处爬，用尽了它的力气也不肯停下来，以致跌下摔死在地上。（4）惟嫌重也：只是厌恶石头重而不知放下石头。

人有语导气者[1]**，问先生曰："君亦有术乎？"明道曰："吾尝夏葛而冬裘**[2]**，饥食而渴饮，节嗜欲，定心气，如斯而已矣。"**

【注解】（1）导气：养生家导气之术，是在练气的基础上，再进一步通过导气功法的锻炼，将内气运至发放部位（手、穴位等）；做到意到气到。（2）夏葛：夏天穿葛布衣服。裘：皮衣。

佛氏不识阴阳昼夜、死生古今，安得谓形而上者，与圣人同乎？

【述评】"形上为道，形下为器。器亦道，道亦器，不可混而为一，亦不容离而为二。太极形而上者也，阴阳形而下者也。太极不杂乎阴阳，亦不离乎阴阳。明于太极动而生阳，静而生阴之理，则昼夜、死生、古今，一以贯之矣。释氏欲脱离轮回，超出阴阳之外。不识阴阳，即不识昼夜、生死、古今。其言觉，言识心见性，舍形下以求形上，离道器而二之，安得谓形而上者，与圣人同乎？"（《近思录解义》卷十三）

释氏之说，若欲穷其说而去取之，则其说未能穷，固已化而为佛矣。只且于迹上考之[1]。其设教如是，则其心果如何？固难为取其心不取其迹。有是心则有是迹。王通言心迹之判[2]，便是乱说。故不若且于迹上断定，不与圣人合。其言有合处，则吾道固已有[3]。有不合者，固所不取。如是立定却省易。

【注解】 （1）迹：踪迹，痕迹。这里指言语行为。（2）心迹之判：指内心动机意向与外在行迹效果的区别。（3）吾道：指儒家圣人之道。

【述评】 "体用一源，显微无间。心即迹之所本，迹即心之所发。有是心则有是迹，安得判而为二。"（《近思录解义》卷十三）

问："神仙之说有诸？"明道曰："若说白日飞升之类则无。若言居山林间保形炼气，以延年益寿则有之。譬如一炉火，置之风中则易过[1]，置之密室则难过，有此理也。"又问："扬子言：'圣人不师仙，厥术异也[2]。'圣人能为此等事否？"曰："此是天地间一贼，

若非窃造化之机[3]**，安能延年？使圣人肯为，周、孔为之矣**[4]**。"**

【注解】（1）过：柴火燃尽而炉火熄灭。（2）厥：其，他的。（3）造化之机：天地万物生长衰亡规律。（4）周、孔：周公和孔子。

【述评】避人遗世而求长生，非天理之正。圣人智周万物，洞明造化，故不肯为隐居求仙之术。

尧与舜更无优劣[1]**。及至汤、武便别**[2]**。孟子言"性之""反之"。自古无人如此说，只孟子分别出来。便知得尧、舜是生而知之，汤、武是学而能之。文王之德则似尧、舜，禹之德则似汤、武**[3]**。要之皆是圣人。**

【注解】（1）尧：帝尧陶唐氏。舜：帝舜有虞氏。（2）汤：商汤，子姓，名履，又名天乙，河南商丘人，汤是契的第十四代孙，主癸之子，商朝开国君主。武：周武王姬发，周文王姬昌与太姒的嫡次子，岐周（今陕西岐山）人。西周王朝开国君主。（3）禹：姒姓，名文命，字（高）密。史称大禹、帝禹，夏朝开国君主。

【述评】朱子曰："尧舜天性浑全，不假修习。汤武修身体道，以复其性。"又曰："性之者，得全于天，无所污坏，不假修为，圣之至也。反之者，修为以复其性，而至于圣人也。"故曰："或生而知之，或学而知之，或困而知之。及其知之，一也。或安而行之，或利而行之，或勉强而行之。及其成功，一也"（《中庸》）。皆可至于圣人也。叶平严曰："文王不识不知，顺帝之则，盖亦生知之性也。禹克勤克俭，不矜不伐，盖亦学能之事也。"

仲尼元气也[(1)]。**颜子春生也**[(2)]。**孟子并秋杀尽见**[(3)]。

【注解】（1）元气：天地本原之气，是产生和构成天地万物的原始物质，是阴阳二气混沌未分的实体。（2）春生：犹如春天风和日丽，万物复苏，生意盎然的祥和气象。（3）并秋杀尽见：春生与秋杀气象全都展现出来了。秋杀：秋气渐寒，有刑杀气象。

【述评】叶平严曰："夫子大圣之资，犹元气周流，混沦溥博，无有涯涘，罔见间隙。颜子亚圣之才，如春阳盎然，发生万物，四时之首，众善之长也。孟子亦亚圣之才，刚烈明辨，整齐严肃，故并秋杀尽见。"

仲尼无所不包。颜子示"不违如愚"之学于后世[(1)]，**有自然之和气，不言而化者也**[(2)]。**孟子则露其才，盖亦时焉而已**[(3)]。

【注解】（1）不违如愚：无所疑问，好像有点愚笨。（2）不言而化：不用再说什么，人们就都受到教化了。（3）时焉：当时的习俗。

【述评】叶平严曰："夫子道全德备，故无所不包。颜子不违如愚，与圣人合德，后世可想见其自然和气，默而成之，不言而信者也。孟子英才发越，盖亦战国之时，世道益衰，异端益炽，又无夫子主盟于其上，故其卫道之严，辩论之明，不得不然也。"

仲尼天地也[(1)]**；颜子和风庆云也**[(2)]**；孟子泰山严严之气象也**[(3)]。观其言，皆可见之矣。

【注解】（1）天地也：如天之高明，若地之博厚。（2）庆云：五色祥云。古人以为喜庆、吉祥之气。（3）泰山严严：如泰山之峻极而不易逾越。

仲尼无迹，颜子微有迹，孟子其迹著。

【述评】叶平严曰："夫子浑然天成，故无迹。颜子不违如愚，本无迹，然为仁之问，喟然之叹，犹可窥测其微。至于孟子，则发明底蕴，故其迹彰彰。"

孔子尽是明快人[(1)]**，颜子尽岂弟**[(2)]**，孟子尽雄辩**[(3)]。

【注解】（1）明快：光明灿烂，明白流畅，办事果断。（2）岂弟：和乐平易而厚道。（3）雄辩：雄健的辩论，谓谈论具有说服力。

【述评】叶平严曰："夫子清明在躬，犹青天白日，故极其明快。颜子有若无，实若虚，犯而不校，故极其岂弟。孟子息邪说，距诐行，放淫辞，故极其雄辨。"

曾子传圣人学，其德后来不可测，安知其不至圣人⁽¹⁾？如言"吾得正而毙⁽²⁾"，且休理会文字，只看他气象极好⁽³⁾，被他所见处大⁽⁴⁾。后人虽有好言语，只被气象卑，终不类道⁽⁵⁾。

【注解】（1）安知：怎么会知道。（2）吾得正而毙：我要死得合乎正礼（见曾子易箦《礼记·檀弓上》）。（3）气象：魄力气度。（4）所见处大：曾子悟一贯之旨，已经学得圣人之大道。（5）类道：与道相像。

【述评】曾子真诚笃实，执守简约。每日三省其身，唯恐言行有失而如临深渊，如履薄冰。终生以仁为己任，习行不止，死而后已。观其得正而毙之言，在生死之际，其气象从容如此。非造道深达天德者，不可能有这样的从容豁达。

传经为难⁽¹⁾。如圣人之后才百年，传之已差⁽²⁾。圣人之学，若非子思、孟子，则几乎息矣。道何尝息，只是人不由之。道非亡也⁽³⁾，幽厉不由也⁽⁴⁾。

【注解】（1）传经：传授圣人经书，指《五经》《四书》。（2）传之已差：如荀子曾学于孟子而其言行悖谬不经，偏离了圣人之道。（3）道非亡也：人生固有人所当行之道。（4）幽厉：周朝的亡国之君周幽王和周厉王。

【述评】天有天道，地有地道，人生自有人所当行之道。但受物欲遮蔽不得明。只有读经书能唤醒人的良知而言行复归于道。国君不行于道则有亡国杀身之祸。人不行于道则秩序混乱，强凌弱，众暴寡，尔虞我诈，人人不得安宁。若能宣教化，兴礼乐，引导人民尊德乐道而可望天下太平。

荀子才高⁽¹⁾，其过多。扬雄才短⁽²⁾，其过少。

【注解】（1）荀子：名况，字卿，战国末期赵国人，曾三次出任齐国稷下学宫的祭酒，后为楚兰陵令。在人性问题上，提倡性恶论。（2）扬雄：字子云，西汉官吏、学者。西汉蜀郡成都人。

【述评】才高而德不配，违正理妄图标新立异，其过必多。

荀子极偏驳⁽¹⁾，只一句"性恶"⁽²⁾，大本已失。扬子虽少过，然已自不识性⁽³⁾，更说甚道。

【注解】（1）偏驳：偏离正道而失掉纯正。驳：不纯净，杂乱。（2）性：本性。（3）不识性：未能真正认识人的天性。

【述评】"荀与杨也，择焉而不精"（《原道》）。未知君子之大道也，其所法之后王，是仁德不施，严刑峻法控制百姓，争地争城战争频频，置百姓于水深火热而不顾的后王。《荀子·非相》曰："彼后王者，天下之君也。舍后王而道上古（尧、舜、禹、汤、文、武），譬之是犹舍己之君，而事人之君也。"这是与孟子相反，立异以自高，实为违礼背道。"孔子言继善成性，实为孟子性善之说所从出。荀子务与孟子相反，故以性为恶，遂至畔孔子而不恤，于义理本源，全未窥见，故程子谓其大本已失。扬子谓人之性善恶混，正告子湍水之说。扬子不宗孟子，而反有取于告子，其不识性甚矣。道者，率性之谓，以性为善恶混，则亦将以道为善恶混欤？不识性，又安足语道！"（《近思录解义》）

董仲舒曰："正其义[(1)]**，不谋其利**[(2)]**，明其道**[(3)]**，不计其功**[(4)]**。"此董子所以度越诸子**[(5)]。

【注解】（1）正其义：以礼义端正自己。正：合于礼法、原则。义：公正合宜的道德、道理或行为。（2）不谋其利：君子爱财，取之有道，不仅仅只为获利而谋事做事，该做的事不遗余力，仅取其理所应得而已。谋：图谋。（3）明其道：努力张扬阐明天下正道。（4）不计其功：只按原则办事，不计较可否获得功名。（5）度越：犹超过。

【述评】叶平严曰："自春秋以来，举世皆趋功利，仲舒此言，最为醇正。"

汉儒如毛苌、董仲舒(1)**，最得圣贤之意。然见道不甚分明**(2)**，下此即至扬雄，规模又窄狭矣**(3)**。**

【注解】（1）毛苌：西汉赵（今河北省邯郸市鸡泽县）人，古文诗学"毛诗学"的传授者，世称"小毛公"，为河间献王博士。今天我们读到的《诗经》，就是汉学大儒毛亨、毛苌传承的"毛诗"。（2）见道不甚分明：朱子评论董仲舒论述性命的言语"似不识性善模样"（《近思录解义》卷十四）。（3）又：更进一层。窄狭：心胸、气量、见识等不宽广。

林希谓扬雄为禄隐(1)**。扬雄，后人只为见他著书，便须要做他是，怎生做得是？**

【注解】（1）林希：宋代官员。禄隐：在官食禄不勤政事，依禄自隐。

【述评】夏灵峰先生曰："扬子黾勉莽（王莽）贤之间，畏死而不敢去，恶得为有道之士。"又曰："《法言》澀（同涩）而晦，《太玄》劳而拙，拟圣贤以博名誉，内怀躁竞（急于进取而争竞），外示恬退（淡于名利，安于退让）。冯道（历事四朝十帝，期间还向辽太宗称臣）之先导欤？"

孔明有王佐之心(1)**，道则未尽。王者如天地之无私心焉，行一不义而得天下不为。**

【注解】 （1）孔明：诸葛亮，字孔明，号卧龙，汉族，徐州琅琊阳都（今山东临沂市沂南县）人，三国时期蜀汉丞相，杰出的政治家、军事家、散文家、书法家、发明家。在世时被封为武乡侯，死后追谥忠武侯，后世称为诸葛武侯。东晋政权因其军事才能特追封他为武兴王。其散文代表作有《出师表》《诫子书》等。曾发明木牛流马、孔明灯等。诸葛亮一生"鞠躬尽瘁、死而后已"，是中国传统文化中忠臣与智者的代表人物。

【述评】 陈寿："诸葛亮之为相国也，抚百姓，示仪轨，约官职，从权制，开诚心，布公道。尽忠益时者虽仇必赏，犯法怠慢者虽亲必罚，服罪输情者虽重必释，游辞巧饰者虽轻必戮。善无微而不赏，恶无纤而不贬。庶事精练，物理其本，循名责实，虚伪不齿。终于邦域之内，咸畏而爱之。刑政虽峻 而无怨者。以其用心平，而劝戒明也。可谓识治之良才，管、萧之亚匹矣。"

诸葛武侯(1)**，有儒者气象。孔明庶几礼乐**(2)**。**

【注解】 （1）诸葛武侯：诸葛亮。（2）庶几礼乐：差不多可以重建起古代优秀的礼乐教化。

【述评】 文仲子曰："使孔明而无死，礼乐其有兴乎！"张范卿师公曰："武侯娶妇得丑女，有清心寡欲之功，此兴礼乐之本也。出师讨贼，名正言顺。使天假之年，必能灭魏斩睿，兴复汉室，修明政刑，人心豫服，事得其序，物得其和，以兴礼乐庶几乎！"

文中子本是一隐君子⁽¹⁾，世人往往得其议论，附会成书，其间极有格言，荀、扬道不到处⁽²⁾。

【注解】（1）文中子：王通（584～617），字仲淹，号文中子，河东郡龙门县通化镇（今山西万荣县通化镇）人，隋朝著名教育家、思想家。主要著作有《续六经》《中说》。（2）道：说；用语言表达思想。

【述评】朱子说："王通极开爽，说得广阔。缘他于事上讲究得精，故于世变兴亡，人情物态，更革沿袭，施为作用，先后次第，都晓得。识得个仁义礼乐都有用处，若用于世，必有可观。只可惜不曾向上透一著，于大体处有所欠阙，所以如此。若更晓得高处一著，那里得来！只细看他书，便见他极有好处。非特荀、扬道不到，虽韩退之也道不到。"

韩愈亦近世豪杰之士⁽¹⁾。如《原道》中语言虽有病，然自孟子而后，能将许大见识寻求者，才见此人。至如断曰："孟子醇乎醇。"又曰："荀与扬，择焉而不精，语焉而不详。"若不是他见得，岂千余年后，便能断得如此分明。

【注解】（1）韩愈：（768～824），字退之，唐代著名文学家、哲学家、思想家、政治家，河南河阳（今河南焦作孟州市）人，世称韩昌黎，谥号"文"，又称韩文公，唐宋八大家之首。穆宗时历任国子祭酒、兵部侍郎、吏部侍郎、京兆尹兼御史大夫。政治上，反对藩镇割据，宪宗元和时曾积极参加讨伐淮西叛藩吴元济的战争，任裴度的行军司马。思想上，崇奉儒学，力排佛老。文学上，反对魏晋以来的骈文，主张学习先秦两汉的散文语言。主张文以载道，开辟了唐宋以来古文的发展道路。有"文章巨公"和"百代文宗"之名，作品都收在《昌黎先生集》里。宋人苏轼对他推崇备至，称他立下"文起八代之衰，道济天下之溺，忠犯人主之怒，而勇夺三军之帅"的丰功伟绩。

【述评】 薛敬轩曰："唐之韩子，乃孟子以后，绝无仅有之大儒。""当韩子之时，异端显行，百家并昌。孰知尧、舜、禹、汤、文、武、周公、孔、孟为相传之正统，又孰知孟轲没而不得其传，又孰知仁义道德合而言之，又孰知性有五而情有七，又孰知孟子之功不在禹下，又孰敢排斥释氏，濒于死而不顾。若此之类，大纲大节，皆韩子得之遗经，发之身心，见诸事业。而伊洛诸儒之所称许而推重者也。"

学本是修德[1]，有德然后有言。退之却倒学了。因学文日求所未至，遂有所得。如曰："轲之死[2]，不得其传。[3]"似此言语，非是蹈袭前人[4]，又非凿空撰得出，必有所见[5]。若无所见，不知言所传者何事？

【注解】 （1）修德：修养德行。（2）轲：孟子名轲。（3）不得其传：没有得到传承圣人道统的人（见韩子《原道》）。（4）蹈袭：沿袭；沿用。（5）有所见：有明白的见解，这里是指对圣人之道的认识。

【述评】 修养德行，行善积德。就是通过学习、克制、整饰，使自己的言行趋于完善纯正。言语行动时时处处达到良善纯正而成为习惯，是行道而有得于心，积累成良善纯正的美德，称为修德。

周茂叔胸中洒落[(1)]**，如光风霁月**[(2)]**。其为政精密严恕**[(3)]**，务尽道理。**

【注解】 （1）洒落：爽快利落，潇洒，飘逸，豁达。（2）光风霁月：形容雨过天晴时万物明净的景象，这里比喻人品高洁，胸襟开阔。（3）精密严恕：精确细密，严肃而宽容。

【述评】 濂溪先生为政精密严恕，公正无私，清正廉洁，富有正义感和同情心。他不改本色，傲骨丹青，正气凛然，淡于名利，不趋炎附势，不追求荣华富贵，尽心尽力做清官，具有伟大的人格。

第二篇　程明道先生行状

伊川先生撰明道先生行状曰[(1)]：先生资禀既异[(2)]，而充养有道[(3)]，纯粹如精金[(4)]，温润如良玉，宽而有制[(5)]，和而不流[(6)]，忠诚贯于金石，孝悌通于神明，视其色，其接物也，如春阳之温，听其言，其入人也如时雨之润，胸怀洞然[(7)]，彻视无间，测其蕴，则浩乎若沧溟之无际，极其德[(8)]，美言盖不足以形容。

【注解】（1）行状：也称为"事略"，是叙述死者世系、生平、生卒年月、籍贯、事迹的文章。（2）资禀：天资，禀赋。天资，与生俱来的资质。禀赋：人的品性、智力、体魄等方面的整体素质。（3）充养有道：用圣人之道涵养心性。（4）精金：精炼的金属，亦指纯金。（5）宽而有制：宽容大度而又有节制，不放纵。（6）和而不流：以和顺的态度待人处事，但不随波逐流，不放弃原则。（7）洞然：心地坦白通达的样子。（8）极其德：穷究他的高尚品德。

【述评】此节叙述明道先生资禀纯粹，涵养浑厚。

先生行己⁽¹⁾，内主于敬，而行之以恕⁽²⁾，见善如出诸己⁽³⁾，不欲弗施于人⁽⁴⁾，居广居而行大道⁽⁵⁾，言有物而动有常⁽⁶⁾。

【注解】（1）行己：持守自己的言行；谓立身行事。（2）恕：推己以及人；己所不欲，勿施于人。（3）见善如出诸己：如同自己应有的善心善行。（4）施于人：施加给别人。（5）广居：宽大的居住场所，这里指居仁由义，"仁，人之安宅也，义，人之正路也"（《孟子》）。大道：圣人之道，是人人都应该修行的阳关大道。（6）言有物：说话有事实根据。动有常：行动有准则和规矩。

【述评】 胡文定公与子书曰："立志以明道、希文自期待，立心以忠信不欺为主本，行己以端庄清慎见操执，临事以明敏果断辨是非。又谨三尺，考求立法之意而操纵之，斯可以为政，不在人后矣。"君子之学，学圣贤之言语、行迹，学为圣贤。此行状，真实叙述程子生平事迹，学者当言其言，行其行，变大贤言行为生活习惯，过则圣，及则贤，不及则亦不失于令名。

见到别人的善心善行，则学为己有，如同自己有这样的善心善行，言其为善之勇。把自己的善心善行施加给别人，让别人也有同样的善心善行，是己欲立而立人，己欲达而达人也。孟子曰："居天下之广居，立天下之正位，行天下之大道。得志与民由之，不得志独行其道。"明道先生所以为纯儒大贤也!

先生为学⁽¹⁾，自十五六岁时，闻汝南周茂叔论道⁽²⁾，遂厌科举之业⁽³⁾，慨然有求道之志⁽⁴⁾，未知其要，泛滥于诸家⁽⁵⁾，出入于老释者几十年⁽⁶⁾，返求诸六经⁽⁷⁾，而后得之⁽⁸⁾。

【注解】(1) 为学：做学问；学习。(2) 论道：讲论道德，阐明人所当行的道路。(3) 科举之业：以考取功名为专攻业务，往往背离为人之道。科举：隋唐以来设科取士而定期举行的考试。(4) 求道：寻求人所以为人的正确道路。(5) 泛滥于诸家：广泛研究各家学说。泛滥：博览而沉浸其中。(6) 老释：老子道教，释迦牟尼佛教。(7) 六经：《易经》《书经》《诗经》《礼经》《乐经》《春秋》。(8) 得之：得到了以中正仁义修身、齐家、治国、平天下的圣人之道。

【述评】明道先生师从周濂溪学习孔孟之道，又广泛研究各家学说，研究佛教、道教学说，最后还是从儒家的《六经》中悟通了人生大道，成为一代硕儒贤师。朱子《大学》序曰："及孟子没而其传泯焉，则其书虽存，而知者鲜矣!""天运循环，无往不复。宋德隆盛，治教休明。于是河南程氏两夫子出，而有以接乎孟氏之传。"

明于庶物⁽¹⁾，察于人伦⁽²⁾。知尽性至命⁽³⁾，必本于

孝弟。穷神知化⁽⁴⁾，由通于礼乐⁽⁵⁾。

【注解】（1）明于庶物：洞明万事万物发展变化的原理。（2）察：仔细看，以尽识其中详细的道理。人伦：人的五伦关系。（3）尽性至命：完全恢复人的良善本性，完成天所禀授给人的明命。（4）穷神知化：穷究事物的神妙，了解事物的变化。（5）通于礼乐：精通于礼乐修养。

【述评】程明道先生洞明孝悌是为人的根本，能孝能弟，才能逐步恢复人的良善本性，完成天所禀授给人的明命。要想穷究事物的神妙，知道事物的变化，必须立于礼而不为事物所摇夺。和于乐以养其性情，荡涤其邪秽，消融其渣滓，以至于义精仁熟。

辨异端似是之非，开百代未明之惑，秦汉而下，未有臻斯理也⁽¹⁾。

【注解】（1）未有臻斯理也：没有人（像程子那样）达到过这样高深的学理。

【述评】"释氏之学，有见于心之灵觉，无见于心之义理。辨异端者，须就心性隐微处，剖析分明，方足以知其似是之非。若仅就事理显处别禅与儒，则不待程朱而能之矣。"（《近思录解义·圣贤气象》）

谓孟子没而圣学不传，以兴起斯文为己任⁽¹⁾。其言曰：道之不明，异端害之也(2)，昔之害(3)，近而易知；今之害，深而难辨(4)；昔之惑人也，乘其迷暗(5)；今之入人也，因其高明。

【注解】 （1）斯文：此文。斯：此。文：礼乐制度。这里指中正仁义、修身齐家治国平天下的圣人之道。为己任：把复兴圣人之道作为自己应该完成的任务而终身努力。（2）异端：指杨墨、佛老。（3）昔之害：杨朱、墨翟、申不害、韩非的危害。（4）深而难辨：隐微深沉，似是而非，很难辨识。（5）迷暗：迷惑暗昧。

【述评】 叶平岩曰："昔之害，杨、墨、申、韩是也。今之害，佛老是也。浅近故迷暗者为所惑，深远故高明者陷其中。"

自谓之穷神知化(1)，而不足以开物成务(2)，言为无不周遍，实则外于伦理(3)，穷深极微，而不可以入尧舜之道(4)。天下之学非浅陋固执(5)，则必入于此(6)。自道之不明也，邪诞妖妄之说竟起，涂生民之耳目，溺天下于污浊(7)，虽高才明智，胶于见闻，醉生梦死，不自觉也。是皆正路之蓁芜(8)，圣门之蔽塞(9)，辟之而后可以入道。

【注解】（1）穷神知化：通达神明之德，知晓变化之道。（2）开物成务：揭示出事物极其深奥微妙的原理和变化规律，使天下最微奥、最动变的事，都有典章可循，拟议以处其事，以成就事业。(3) 伦理：五伦中的道理，事由人起，万事都不可能脱离五伦中的道理。(4) 不可以入尧舜之道：外于伦理就脱离了尧舜之道。(5) 浅陋固执：见识贫乏、浅薄；坚持己见，不肯改变。(6) 入于此：指进入"异端"。(7) 溺：淹没。污浊：卑劣鄙陋的社会环境。(8) 蓁芜：杂乱丛生的草木。(9) 蔽塞：遮蔽堵塞。

【评述】邪说是遮蔽堵塞圣人门户的杂草污物，必须清除异端流弊，摒弃浅陋固执，诚心去恶向善，走上圣人指示的为人之道。

先生进将觉斯人⁽¹⁾**，退将明之书**⁽²⁾**，不幸早世，皆未及也。其辨析精微，稍见于世者，学者之所传耳**⁽³⁾。

先生之门，学者多矣，先生之言，平易易知，贤愚皆获其益，如群饮于河，各充其量⁽⁴⁾。

【注解】(1) 觉：醒悟，这里指唤醒。(2) 明之书：著书阐明圣人之道。(3) 学者之所传：是学生对程子的言行记录。(4) 各充其量：学生各以自己的智力，尽力吸纳先生传播的知识、道德。

【述评】程子门生辑录程子言行及文稿为《二程遗书》《二程外书》《程明道先生文集》《程明道先生语》等著作，成为后世学者进德修业的言行典范，义理经典。

先生教人，自致知至于知止[1]，诚意至于平天下[2]。洒扫应对[3]，至于穷理尽性[4]，循循有序。病世之学者[5]，舍近而趋远，处下而窥高，所以轻自大，而卒无得也。

【注解】（1）致知：达到完善的认知、理解，欲其所知无不尽也。知止：知道自己所当止的地方（要达到的境界），即至善之所在。（2）诚意：心意真诚，使心意所发，真实无妄，是做人的首要功夫。平天下：致天下为和谐安宁的太平盛世。（3）洒扫应对：洒水扫地让长者清净居处；和颜柔声应对，使长者心情舒畅。真心诚意侍奉亲长是涵养心性、修身成德而不可不做的基本功。（4）穷理尽性：穷究事物的根本原理，彻底洞明人类的心性。（5）病：担忧。

【述评】教导学生，从"扩展知识"到"懂得必须达到至善境界，"从"意念真诚"到"平治天下"，从"洒水扫地和有礼貌地回答长者"到"穷尽万物之理和充分发扬善良本性"，一步一步地有先后次序。担心学者厌弃低下浅近的东西而追求高明深远的东西，最终无所成就。程子去世，士大夫不管认识还是不认识他，没有一个不悲伤的。

先生接物[1]，辨而不间[2]，感而能通，教人而人易从，怒人而人不怨[3]，贤愚善恶，咸得其心，狡伪者献其诚，暴慢者致其恭，闻风者诚服，观德者心醉[4]，虽小人以趋向之异，顾于利害，时见排斥，退而省其私，未有不以先生为君子也。

【注解】（1）接物：接触外物；与人交往，交际。（2）辨而不间：明辨是非而不疏远。（3）怒人而人不怨：人有大过，恼怒责备，而被责备者不怨恨，因知己有过而敬重程子指正也。（4）觌德者心醉：见他品德的人无不心悦诚服。觌：见。醉：陶醉；极端爱好。

【述评】叶平岩说："先生以议新法不合，遂遭排斥，然当时用事者，亦曰伯淳（程子）忠信人也。则其言行之懿，有不可诬者。"大德之人，有威可畏，有仪可像，人皆乐意接近，敬畏而爱戴他，以为榜样而学习他。故能带动周围的人去伪存真，去恶存善。孟子曰："君子居是国也，其君用之，则安富尊荣；其子弟从之，则孝弟忠信。"是说君子安邦、新民的功用无处不在。可惜执政悖拗，刚愎自用，陷溺深沉，不移其错拗而败国运，此乃舍正道而求立异，弱民以富国之过也。

先生为政[1]，治恶以宽[2]，处烦而裕[3]，当法令繁密之际[4]，未尝从众为应文逃责之事[5]。人皆病于拘碍[6]，而先生处之绰然[7]。众忧以为甚难，而先生为之沛然[8]。虽当仓卒，不动声色，方监司竞为严急之时[9]，其待先生，率皆宽厚[10]。设施之际，有所赖焉。

【注解】（1）为政：执掌国政；治理国家。（2）治恶以宽：用宽厚仁爱治理犯罪，使其乐于改过。（3）处烦而裕：理明行修，处理繁杂事务如轻车熟路一样轻松宽裕。（4）当法令繁密之际：遇到法令繁杂密集的时候。（5）未尝从众为应文逃责：合情合理地详细处置所有事务，不为逃避责任而虚报应付公文。（6）拘碍：束缚阻碍。（7）绰然：宽舒坦然。（8）沛然：行动迅速的样子。（9）严急：严酷急迫。（10）率皆宽厚：一般都很宽容厚道。

【述评】 圣贤执法，宽严相济，宽松为主，使民舒展性情，生发理智，有足够的自由度以向善趋义。久宽则奸未全禁，于是继之以严，以纠正不行于人道者，使其有所畏惧而改邪归正，以正其社会秩序。叶平岩曰："法令峻密，而先生未尝为苟且应命之事，然处之有道，故不见其碍。为之有要，故不见其难。"又曰："忠信恳恻，足以感人，故不徇时好，而得随其所为。"是说明道先生行道有得，智识高远，品德敦厚，有超人的执政能力和感召能力。

先生所为纲条法度(1)**，人可效而为也。至其道之而从**(2)**，动之而和，不求物而物应，未施信而民信，则人不可及也。**

【注解】（1）为纲条法度：制定的纲领条目和纪律制度。（2）道：引导。

【述评】明道先生德高望重，爱民如子，受人景仰，故有物应民信效应。

明道先生曰：周茂叔窗前草不除去[1]，问之，云与自家意思一般。

【注解】（1）周茂叔：周敦颐，字茂叔，号濂溪。

【述评】叶平岩曰："天地生意流行发育，惟仁者生生之意充满胸中，故观之有会于胸，而云与自家意思一般也。"草不除去，不忍夺其生机，且能时时观察其顺乎时序，生机盎然，欣欣向荣。不失时机地生而长，长而茂，茂而花，花而实的生命活力，展现着天地生生不息之仁。其籽实完备生生机理，如麦仁、杏仁、枣仁、草籽仁。皆能待春而生，顺遂天时健行，至秋而又成其仁（籽粒）。于此羡慕万物识时，感悟造化玄妙，警吾行修，资吾德成。这就是朱子所谓的"在即物而穷其理也"。之后诟病此说者，未之察识，或未真实用功于穷理尽性也夫？

谢显道云：明道先生坐如泥塑人[1]，及至接人[2]，则浑是一团和气。

【注解】（1）如泥塑人：言其精神内聚，体正身直，安详沉稳。（2）接人：与人接触；共事。

【述评】"坐如泥塑，是静时气象；接人一团和气，

是动时气象。而所以涵养未发之中，与夫发皆中节之和，均可于此想见。"（《近思录解义·圣贤气象》）

侯师圣云[1]：朱公掞见明道于汝[2]，归谓人曰："光庭在春风中坐了一个月[3]。"游杨初见伊川[4]，伊川瞑目而坐，二子侍立。顾谓曰："贤辈尚在此乎，日既晚，且休矣。"及出门，门外之雪深一尺[5]。

【注解】（1）侯师圣：侯仲良，字师圣，宋理学学者，祖籍太原盂县，华阴人。他一生论讲经学，通贯不穷，著有《论语说》和《雅言》。（2）朱公掞：朱光庭，字公掞，河南偃师人。北宋哲学家程子的门人。嘉祐二年登进士第，终集贤院学士、知潞州。汝：汝州。（3）春风中坐：像置身于春风中一样；比喻受到良好的教育熏陶。（4）游杨：游酢、杨时。游酢：字定夫，建州建阳人。二程弟子，第进士，召为博士，监察御史。杨时：字中立，号龟山，祖籍弘农华阴（今陕西华阴东），南剑将乐人。北宋哲学家、文学家、官吏。熙宁九年进士，工部侍郎、以龙图阁直学士专事著述讲学。先后学于二程子，同游酢、吕大临、谢良佐并称程门四大弟子。又与罗从彦、李侗并称为"南剑三先生"。晚年隐居龟山，学者称龟山先生。（5）雪深一尺：见"程门立雪"的故事。

【述评】此见大贤德性境界及学者尊师之诚敬。

刘安礼曰[(1)]：明道先生，德性充完[(2)]，粹和之气[(3)]，盎于面背[(4)]，乐易多恕[(5)]，终日怡悦，立之从先生三十年，未尝见忿厉之容[(6)]。

【注解】（1）刘安礼：刘立之，字安礼，程明道先生弟子。（2）德性充完：力行善道，至诚品德充满积实而完美。（3）粹和之气：面色清和润泽的样子。粹和：精纯和美。（4）盎于面背：指善美德性自然流露于外，而有温润之貌，敦厚之态。指有德者的仪态。盎：显现。（5）乐易多恕：和乐平易宽容。（6）忿厉：愤怒严肃。

【述评】 叶平岩曰："先生质之美，养之厚，德之全，故其粹然发见，从容岂弟如此。百世之下，闻之者，鄙夫宽，薄夫敦，而况于亲炙之者乎！"

吕与叔撰明道先生哀词云[(1)]："先生负特立之才[(2)]，知大学之要[(3)]，博文强识[(4)]，躬行力究[(5)]；察伦明物[(6)]，极其所止[(7)]，涣然心释[(8)]，洞见道体[(9)]。其造于约也[(10)]，虽事变之感不一，知应以是心而不穷[(11)]。虽天下之理至众，知反之吾身而自足。其致于一也，异端并立而不能移，圣人复起而不与易。

【注解】（1）吕与叔：吕大临，字与叔。哀词：用来哀悼、纪念死者的文章。（2）特立之才：谓志行高洁，才能卓著，不随波逐流。 （3）大学之要：学习

《大学》的关键、要领。（4）博文：博学于文，通晓古今文献。强识：有超强的记忆能力和识辨能力。（5）躬行：亲身实行。力究：尽全力探求研究。（6）察伦：仔细观察考究人与人之间伦理关系中所蕴藏的深刻道理。明物：明识事物的道理。（7）极其所止：到达了他应该达到的顶点。（8）涣然：比喻疑问、困顿等全部消除。（9）洞见道体：很清楚地见到了道的本体、道的主旨。（10）造：往某地去。约：简约。（11）应：对待，应对。

【述评】明事物之理，通变化之道，则知事变虽殊而道贯于一，以贯一之理，通权达变以随时合宜应对事物，故能"不穷"。

其养之成也[1]，和气充浃[2]，见于声容。然望之崇深，不可慢也。遇事优为从容不迫，然诚心恳恻[3]，弗之措也[4]。其自任之重也，宁学圣人而未至，不欲以一善成名。宁以一物不被泽为己病[5]，不欲以一时之利为己功。其自信之笃也，吾志可行，不苟洁其去就[6]。吾义所安，虽小官有所不屑[7]。"

【注解】（1）养之成：涵养德行至于义精仁熟。（2）充浃：充实融洽。（3）恳恻：诚恳悯怜。（4）弗之措也：合宜处理，不弃置休废。（5）被泽：蒙受恩泽。（6）不苟洁其去就：不只为洁身自好而确定自己的去留。（7）有所不屑：不嫌弃卑小。屑：细小。

【述评】叶平岩曰："志若可行，不洁其去以为高。义择所安，亦不屑于就以自卑。"叶平岩：叶采，字仲圭，号平岩。南宋时期官员，福建人。累官翰林学士兼侍讲。主要著作为《近思录集解》《暮春即事》。

朱子明道先生赞曰："扬休山立[1]，玉色金声[2]，元气之会，浑然天成。瑞日祥云[3]，和风甘雨，龙德正中，厥施斯普[4]。"

【注解】 （1）扬休：如阳气生养万物。扬，通"阳"。休：养息。山立：伫立像高山一样屹立不动。（2）玉色：容色如同美玉一样温润。金声：声如金石，洪亮清肃。（3）瑞日祥云：像吉祥的太阳，祥和的云彩。（4）厥施斯普：他的美德施予已经很普遍。

【述评】明道先生德纯行修，如春阳和煦，如高山屹立，如美玉温润，如金声清肃。元气会聚，浑然天成，如瑞日祥云、和风甘雨普施于物。《周易卦解》曰："龙见地上，虽未飞跃而泽已及物。如圣人虽不在君相之位，而至诚动人，所过者化，其德施已普于物也。"这就是明明德、亲民、至于至善的功用。

上　程明道先生行状　凡十九章

第三篇　伊川先生《颜子好学论》

夫诗书六艺[(1)]**，七十子非不习而通也**[(2)]**。而夫子独称颜子为好学。颜子之所好，果何学欤？曰：学以至乎圣人之道也**[(3)]**。**

【注解】（1）诗书：指六经，即《易经》《书经》《诗经》《礼经》《乐经》《春秋》。六艺：六种艺术。①礼：吉、凶、军、宾、嘉五礼。②乐：古代最早的礼仪性乐舞，有云门（黄帝乐舞）、咸池（尧乐舞）、大韶（舜乐舞）、大夏（禹乐舞）、大濩（汤乐舞）、大武（武王乐舞）。③射：五种射法：白矢、参连、剡注、襄尺、井仪。④御：六种驾驶技术：鸣和鸾、逐水曲、过君表、舞交衢、逐禽左、临阵驱。⑤书：六书，象形、会意、转注、指事、假借、谐声。⑥数：九章算法：方田、粟布、衰分、少广、商功、均输、盈朒、方程、勾股九种算数的方法。（2）七十子：孔子门下弟子三千多人，最贤能的弟子七十二人。（3）圣人之道：是执中守正以正心修身自明其明德，居仁由义以齐家治国平天下。平天下是圣人之道的最高境界，就是把天下治理成为幸福安宁和乐的太平盛世。

【述评】濂溪先生曰："圣人之道，仁义中正而已矣。"朱子曰："仁义中正，同乎一理者也。"皆理之出也，道也。仁者，本心之全德，爱之理也。天德之元赋于人者为仁，仁统四端兼万善。

学之道奈何$^{(1)}$？曰：天地储精，得五行之秀者为人。其本也，真而静$^{(2)}$。其未发也，五性具焉$^{(3)}$。曰：仁、义、礼、智、信。

【注解】 （1）学之道：学习圣人之道的方法。（2）真而静：人的本性真诚宁静。（3）五性具焉：五常德性"仁、义、礼、智、信"全备于心。

【述评】颜、曾、思、孟，学而至圣，无不由真诚宁静以持守，学问思辨以择善，固执笃行以成仁。

形既生矣，外物触其形$^{(1)}$，而动其中矣$^{(2)}$。其中动而七情出焉。曰："喜、怒、哀、惧、爱、恶、欲。"情既炽而益荡$^{(3)}$，其性凿矣$^{(4)}$。是故觉者约其情使合于中$^{(5)}$，正其心，养其性而已$^{(6)}$。然必先明诸心$^{(7)}$，知所往$^{(8)}$，然后力行以求至焉。

【注解】（1）外物触其形：外界事物接触到人身感觉器官。（2）动其中：触动心性。（3）炽而益荡：心性发于外为情感，情感旺盛而不阻止，则情失其正而欲动情胜，利害相攻，日益放荡不羁，偏离人生正道。（4）性凿：真而静的本性受到穿凿损伤。（5）觉者约其情使合于中：觉悟圣人之道的人，能够自我约束，使情感合乎中正。（6）养其性：纯正其心以涵养本性，使道之实体备于己而不离，情发于性而无不合宜。（7）先明诸心：通过致知格物功夫，先学明白事物道理。（8）知所往：知道自己应该到达的至善之地。

【述评】只有通过格物致知功夫，学明白了事物道理、原理，就能知几知微，明辨是非，就会处事不迷而知所向往。

若颜子之非礼勿视听言动⁽¹⁾，不迁怒贰过者⁽²⁾，则其好之笃，而学之得其道也。然其未至于圣人者，守之也，非化之也⁽³⁾。以其好学之心，假之以年，则不日而化矣。今人乃谓圣本生知，非学可至，而所以为学者，不过记诵文辞之间⁽⁴⁾，其亦异乎颜子之学矣。

【注解】（1）非礼勿视听言动："颜渊问克己复礼之目。夫子曰：'非礼勿视，非礼勿听，非礼勿言，非礼勿动。'四者身之用也。由乎中而应乎外，制于外所以养其中也"（《论语集注·先进》）。（2）不迁怒：怒于甲者不移怒气于乙。贰过：同样的过错不重犯第二次。（3）化：变者化之渐，化者变之成，化是质变，突尔而化，迥异于昔。（4）记诵文辞：默记背诵，专务作文章修词语。

【述评】《颜子好学论》是伊川先生初入太学时所作。他开宗明义地指出，颜子一生追求研习的，是达到圣人的道德和境界。继而指出，圣人的道德和境界是可以通过学习达到的。那么什么是圣人的道德境界呢？就是五常之性"仁、义、礼、智、信"全具于心，真而静，中正诚实，则圣矣。颜子的行迹，为后世揭示出了学习圣人之道的最佳方法。只有像颜子那样，"非礼勿视听言动，不迁怒贰过"，才是学达圣人境界的正确道路。学习次序应该先通过格物致知功夫，学明白事物道理，才能知道自己应该达到的至善标的，然后力行以求至于圣人的道德境界。

执掌太学的胡安定先生读了《颜子好学论》后，当即约见程伊川，授予他"处士"身份。一篇文章，使伊川先生以弱冠之年的儒生，登上了堂堂太学的讲坛，开始在京师授徒讲学。

第四篇　伊川先生《上仁宗皇帝书》

　　草莽贱臣程颐谨昧死再拜上书皇帝阙下[(1)]。臣伏观前古圣明之主，无不好闻直谏，博采刍荛[(2)]。故视益明，而听益聪，纪纲正而天下治[(3)]。昏乱之主，无不恶闻过失[(4)]，忽弃正言。故视益蔽，而听益塞，纪纲废而天下乱。治乱之因，未有不由是也。伏惟陛下德侔天地[(5)]，明并日月，宽慈仁圣，自古无比。曷尝害一忠臣[(6)]，戮一正士。群臣虽有以言事得罪者，旋复拔擢[(7)]，过其分际。此千载一遇言事之秋也[(8)]。

　　【注解】（1）草莽：指丛生杂草的偏僻乡间。阙下：宫阙之下。借指帝王所居的宫廷。皇祐二年，伊川先生年十八，是未入仕的平民，故以草莽贱臣自称。（2）博采刍荛：广泛采纳百姓的意见和建议。刍荛：割草打柴的人。（3）纪纲正：社会秩序和国家法纪都得到正规施行。（4）恶（wù）闻过失：讨厌听到自己的过错和失误。（5）伏惟：下对上的敬词，多用于奏疏或信函。表示希望，愿望。德侔天地：品德就像天和地一样刚健敦厚。侔：等同。（6）曷尝：用反问的语气表示未曾或并

　　　　　　　　　　　　　　　儒学门径

非。(7) 旋复拔擢：很快又被选拔重用。旋复：回转，回还。拔擢：选拔，提升。(8) 言事之秋：这是千载难逢的为朝廷谏言的良好机遇。

【述评】大宋开国，首重文治。兴教劝学，推崇往圣先贤；实施宽柔政策，爱护生命，严禁杀戮。广开言路，不追究政见不同的谏言，不残害忠臣良士，开创了一代博爱良善风气，使大臣敢于直言进谏，纠正时政利弊。因此，大宋的开明政治，是促成大儒辈出的鼎盛时代。

桀纣暴乱[1]，残贼忠良，然而义士不顾死以尽其节。明圣在上，其仁如天，布衣之士，虽非当言责也，苟有可以裨圣治[2]，何忍默默而不言哉！今臣竭其愚忠，非有斧钺之虞也[3]。所虑进言者至众，岂尽有取，狂愚必多，而陛下因谓贱士之言无适用者，臣虽披心腹[4]，沥肝胆[5]，不见省览，只 (zhǐ) 成徒为[6]，此臣之所惧也。倘或陛下少留圣虑，则非臣之幸，实天下之幸，臣请自陈所学，然后以臣之学，议天下之事。

【注解】(1) 桀纣暴乱：夏桀王、殷纣王是中国历史上有名的暴虐、荒淫的国君。桀：夏朝最后一个君王，名履癸。纣：商朝最后一位君王，名受，人称殷纣王。(2) 裨圣治：补益至善的政治。(3) 斧钺之虞：受重刑的忧患。斧和钺，古代兵器，用于斩刑。(4) 披心腹：揭露出真心诚意。披：揭开。(5) 沥肝胆：用尽全部智慧和力量。沥：水、泪、酒等液体下滴。（6）只成徒为：仅仅成了徒劳无益。

臣所学者，天下大中之道也[1]。圣人性之为圣人[2]，贤者由之为贤者[3]，尧舜用之为尧舜[4]，仲尼述之为仲尼[5]。其为道也至大，其行之也至易[6]。三代以上莫不由之，自秦而下，衰而不振[7]，魏晋之属，去之远甚[8]，汉唐小康，行之不醇[9]。自古学之者众矣，而考其得者盖寡焉[10]。

【注解】（1）大中之道：至大而且中正的道德、道路，即圣人之道，也就是治理国家的王道政治。（2）性之：充分践行刚健、柔顺、五常德行以参天地，赞化育。（3）由之：严格践行于圣人之道。（4）用之：用刚健、柔顺、仁义礼智信治理天下，安定百姓。（5）述之：孔夫子总结、提纯、升华上古文献为《六经》。（6）行之也至易：大道至简，顺应人之常情，和顺于自然法则，合乎道义的言行举止、音容仪则，是人们喜闻乐见的，很容易做到的，故曰至易。（7）衰而不振：不遵循圣人之道，私欲横行而致强凌弱、众暴寡，天下纷乱不宁，民不聊生。（8）去之远甚：违背圣道，离太平盛世的人生环境相距太远。（9）行之不醇：虽然是按照圣人的王道政治治理天下，但执行中不够完全彻底，也就实现不了太平盛世的治世效果。（10）得者：学得了圣人之道的真实奥旨。

【述评】"圣人之道，仁义中正而已矣。"圣人之道的精华，载籍于《五经》《四书》，指导着中华民族的人身修养和社会和谐的治理，维系了中华五千年文明进步。五帝三王，莫不遵循仁政爱民的王道政治，故有长久的天下太平。后世所以有乱世，是一些执政者背弃了圣人之道造成的恶果。如魏、晋、齐、梁及残唐五代，皆背离王道而放纵私欲，致使国乱民困。唐明皇早年勤政爱民而有开元之治，晚年悖礼骄侈而政衰民困，造成八年安史之乱。是故孟子曰："君仁莫不仁，君义莫不义，君正莫不正。一正君而国定矣。"汉、唐、宋、明伐暴救乱，兴学尊贤，创立了开明政治，但因执行王道政治不够完全彻底，也就不能达到太平盛世的治世效果。

道必充于己，而后施以及人，是故道非大成⁽¹⁾，不苟于用，然亦有不私其身，应时而作者也。出处无常⁽²⁾，惟义所在。所谓道非大成，不苟于用，颜回、曾参之徒是也。天之大命在夫子矣⁽³⁾，故彼得自善其身，非至圣人，则不出也。在于平世，无所用者亦然。所谓不私其身，应时而作者⁽⁴⁾，诸葛亮及臣是也。

【注解】（1）道非大成：学道还没有达到圣人的道德境界。（2）出处无常：或出仕任职，或隐退自处，皆因当时的时势需要，没有固定常规。（3）夫子：指孔夫子。（4）应时而作：顺应当时的社会形势需要而参与社会治理。

【述评】 正人先要正己，子曰："其身正，不令而行；其身不正，虽令不从。"表率诚正则从者心悦诚服，是故士人君子为政而政通人和，百废俱兴，因其格致诚正明理笃行以成德，故有齐家、治国、平天下的高才大德。

亮感先主三顾之义⁽¹⁾，闵生民涂炭之苦⁽²⁾，思致天下于三代⁽³⁾，义不得自安而作也⁽⁴⁾。如臣者，生逢明圣之主，而天下有危乱之虞⁽⁵⁾，义岂可苟善其身，而不以一言悟陛下哉！故曰：出处无常惟义所在⁽⁶⁾。臣请议天下之事，不识陛下以今天下为安乎？危乎？治乎？乱乎？乌可知危乱而不思救之之道⁽⁷⁾。

【注解】 （1）三顾：诸葛亮隐居隆中，刘皇叔三次亲临其茅庐，请他参与平定世乱，安抚百姓。（2）涂炭：陷入泥沼，坠入炭火。比喻极其艰难困苦。（3）三代：夏商周三个朝代时期，天下太平，人民过着安宁日子。（4）义不得自安：君子以安定天下为己任，道义上不允许只图自身安宁。（5）虞：忧患。（6）惟义所在：只要是符合道义的事，就应该做。（7）乌可：怎么可以？

如曰安且治矣，则臣请明其未然，方今之势，诚何异于抱火厝之积薪之下⁽¹⁾，而寝其上，火未及然⁽²⁾，因谓之安者乎？书曰[3]："民惟邦本，本固邦宁[4]。"窃惟固本之道，在于安民，安民之道，在于足衣食。今天下民力匮竭[5]，衣食不足，春耕而播，延息以待，一岁失望，便须流亡[6]，以此而言，本未得为固也。臣料陛下仁慈，爱民如子，必不忍使之困苦，一至于是。臣窃疑左右前后，壅蔽陛下聪明[7]，使陛下不得而知。今国家财用，常多不足，不足则责于三司，三司责诸路转运[8]，转运何所出，诛剥于民尔[9]。或四方有事，则多非时配率[10]，毒害尤深，急令诛求，竭民膏血[11]，往往破产亡业，骨肉离散。众人观之，犹可伤痛，陛下为民父母，岂不悯哉[12]！

【注解】（1）厝之积薪之下：把火放到柴堆下面。比喻潜伏着很大危险。厝：放置。薪：柴草。（2）然：同"燃"。燃烧。（3）书：《尚书》。（4）民惟邦本，本固邦宁：人民才是国家的根基，根基牢固，国家才能安宁。（5）匮竭：贫乏以至于枯竭。（6）一岁失望，便须流亡：一岁粮食歉收，就要过乞讨流亡的生活。（7）壅蔽：遮蔽，阻塞。（8）三司：北宋称盐铁、户部、度支为三司，其长官称"三司使"，掌管统筹国家财政。（9）转运：转运使，宋初设专职都转运使和转运使，掌一路或数路财赋，后又兼理边防、治安、钱粮、巡查等，成为居府州之上的行政官职。诛剥：强制征收搜刮。（10）多非时配率：增加非常时期的额外摊派和不符合常规的摊派。配率：按比例向人民摊派税收。

（11）竭民膏血：穷尽人民的劳动成果。膏血：脂肪和血液（比喻用血汗换来的劳动成果）。（12）岂不悯哉：怎么会不哀怜啊！

【述评】"生于忧患，死于安乐。"当宋仁宗时，社会清平，民安物丰，但无二年储蓄，难于防御大灾大难，因循守旧，偶遇不测，使百姓困穷，此程子所忧也。

民无储备，官廪复空，臣观京师缘边以至天下，率无二年之备[1]，卒有连岁凶灾[2]，如明道中，不知国家何以待之？坐食之卒，计逾百万，既无以供费，将重敛于民，而民已散矣！强敌乘隙于外，奸雄生心于内，则土崩瓦解之势，深可虞也！太宁之世，圣人犹不忘为备，必有九年之蓄[3]，以待凶岁。况今百姓困苦，愁怨之气，上冲于天，灾沴（lì）凶荒[4]，是所召也，陛下能保其必无乎？中民之家，有十金之产，子孙不能守，则人皆谓之不孝。陛下承祖宗基业，而前有土崩瓦解之势，可不惧哉！

【注解】（1）率无二年之备：大概都没有二年的粮食储备。（2）卒：同"猝"。仓促，急速。连岁凶灾：连续几年灾祸或自然灾害。（3）九年之蓄：可供九年食用的粮食储备。（4）灾沴：自然灾害。凶荒：谓年谷不熟。

【述评】古者圣王治民，三年之耕即有一年积蓄，九年耕种就能储备三年的储蓄，能够防御长期水旱灾害而人民生活不受影响，不受饥饿流亡之苦。灾害难于避免，粮食储备是防御灾害的唯一途径，治国者不可或忘！仁宗之时，辽夏有背盟可能，加上可能发生的旱涝灾患，一旦同时发生，则国家"有土崩瓦解之势"。伊川先生上书，就是为了采取有效措施，提前预防兵祸天灾，保护百姓安宁。

戎狄强盛[1]，自古无比，幸而目前尚守盟誓，果能以金帛厌其欲乎[2]？能必料其常为今日之计乎？则夫沿边岂宜无备[3]，益以兵，则用不足，省其戍[4]，则力弗支，皆非长久之策也。前者昊贼叛逆[5]，西垂用兵，数年之间，天下大困。盖内外经制，多失其宜，陕西之民，苦毒尤甚。及多逃散，重以军法禁之，以至人心大怨，皆有思寇之言，悖逆之深，不敢以闻圣听，顾恐陛下亦颇知之。故曰："无恒产而有恒心者，惟士为能。"彼庶民者，饥寒既切于内，父子不相保，尚能顾忠义哉！非民无良，政使然也。当时秦中寇盗屡起[6]，倘稽扑灭[7]，必多响应，幸而寻时，尽能诛翦[8]。尚赖社稷之福[9]，西虏亦疲[10]，彼知未可远图，遂且诡辞称顺[11]。向若更相牵制，未得休兵，内衅将生，言之可骇。今天下劳弊，不比景祐以前，复有如曩时之役[12]，臣愚窃恐不能堪矣！况为患者岂止西戎，臣每思之，神魂飞越，不知朝廷议者，以为如何？亦尝置之虑乎？其谓制之无术乎？

【注解】（1）戎狄：古民族名。西方曰戎，北方曰狄。此指西夏和辽国。（2）厌：满足。（3）沿边：西北边防。（4）省其戍：减少镇守边防的兵力。戍：戍守的兵卒。（5）昊：李元昊，党项族，创立西夏。（6）秦中：指先秦时秦国地域。（7）稽：拖延。（8）诛翦：剪除。（9）社稷：土神和谷神，代指国家。（10）西虏：指西夏。虏：对敌方的蔑称。（11）诡辞：诡异的言论。（12）曩时：即往时、以前。役：指平定西夏的战争。

臣窃谓今天下犹无事，人命未甚危，陛下宜早警惕于衷[1]，思行王道[2]，不然，臣恐岁月易失，因循不思事势，观之理无常尔。虽我太祖之有天下[3]，救五代之乱，不戮一人，自古无之，非汉唐可比。固知赵氏之祀，安于泰山，然而损陛下之圣明，陷斯民于荼毒[4]，深可痛也。臣料群臣必未尝有为陛下陈王道者，以陛下圣明，岂有言而不行者乎？

【注解】（1）衷：内心。（2）王道：圣王治理天下的政策方法。（3）太祖：宋太祖赵匡胤，宋朝开国皇帝。（4）荼毒：毒害；使受苦难。

【述评】 王道政治，是以仁义治理天下，以礼乐教化百姓，以德行政，以刑辅助，以安抚万民为宗旨的圣王之道。圣王之治，禁于未发而刑无所用（无人犯法），谋于未形而防患未然，虽有九年之水（尧舜时期暴雨泛滥），七年之旱（成汤时期连续七年大旱）而民生无忧者，储备充足故也。

窃惟王道之本仁也⁽¹⁾，臣观陛下之仁，尧舜之仁也，然而天下未治者，诚由有仁心，而无仁政尔⁽²⁾。故孟子曰："今有仁心仁闻，而民不被其泽，不可法于后世者，不行先王之道也。"陛下精心庶政，常惧一夫不获其所⁽³⁾，未尝以一喜怒，杀一无辜。官吏有犯入人罪者⁽⁴⁾，则终身弃之，是陛下爱之深也。然而凶年饥岁，老弱转死于沟壑⁽⁵⁾，壮者散而之四方为盗贼、犯刑戮者，几千万人矣，岂陛下爱人之心哉！必谓岁使之然，非政之罪欤⁽⁶⁾？则何异于刺人而杀之，曰："非我也，兵也。"三代之民，无是病也⁽⁷⁾，岂三代之政不可行于今邪？州县之吏，有陷人于辟者，陛下必深恶之。然而民不知义，复迫困穷，放辟邪侈⁽⁸⁾，而入于罪者，非陛下陷之乎⁽⁹⁾？必谓其自然，则教化，圣人之妄言邪？

【注解】（1）仁：本心之全德。谓己私克尽，礼全恢复，私欲尽净，天理流行不息。（2）仁政：仁德政治，即以仁德为前提制定并实施政策、条例、法律，达到爱民、教民、养民及维护天下太平的目的。（3）不获其所：（因贫困而）流离失所。（4）入人罪：判定的罪名过于应得之罪，特指误定为死罪。（5）老弱转死于沟壑：年老体弱者因饥饿而辗转他乡，饿死在乞讨的路上。（6）非政之罪欤：不是政治失误造成的罪过吗？（7）无是病也：夏商周三代的人民没有这样的疾苦。（8）放辟邪侈：指肆意作恶（放荡、僻陋、邪恶、奢侈）。（9）非陛下陷之乎：不是陛下陷害了人民吗？

　　【述评】人主有治国安民之责，选用贤能执掌国政，实施仁政治理，仁德教化，上下一心为百姓谋福祉，一定会达到家济人足，社会和谐，人民安乐幸福。如果仅有爱护人民、一心为人民着想的名声，人民却生活在衣不遮体，食不果腹的困苦之中，则是没有真正地为民着想，只是欺世盗名而已。不以礼乐教化人民，人民不知礼义，又迫于困穷而违法犯罪，然后严刑峻法以震慑，则是执政者陷民于罪，孟子所谓"罔民也"。孟子曰："焉有仁人在位，罔民而可为也？"重武轻贤，非治国之道。是故先王施行王道仁政以养民富民，推行教化以提高国民素质，兴礼乐以和乐百姓，使人民衣食无忧，向善趋义，以成教化之功。

　　天下之治，由得贤也。天下不治，由失贤也。世不乏贤，顾求之之道如何尔。今夫求贤⁽¹⁾，本为治也。治天下之道，莫非五帝三王⁽²⁾、周公、孔子治天下之道也，求乎明于五帝三王、周公、孔子治天下之道者，各以其所得大小而用之⁽³⁾。有宰相事业者⁽⁴⁾，使为宰相⁽⁵⁾，有卿大夫事业者，使为卿大夫⁽⁶⁾，有为郡之术

者$^{(7)}$，使为刺史，有治县之政者，使为县令$^{(8)}$。各得其任，则无职不举，然而天下弗治者，未之有也$^{(9)}$。

【注解】（1）贤：有高尚品德，有行政、治事能力的人。（2）五帝：少昊金天氏、颛顼高阳氏、帝喾高辛氏、帝尧陶唐氏、帝舜有虞氏史称五帝。三王：夏禹王、商汤王、周武王三代开国圣王史称三王。（3）各以其所得大小而用之：按照各个士子学得五帝三王、周公孔子治天下之道的高下程度，分配给不同等次官职。（4）事业：指品德、学识、才能和执政业绩。（5）宰相：协助君主掌管国政的最高长官。（6）卿大夫：《周礼》执政大官分为六官（天官冢宰、地官司徒、春官宗伯、夏官司马、秋官司寇、冬官考工记），亦称"六卿"。后世称吏、户、礼、兵、刑、工六部尚书为六卿。大夫、士是卿以下的执政官员。（7）郡：古代行政区域，始见于战国时期，秦统一后分天下为三十六郡，实行郡统县的两级地方行政制度。（8）县令：一个县的最高长官。（9）未之有也：从来没有这种事。

【述评】能够选贤举能，贤者在位，能者在职，各尽其责，则无职不举，无事不宜，然而天下弗治者未之有也。

国家取士，虽以数科，然而贤良方正$^{(1)}$，岁止一二人而已，又所得不过博闻强记之士尔，明经之属$^{(2)}$，唯专念诵，不晓义理$^{(3)}$，尤无用者也。最贵盛者，惟进士科[(4)]。以词赋声律为工[(5)]，词赋之中，非有治天下之道也[(6)]。人学之以取科第，积日累久，至于卿相，帝王之道，教化之本，岂尝知之？居其位，责其事业，则未尝学之[(7)]。譬如胡人操舟[(8)]，越客为御[(9)]，求其善也，不亦难乎？往者丁度建言[(10)]，"祖宗以来[(11)]，得人不少"，愚瞽之甚，议者至今切齿。使墨论墨[(12)]，固以墨为善矣。

【注解】（1）贤良方正：品德高尚，才能卓著的人。方正：正直。（2）明经：科举名目，以儒家经典的义理为考试内容。（3）不晓义理：只顾诵读记忆辞藻以为著文求官之资，不究研经书中修齐治平的义理，遇事则束手无策，不知所措。（4）进士：古代科举殿试及第者称进士。（5）以词赋声律为工：专门用功于作词作赋的声律。声律：指语言文字的声韵格律。（6）非有治天下之道也：词赋中没有修己治人、平治天下的理论和方略。（7）未尝学之：没有专门学习做人、做事、治国平天下的道理和方法。（8）胡人：古代指西北少数民族。舟：船。（9）越客：越人，指东南少数民族。御：驾驶车马。（10）丁度：字公雅，开封人，北宋大臣，累官至端明殿学士、枢密副使、参知政事（副宰相）。（11）祖宗：指宋太祖、宋太宗。（12）墨：墨家学派。

【述评】教学子诵读儒学经典，通过熟读精思，穷究事物之理，明辨是非曲直，提高判断力、认知力，学明白做人做事的道理。学习圣王贤相治国安民方略并通过笃实而恭敬地践行其所学知识，把圣贤的言行学为己有，将经典知识内化为自己的人格结构，把知识变成习惯，变成本能。其思维言动不违仁义，动容周旋，必中乎礼，摒弃私心妄念，一归于正。学习历练成为通晓天道、地道、人道，上明天文，下识地理，通达人情世故，对治国安民所应做到的教化、行政、军事、农事及礼乐政刑诸多方面无所不知，无所不能的儒家贤士。从而广泛参与社会活动，不计个人得失，以天下和平，人民安居乐业为已任而勇往直前。彼只顾诵读记忆辞藻以为著文求官之资，不究研经书中修齐治平的义理，遇事则束手无策，不知所措者，陋矣哉！

今天下未治，诚由有君而无臣也⁽¹⁾。岂世无人，求之失其道尔⁽²⁾。苟欲取士必得，岂无术哉！王道之不行，二千年矣，后之愚者，皆云时异事变⁽³⁾，不可复行，此则无知之深也⁽⁴⁾。然而人主往往惑于其言。今有人得物于道，示玉工⁽⁵⁾，曰：玉也；示众人，曰：石也。则将以玉工为是乎？以众人为然乎？必以玉工为是矣。何则？识与不识也。

【注解】（1）无臣：没有贤能官吏。（2）失其道：选举贤能人才的方法不合理。（3）时异事变：时间不同，事情有所变化。（4）无知之深也：非常无知。无知：没有知识。谓其不识人性人情，不明圣人治世之道。（5）玉工：制玉之匠人。

【述评】贤人君子遵循圣人之道，犹玉人能识玉制玉，攻辞藻为文章博得官职者，不识圣人之道，犹如众人不识玉，安能合理治事，教民、化民哉！

圣人垂教⁽¹⁾，思以治后世⁽²⁾，而愚者谓不可行于今，则将守圣人之教乎？从众人之言乎？谓众人以王道可行，其犹诘瞽者以五色之鲜⁽³⁾，询聋者以八音之美⁽⁴⁾，其曰不然宜也。彼非憎五色而恶八音，闻见限也⁽⁵⁾。臣观陛下之心，非不忧虞天下也，以陛下忧虑天下之心，行王道，岂难乎哉⁽⁶⁾！孟子曰："以齐王犹反手也⁽⁷⁾。"又曰："师文王⁽⁸⁾，大国五年，小国七年，必为政于天下矣。"以诸侯之位，一国之地，五年可以王天下。况陛下居天子之尊，令行四海，如风之动⁽⁹⁾，苟行王政，奚啻反手之易哉⁽¹⁰⁾！昔者大禹治水，八年于外，三过其门而不入，思以利天下，虽劳苦不避也。今陛下行王政，非有苦身体、劳思虑之难也，何惮而不为哉⁽¹¹⁾！《孝经》曰："立身行道，扬名于后世，以显父母，孝之终也。"匹夫犹当行道以显父母，况陛下贵为天子，岂不发愤求治，思齐尧舜⁽¹²⁾，纳民仁寿⁽¹³⁾，上光祖考，垂休无穷⁽¹⁴⁾。凡所谓孝，无大于此者也。

【注解】（1）垂教：赐教。垂：悬挂、示范。（2）治后世：用圣人创留的王道政治治理后世，使人人各得其所而安居乐业。（3）诘：询问，盘问。（4）八音：金、石、丝、竹、匏、土、革、木八种材质乐器的音响。（5）闻见限也：聋者失其听力，瞽者无视觉，二者因闻见能力限制，不能见到五色的鲜艳，听到八音的美妙。（6）岂难乎哉：有仁心而施行王道仁政，没有什么困难的，只要专心致志地实施就能实现。（7）以齐王犹反手也：以齐国的实力实行王道，像翻手一样容易成为管理天下的王者之朝。（8）文王：周文王。（9）如风之动：指天下随从皇上的旨令，就像草随着风向偏移一样，随即跟进。（10）奚啻反手之易哉：岂不仅仅如翻手一样的容易吗？（11）何惮而不为哉：有什么畏难而不行王道仁政呢？（12）思齐尧舜：想创建与尧舜时期一样的太平盛世。（13）纳民仁寿：把人民引入有仁德而且长寿的境界。（14）垂休无穷：示范祥瑞于久远。

【述评】此言实行王道政治，是顺民心合天道的合理举措，是解除一切忧患的不二方略。孟子曰："今有仁心仁闻，而民不被其泽，不可法于后世者，不行先王之道也。"今以天子行仁政，推行之易，收效之大，不待言也。

臣以谓："治今天下，犹理乱丝，非持其端，条而举之（1），不可得而治也。故臣前所陈，不及历指政治之阙，但明有危乱之虞，救之当以王道也。然而行王之道，非可一二而言，愿得一面天颜（2），罄陈所学（3）。如或有取，陛下其置之左右，使尽其诚。苟实可用，陛下其大用之，若行而不效，当服罔上之诛⁽⁴⁾，亦不虚受陛下爵禄也。陛下问群臣，群臣必谓寒贱之士，未可使近上侧。自臣思之，以为不然。臣高祖羽，太祖朝，年六十余为县令，一言遭遇，圣祖特加拔擢⁽⁵⁾。攀附太宗，终于兵部侍郎，顾遇之厚，群臣无比。备存家牒，不敢繁述。臣曾祖希振，既以父任。后祖遹复被推恩。国家录先世之勋，臣父珦又蒙延赏，今为国子博士。非有横草之功⁽⁶⁾，食君禄四世，一百年矣。臣料天下受国恩之厚，无如臣家者。臣自识事以来，思为国家尽死，未得其路尔，则臣进见，宜无疑也。或者更为强词，言其不可，此乃自负阴私，惧防诋讦者也⁽⁷⁾。

【注解】 （1）持其端：控制事物的端头。条而举之：按照事情的条理合理处置。（2）一面天颜：当面见到天子的容颜（当面详细陈说）。（3）罄陈所学：把自己所学的圣王治世之道，全部陈述出来。罄：器中空。（4）罔上：欺骗君上。（5）拔擢：选拔，提升。（6）横草之功：如同踩倒草那样很小的功绩。横草：把草踩倒。（7）惧防诋讦：（阴人）恐惧提防被揭发其隐私。诋：说人坏话。讦：攻击或揭发别人的短处。

伏望陛下出于圣断，勿徇众言，以王道为心，以生民为念，黜世俗之论⁽¹⁾，期非常之功⁽²⁾。昔汉武笑齐宣不行孟子之说⁽³⁾，自致不王，而不用仲舒之策⁽⁴⁾。隋文笑汉武不用仲舒之策⁽⁵⁾，不至于道⁽⁶⁾，而不听王通之言⁽⁷⁾。二主之昏，料陛下亦尝笑之矣。臣虽不敢望三子之贤，然臣之所学，三子之道也⁽⁸⁾。陛下勿使后之视今，犹今之视昔，则天下不胜幸甚，望陛下特留意焉。臣愚无任⁽⁹⁾，逾越狂狷⁽¹⁰⁾，恐惧之极，臣颐昧死顿首谨言⁽¹¹⁾。

【注解】（1）黜世俗之论：摒弃世俗的偏颇言论。黜（chù）：罢免，撤销。（2）期非常之功：期望达到异乎寻常的功效。（3）汉武：汉武帝刘彻。齐宣：齐宣王辟疆，战国时代齐国国君。孟子之说：即孟子教齐宣王实行王道仁政。（4）仲舒：董仲舒，西汉思想家、政治家、教育家、哲学家和今文经学大师。（5）隋文：隋文帝杨坚，隋朝开国皇帝，中国古代著名的政治家、战略家。（6）道：圣王治理天下开创太平盛世的途径。（7）王通：隋绛州龙门（今山西万荣县通化镇）人。门弟子私谥为"文中子"。王通曾向隋文帝奏太平十二策，"尊王道，推霸略，稽今验古"，但没有受到重用。在政治上，以恢复王道政治为目标，倡导实行"仁政"。（8）三子之道：指孟子、董仲舒、王通三位大儒的道德修养和治国方略。（9）无任：无能。（10）狂狷：指志向高远的人与拘谨自守的人。（11）昧死：冒死。古代臣下上书帝王用语，表示敬畏。顿首：磕头（多用于书信）。

【**述评**】以仁宗之开明贤智，如能笃行王道政治，没有不成功的道理。孟子曰："上有好者，下必有甚焉者矣。君子之德，风也，小人之德，草也，草尚之风，必偃。"意思是说居上位的人有什么爱好，下面的人一定爱好得更深。伊川先生以忧国忧民之心，经世济民之志，欲说服宋仁宗任贤能，行王道，让天下百姓安享太平盛世。

他准确提出当时社会积弊：官员能力不足，教育失误，纪纲不振，民无储备，国库空虚，武备不充。外有辽夏背盟侵犯可能，内有发生旱涝灾害忧患，一旦同时发生，则国家"有土崩瓦解之势"的严重危机。为挽救时政阙失开出救治的良方："救之当以王道。"伊川先生上书，就是为了采取有效措施，实行王道政治，整顿纪纲，提前预防兵祸天灾，保护百姓安宁。后来他在《为家君上仁宗皇帝书》中详尽阐述了实行王道政治的具体方案。这篇上书全面反映了伊川先生忠诚为民的政治思想。

第四卷
继学立命

第一篇 张子《西铭》

（附 朱子解说、居安解说）

　　《西铭》是张横渠先生书于墙壁的座右铭，主要阐述孔子《易传》的天道思想，说明乾坤一体，天地一家，归结为一个"孝"字。朱子认为此篇中句句段段，只说事亲、事天。自一家言之，父母是一家之父母。自天下言之，天地是天下之父母。文中提出"民胞物与"的思想。把宇宙看作一个大家族，说明人的道德和义务。宣扬"存，吾顺事，没，吾宁也"的乐天顺命思想。这篇铭文所描述的价值理想，所展现的人生追求，有着积极而丰富的意义。

　　《西铭》反映了张子试图通过提倡孝道来整顿社会道德、稳定社会秩序，致使宇宙秩序、社会秩序与家庭秩序之间一脉相承，三位一体，有序依存的愿望。

乾称父，坤称母[(1)]。予兹藐焉[(2)]，乃混然中处[(3)]。

　　朱子曰："天阳也，以至健而位乎上[(4)]，父道也。地阴也，以至顺而位乎下[(5)]，母道也。人禀气于天[(6)]，赋形于地[(7)]，以藐然之身混合无间，而位乎中，子道也。然不曰天地而曰乾坤者，天地其形体也，乾坤其性情也[(8)]。乾者健而无息之谓，万物之所资以始者也。坤者顺而有常之谓，万物之所资以生者也[9]。是乃天地之所以为天地，而父母乎万物者，故指而言之。"

先师居安先生曰[10]："按西铭言理一而分殊[11]，首节似言理一，而分殊亦在其中。盖自其同者言之，则天地人只此一理；自其异者言之，则乾父坤母，人混然中处，其分固自各殊也。"

【注解】 （1）乾称父，坤称母："天地交而万物生"，是万物禀受天气、地气以生以长。《易经》以乾卦代表天道造化奥秘，以坤卦代表万物生成的物质结构性原则。故称乾为父，称坤为母。（2）予：我。兹：语气词。藐：弱小，指人与天地相比是小之又小的。（3）混然：身体性气与天地混合无间。中处：处于天地之中。（4）至健：雄强刚毅而健行不息。（5）顺：顺随天道而健行不止。（6）禀：承受。（7）赋形：赋予形体。（8）乾坤其性情也：人赋天理以为性，感于物而动，所动合于性、理谓之情。乾坤象征天地，代表着天地所以能够一阴一阳健行不息的极至道理，故称乾坤为天地的性情。（9）万物之所资以生："坤为地"，万物依靠地而孕育长养。（10）先师居安先生曰：此段是先公秦敬修引用其先师的解说，后仿此。居安：张绍价，字范卿，号居安，清朝举人。1937 年至 1941 年在陕西眉县崂峰书院为先考敬修公教授《易经》四年。（11）理一而分殊：理寓于气，气载乎理，万物凝聚天地之气而成形，同时已赋天地之理以成健顺五常之德性，是万物同赋一理，所谓理一也。万事万物，莫不各有当然之理，是一物各具一理，所谓分殊也。

【述评】《易传·说卦》曰："乾，天也，故称乎父；坤，地也，故称乎母。"乾坤为什么可以代表天和地？要从乾坤二卦的来历说起。伏羲氏仰观天象俯察地理，见天地有阴阳之变，阴阳有奇偶之数。故画一"—"奇以象阳而肖（代表）天，画一"--"偶以象阴而肖（代表）地，故有"一画开天"之说。见一阴一阳有各生一阴一阳之象，故自下而上，再倍而三，以成乾坤八卦。以三重阳为乾而象天，以三重阴为坤而法地。乾坤交而卦爻生，震、坎、艮得乎乾道而成男，巽、离、兑得乎坤道而成女，兑、离、震、巽、坎、艮各得乾坤之一体，故称子，而乾坤称父母。"天地交而万物生"。天地以风、雷、雨、日、山、泽造化发育万物，是万物禀受天气、地气以生以长，是天地为万物之父母。以乾卦代表天，坤卦代表地，交易变易以成乾、兑、离、震、巽、坎、艮、坤八卦，而象征天、地、风、雷、雨、日、山、泽。因而重之，相摩相荡，而成六十四卦三百八十四爻，以体现天地造化奥密，以通达神明之德性，以类比万物之情状，以类比天地自然之"易"。是故乾象天而称父，坤法地而称母，因其类似于天地也。

人与天地相比小之又小。但人凝聚天地之气，禀赋天地之理以为人，聚有天地道气于一身，居中处正以立乎天地之间，这是人应当遵循的道路。

故天地之塞⁽¹⁾，吾其体⁽²⁾；天地之帅⁽³⁾，吾其性⁽⁴⁾。

朱子曰："乾阳坤阴，此天地之气塞乎两间，而人物之所资以为体者也，故曰'天地之塞吾其体'。乾健坤顺，此天地之志，为气之帅，而人物之所得以为性者也，故曰'天地之帅吾其性'。深察乎此，则父乾母坤，'混然中处'之实可见矣。"

居安先师曰："按吾之气，即天地之气，故曰'天地之塞吾其体'。吾之理，即天地之理，故曰'天地之帅吾其性'。此推言理之一处，而分之所以殊，亦在其中矣。"

【注解】（1）天地之塞：气充满于天地宇宙之间，无处无气，故曰塞。塞：充满。（2）吾其体：天地和人一样，都是由充满天地间的气聚集化育而生成的本体。我的本体与天地相同，与天地间的浩然正气是相通的。（3）天地之帅：天地由其极至之常理所主宰。帅：主宰，带领。（4）吾其性：天地的常理就是我的本性。

【述评】天地浩然正气充盈宇宙之间，凝聚化育成了我的本体，天地极至之常理赋予我的本性。气在宇宙中是构成万物的基本元素，在人体中则是构成人体和维持人体生命活动的最基本物质。气和形是物质世界存在和运动的基本形式。天地万物的发生、发展、变化，皆取决于理和气的作用。

民吾同胞[(1)]，**物吾与也**[(2)]。

朱子曰："人物并生于天地之间，其所资以为体者，皆天地之塞；其所得以为性者，皆天地之帅也。然体有偏正之殊，故其于性也，不无明暗之异。惟人也，得其形气之正，是以其心最灵，而有以通乎性命之全体。于并生之中，又为同类而最贵焉。故曰'同胞'。则其视之也，皆如己之兄弟矣。物则得夫形气之偏，而不能通乎性命之全，故与我不同类，而不若人之贵。然，原其性体之所自，是亦本之天地，而未尝不同也。故曰'吾与'。则其视之也，亦如己之侪辈矣[(3)]。惟同胞也，故以天下为一家，中国为一人，如下文所云。惟吾与也，故凡有形于天地之间者，若动若植，有情无情，莫不有以若其性[(4)]，遂其宜焉。此儒者之道，所以必至于'参天地，赞化育'，然后为功用之全，而非有所强于外也。"

居安先师曰："按民物之生，同得天地之理以为性，同得天地之气以为形，此理之所以一也。民与我为同类，则为吾同胞；物与我为异类，则为吾与，此分之所以殊也。天地一大父母，父母一小天地；父母至尊至亲，非民所可比也。民吾同胞，视之如兄弟，非物所可比也。亲亲仁民爱物，自有差等，其理则一，其分则殊。理一，故仁之体立；分殊，故仁之用行。墨氏兼爱，同民于亲；佛氏不杀[(5)]，同物于民。知仁而不知义，贼义即以贼仁。此其为说，与张子之言，不啻黑白之相反。论者不察，因同胞二字为新学借口，遂归咎张子立言之不慎，过矣。"

【注解】（1）同胞：同一父母所生的兄弟姐妹。（2）物吾与：物与我都是天地所生，是我的相与（相处）。（3）侪辈：同辈，朋辈。（4）若其性：顺从禀赋于自己的本性。（5）不杀（shā）：不杀生。

【述评】人类生存，无不依存于天地，凝聚天地精气以生，摄取天地能量以长以养，同为天地所生养。也就是说，天下所有的人，都是天地之子，与我如同同胞兄弟姐妹一样，应当相互仁爱，相互照应。万物皆由天地养育，与我共存于天地间，都应当得到爱护。

大君者[1]，吾父母宗子[2]。其大臣[3]，宗子之家相也[4]。尊高年所以长其长[5]，慈孤弱所以幼其幼[6]。圣，其合德[7]；贤，其秀也[8]。凡天下疲癃残疾[9]、茕独鳏寡[10]，皆吾兄弟之颠连而无告者也[11]。

朱子曰："乾父坤母，而人生其中，凡天下之人，皆天地之子矣。然继承天地统理人物，则大君而已，故为父母之宗子。辅佐大君，纲纪众事，则大臣而已，故为宗子之家相。天下之老一也，故凡尊天下之高年者，乃所以长吾之长。天下之幼一也，故凡慈天下之孤弱者，乃所以幼吾之幼。圣人与天地合其德，是兄弟之合德乎父母者也。贤者才德过于常人，是兄弟之秀出乎等夷者也[12]。是皆以天地之子言之。则凡天下之疲癃残疾，穷独鳏寡，非吾兄弟无告者而何哉!"

居安先师曰:"按亲亲、仁民、爱物，理一而分殊。而三者之中，又各有分之殊焉。同胞中有大君，有大臣，有高年，有孤弱，有圣有贤，有疲癃残疾穷独鳏寡，莫非父乾母坤，其理未尝不一。然品类不齐，则所以用吾仁者，亦因之而异。或为宗子，或为家相，或尊或慈，或师或友，或矜哀，因其类之高下，以为爱之差等(13)，则分殊中之分殊也。"

【注解】(1) 大君:天子;国家最高领导者。(2) 吾父母:指乾坤、天地。宗子:嫡长子。(3) 大臣:三公九卿;分管国家政务的长官。(4) 家相:家宰(管家)。相:宰相。(5) 尊高年:礼敬高寿老人。所以长其长:百姓会效法国家礼敬高年的榜样，各自尊敬自己的长辈及年长者，也就等于国家对年长者的普遍尊重。(6) 慈孤弱:慈爱孤苦及力小势差的人，是对年幼者的普遍爱抚。(7) 圣:圣人，同胞中与天地之德相合的人。合德:"人与天地鬼神，气相通，理相同，本无间也;特以蔽于有我之私，而不能相通耳。大人(圣人)以道为体，故与天地之德，日月之明，四时之序，鬼神之吉凶，无不合也"(《周易卦解》)。(8) 贤，其秀也:贤人是指同胞中德能优秀的人。(9) 疲癃:衰老龙钟的人。(10) 茕独:孤苦伶仃的人。鳏寡:鳏夫和寡妇(老而无妻曰鳏，老而无夫曰寡)。(11) 皆吾兄弟之颠连而无告者也:这些人都是我兄弟中困顿穷苦无处诉说的人。颠连：困顿不堪；穷苦。无告：有苦无处诉。(12) 等夷：同等的人。(13) 差等：等级差别。

【述评】礼敬高年、赡养老人是中华民族优秀传统。《礼记·王制》篇上说："凡养老，有虞氏（帝舜）以燕礼（古代天子诸侯与群臣宴饮之礼。亦指古代敬老之礼），夏后氏（夏朝）以飨礼（古代一种隆重的宴饮宾客之礼），殷人（商朝）以食礼（古代宴请宾客之礼的一种）。周人修而兼用之，五十养于乡，六十养于国，七十养于学，达于诸侯（此为周朝养老制度之一）。"秦汉以后，在国力强盛，天下安宁的朝代，均有不同程度养老敬老措施。改革开放后的中国，养老制度逐步完善，养老水平不断提高。但在礼敬老人以养其心志，以提高国民素质方面，有待采取行之有效的措施。

等差是儒家认可的符合情理的人类等级关系。比如亲爱自己父母异于亲爱他人父母，慈爱自己子女必然异于慈爱他人子女等，是人类自觉自愿的行为，是符合天理适宜人情的。由此可知，等级、等级差别是自然产生的，并非儒家有意分别等级而制造不平等礼遇，也不是把人分成三六九等而有意限制人权。

于时保之[1]，**子之翼也**[2]，**乐且不忧**[3]，**纯乎孝者也**[4]。

朱子曰："畏天以自保者[5]，犹其敬亲之至也[6]；乐天而不忧者，犹其爱亲之纯也。"

居安夫子曰："按战战兢兢，临深履薄[7]，畏天者也。居易俟命，无入而不自得，乐天者也。畏天乐天，非二人，亦非二心。畏天乃能乐天，乐天，无不畏天。无乐天之诚，而笃信因果以为畏[8]，世俗之畏，非君子之畏也。无畏天之学，而遗弃事物以为乐[9]，异学之乐，非圣学之乐也。"

【注解】（1）于时保之：随时用周文王仁义之道安置保护他们（指颠连而无告者）。（2）子之翼也：做乾坤父母之子的辅翼，让他们安其生。翼：翅膀。（3）乐且不忧：敬天命以辅民保民，为其所当为，行其所当行，则身心泰然，乐且无忧。（4）纯乎孝者也：能保民辅民，畏天自保，是对乾坤父母最纯粹的孝顺。（5）畏天以自保：天命我敬身以孝亲，自保身体无损，一心向善，是敬畏天命。（6）犹：如同，好比。（7）临深履薄：喻行事小心谨慎，如莅临深渊，如走在薄冰上，惟恐坠落下去。（8）因果：指因果报应，是佛教劝人向善的说法。（9）遗弃事物：佛教修行欲遗弃事物，绝人逃世，跳出生死轮回。

违曰悖德[1]，害仁曰贼[2]，济恶者不才[3]，其践形惟肖者也[4]。

朱子曰："不循天理而徇人欲者，不爱其亲而爱他人也，故谓之悖德。戕灭天理，自绝本根者，贼杀其亲，大逆无道也，故谓之贼。长恶不悛，不可教训者，世济其凶，增其恶名也，故谓之不才。若夫尽人之性，而有以充人之形，则与天地相似而不违矣，故谓之肖。"

居安夫子曰："按悖德子、贼子、不才子，不知畏天，遑知乐天？践形惟肖乃能畏天乐天，而为与天地合德之圣人也。"

【注解】（1）违曰悖德：违背了乾坤父母保养万民的仁道就叫悖德。悖德：背离道德。（2）害仁曰贼："贼仁者谓之贼"（《孟子》）。（3）济恶者不才：助长凶恶的人是乾坤父母不成才之子。（4）践形惟肖：躬行实践而能完全体现天赋给人的品性，则与天地相似，是惟能肖似乾坤父母的孝子。肖：像；相似。

知化则善述其事⁽¹⁾，穷神则善继其志⁽²⁾。

朱子曰："孝子善继人之志，善述人之事者也。圣人知变化之道，则所行者，无非天地之事矣。通神明之德，则所存者，无非天地之心矣。此二者皆乐天践行之事也。"又曰："化者天地之用，一过而无迹者也。知之则天地之用在我，如子之述父事也。神者天地之心，常存而不测者也，穷之则天地之心在我，如子之继父志也。得其心，而后可以语其用，故曰：'穷神知化⁽³⁾'。"

【注解】（1）知化：知天地阴阳变化之道。善述其事：善于叙述父亲的事迹（《中庸》曰："武王、周公其达孝矣乎，夫孝者，善继人之志，善述人之事也。"）。（2）穷神：穷究神明之德。（3）穷神知化："通神明之德，知变化之道，乃德盛仁熟而自致耳。"（《周易卦解》）

【述评】 "神者天地之心"，穷究天地之心以期自己默识心通天地之心。能了知造物者善化万物的功业，了知我们的道德良知如何成就人文价值，才算是善于继承和叙述乾坤父母的事迹；能彻底地洞透造化不可知、不可测之奥秘，才算是善于继承乾坤父母的志愿。

不愧屋漏为"无忝"⁽¹⁾，存心养性为"匪懈"⁽²⁾。

朱子曰："《孝经》引《诗》曰：'无忝尔所生。'故事天者，仰不愧，俯不怍⁽³⁾，则不忝乎天地矣。又曰：'夙夜匪懈。'故事天者，存其心，养其性，则不懈乎事天矣。此二者，畏天之事，而君子所以求践夫形者也⁽⁴⁾。"

居安夫子曰："按知化穷神，知之精。无忝匪懈，行之熟。必如此，然后可以践形惟肖。所以畏天者在此⁽⁵⁾，所以乐天者亦在此⁽⁶⁾。"

【注解】（1）屋漏：房子的西北角。因房子西北角上开有天窗，日光由此照射入室，故称屋漏。忝：羞辱，愧对。（2）存心养性：保存本心，养育天性。匪懈：勤奋不懈。（3）怍：惭愧。（4）践夫形：尽得人道而能充其形。（5）畏天：对上天心存敬畏。（6）乐天：乐于顺应天命，引申为乐于自己的处境而无忧无虑。

【述评】君子修身，虽在幽独之中，人皆不知而己所独知之处，亦无杂虑妄念，无愧于人，无辱于天。君子以仁存心，以礼存心，以涵养自己的本性，是不懈怠于事天。

恶旨酒[1]**，崇伯子之顾养**[2]**，育英才**[3]**，颖封人之锡类**[4]**。**

朱子曰："好饮酒而不顾父母之养者，不孝也，故遏人欲如禹之恶旨酒，则所以'顾天之养'者至矣。性者万物之一源[5]，非有我之得私也，故育英才如颖考叔之及庄公，则所以'永锡尔类'者广矣。"

居安夫子曰："按恶旨酒，遏欲所以存理，畏天之事也。育英才，成己自能成物，乐天之事也。"

【注解】（1）恶旨酒：憎恶美酒。（2）崇伯子：崇伯的儿子大禹。大禹的父亲鲧封于崇国，史称崇伯。顾养：顾念父母养育之恩。（3）育英才：笃实于教育英俊人才。（4）颖封人：即颖考叔，曾任颖谷封人。春秋时郑国人，以事母至孝著称。锡类：永锡尔类的简称。锡：通"赐"。（5）性者万物之一源：万物同得天地之气以有形体，同赋天地之理以有性命，人与万物在本性上是同一源头。

【述评】《战国策》曰："仪狄作酒，禹饮而甘之。曰：'后世必有以酒亡其国者。'遂疏仪狄而绝旨酒。"圣王警觉深远，恐人贪饮乱性而不顾父母之养，遂禁绝美酒生产。郑庄公受到郑大夫颍考叔的感化，与其母和好如初。可见孝子的孝没有穷尽，永远想把孝心分享给与他（孝子）同类的人。

不弛劳而底豫[(1)]，**舜其功也**[(2)]。**无所逃而待烹**[(3)]，**申生其恭也**[(4)]。

朱子曰："舜尽事亲之道，而瞽瞍底预[(5)]，其功大矣。故事天者，尽事天之道，而心无豫焉[(6)]，则亦天之舜也。申生无所逃而待烹，其恭至矣。故事天者，夭寿不贰，而修身以俟之，则亦天之申生也。舜之底豫，赞化育也，故曰功。申生待烹，顺受而已，故曰恭。"问："颍封人、申生，皆不能无失处，岂能尽得孝道？"朱子曰："《西铭》本是说事天，不是说孝，盖事亲有正不正。若天道纯熟，则无正不正之处，只是推此心以奉事之耳。至若申生无所逃而待烹，固为未尽子道。然若事天如此，则又可谓能尽其道者。盖人有妄，天则无妄。若命之死，自是理当如此。惟有听受之，而固不得以献公比也。"李青函曰："不弛劳而底豫，得天之常者，先畏后乐。无所逃而待烹，值天之变者，以畏为乐。"又曰："格天之功大，有位育之应[(7)]。俟天之意恭[(8)]，无侥幸之心。"

【注解】（1）不弛劳：不敢懈弛其事亲之劳。弛：放松，松懈。底豫：致使其快乐。"底，致也。豫，乐也"（《尔雅》）。（2）舜其功也：这是舜所获得的成功。（3）无所逃：没有可以逃往的地方〔晋世子申生为骊姬所谮，或劝他外逃，申生说："我背负着弑父罪名，天下岂能有无父之国收容我？"遂自经（上吊）而死〕。待烹：等待刑戮。（4）申生：晋世子申生。恭："敬顺事上曰恭"（《谥法》）。（5）瞽瞍：虞帝大舜的父亲。（6）心无豫焉：心中没有任何犹豫狐疑。（7）位育：天地各安其位而后万物得以化生繁育。（8）俟天：等待天命。

【述评】"舜尽事亲之道，而瞽瞍底豫，瞽瞍底豫而天下化。"是说每天以杀舜为事的父亲，在大舜竭尽全力，逆来顺受，一刻也不敢懈弛，和颜悦色、诚心诚意侍奉下，终于使父母愉悦快乐，被孝心感动而转变为慈父慈母。舜的家庭从此转变为父慈子孝、兄友弟恭的和乐家庭，这是舜所获得的成功。这为天下为人子者做出了良好的榜样。所以说："舜为法于天下，可传于后世，非止一身一家之孝而已，此所以为大孝也。"使天下人受到舜的感化而能以孝事亲。"父顽母嚚（yín）（口不道忠信之言为嚚）"如舜之父母者，毕竟少之又少。从古到今，全天下做父母的，没有不慈爱子女的，没有父母要子女学坏或无能。天下父母对子女所有行为的出发点总是好的，最多只可能出现教育方法上的不正确，做子女的不要怀疑父母爱子女之心。大舜之所以能使父母愉悦，是他从来都不认为父母在虐待自己，不认为父母有过错，而是认为自己有做得不对处，激怒了父母的情绪，才招致其愤怒。于是他更加努力地改进自己的行为，更加亲近父母，长此以往而"瞽瞍底豫"。为人子者应当深思为子之道。一个人跟家人都相处不好，他走出家庭能跟别人相处得好吗？人人能孝敬父母以致家庭和乐，则社会和乐有望焉！

体其受而归全者参乎⁽¹⁾？勇于从而顺令者伯奇也⁽²⁾。

朱子曰："父母全而生之，子全而归之，若曾参之启手足⁽³⁾，则体其所受于亲者，而归其全也。况天之所以与我者，无一善之不备，亦全而生之也。故事天者，能体其所受于天而全归之⁽⁴⁾，则亦天之曾子矣。子于父母，东西南北，惟令之从，若伯奇之履霜中野⁽⁵⁾，则勇于从而顺令也。况天之所以命我者，吉凶祸福，非有人欲之私。故事天者，能勇于从而顺受其正，则亦天之伯奇矣。曾子归全，全其所以与我者，终身之仁也。伯奇顺令，顺其所以使我者，一事之仁也。"

居安夫子曰："按天与我以仁义礼智之理⁽⁶⁾，全而归之，任重道远，则乐中有畏⁽⁷⁾。天命我以吉凶祸福之数，顺而受之，身困心亨，则畏中有乐。"李青函曰："全义理之命，顺气数之命(8)，此与上节皆以义理气数分说。"

【注解】（1）体其受而归全：体谅父母授予自己浑全的身体发肤，就要保全其所受而归终。参：曾参，字子舆，世称曾子。春秋末年鲁国南武城（山东济宁嘉祥县）人。十六岁拜孔子为师，他勤奋好学，颇得孔子真传。他积极推行儒家主张，传播儒家思想。孔子的孙子孔伋（子思子）师从参公，又传授给孟子。因之，曾子上承孔子之道，下启思、孟，对孔子的儒学思想既有继承，又有发展和建树。他的修齐治平的政治观，省身、慎独的修养观，以孝为本的孝道观，影响中国两千多年，是当今建立和谐社会的思想道德楷模。曾子著述《大学》《孝经》等，后世儒家尊他为"宗圣"。（2）勇于从而顺令：勇于顺从父母之命而不争。伯奇：古代孝子，周宣王时重臣尹吉甫的长子。母死，后母欲立其子伯封为世子，乃谮伯奇，吉甫怒，放伯奇于野。伯奇"编水荷而衣之，采苹花而食之"，清晨履霜，自伤无罪而见放逐，乃作琴曲《履霜操》以述怀。吉甫感悟，遂求伯奇，射杀后妻（《初学记》）。（3）启手足：曾子病重，将死，召弟子开衾视手足，以明临终前受于父母的身体完整无毁。教育弟子谨言慎行以保证德性和身体不受伤害。（4）能体其所受于天而全归之：人凝聚天地精气以生，同时也禀赋了天地之理以为德性智慧，应当保全天地所禀赋的善良禀性而归终。（5）履霜中野：踏着原野中的寒霜。（6）天与我以仁义礼智之理：天给我禀赋的天理，也就是仁义礼智之常性。（7）乐中有畏：快乐自己孝敬致悦于双亲，行正无违乎天命；畏惧自己日后或有失误，还需时时谨慎。（8）顺气数之命：因气禀所拘而物欲遮蔽，未能通明本性之全。若能理顺气数之命，去其私欲，纠正气质禀受的偏拘，就会逐渐恢复本然善性。

富贵福泽(1)，**将厚吾之生也**(2)。**贫贱忧戚**(3)，**庸玉汝于成也**(4)。

朱子曰："富贵福泽，所以大奉于我，而使吾之为善也轻(5)。贫贱忧戚，所以拂乱于我(6)，而使吾之为志也笃。天地之于人，父母之于子，其设心岂有异哉！故君子之事天也，以周公之富，而不至于骄；以颜子之贫，而不改其乐。其事亲也，爱之则喜而弗忘，恶之则惧而无怨，其心亦一而已矣。"

居安夫子曰："按富贵福泽似可乐，而所以厚吾之生，则可畏之甚。故以周公之富，而不至于骄。贫贱忧戚似可畏，而所以玉我于成者，则可乐之至。故以颜子之贫，而不改其乐。"李青函曰："此承上顺受，又以气数归并义理，就天说。"

【注解】（1）富：财物丰厚。贵：地位高；贵显。福泽：福禄的恩泽。（2）厚：丰厚。（3）忧戚：忧愁悲伤。 （4）庸玉汝于成：用以琢磨汝，使之成才。
（5）轻：用力小；容易。 （6）拂乱：违反其意愿以
乱之。

存吾顺事[(1)]，**没吾宁也**[(2)]。

朱子曰："孝子之身存，则其事亲也，不违其志而
已；没则安而无所愧于亲也。仁人之身存，则其事天
也，不逆其理而已；没则安而无所愧于天也。盖所谓朝
闻夕死，吾得正而毙焉者[(3)]。故张子之铭以是终焉。"

本注[(4)]："明道先生曰：'《订顽》（西铭）之言，极
纯无杂，秦汉以来学者所未到。'又曰：'《订顽》一
篇，意极完备，乃仁之体也。学者其体此意，令有诸
己[(5)]，其地位已高，自别有见处。不可穷高极远，恐于
道无补也。'又曰：'《订顽》立心，便达得天德。'又
曰："游酢得《西铭》读之，即涣然不逆于心，曰：
'此中庸之理也，能求于语言之外者也。'杨中立问曰：
'《西铭》言体而不及用，恐其流遂至于兼爱，何如？'
伊川先生曰：'横渠立言诚有过者，乃在《正蒙》。《西
铭》之书，推理以存义，扩前圣所未发，与孟子性善养
气之论同功，岂墨氏之比哉！《西铭》明理一而分殊，
墨氏则二本而无分[(6)]。分殊之弊，私胜而失仁。无分之
罪，兼爱而无义。分立而推理一，以止私胜之流，仁之
方也。无别而迷兼爱，以至于无父之极，义之贼也。子
比而同之，过矣。且彼欲使人推而行之，本为用也，反

谓不及，不亦异乎？'"

【注解】（1）存吾顺事：活着的时候，我不违父母之志意，敬事父母，顺从天地而行事。（2）没吾宁也：死的时候，心安理得，我安宁而逝。没，通"殁"，死亡。（3）吾得正而毙焉：我能得到礼教的正道而死去，也就完满了。（4）本注：《近思录》最早的注释本上的注释。（5）有诸己：有之于自己。有，存在；自身已经先有。（6）二本而无分：人物各本于父母而无二，墨子视其父母无异于路人，是即本于父母又本于路人，本于二而无分别。

【述评】君子心存德性，以孝事亲，以敬事天，无怨无悔。曾子病重，要儿子换掉季孙赐给他的床席，因为享用大夫的床席是失礼的。曰："吾（能依存礼义）得由正道而死去，也就完满了。"君子尊德性，重礼义，虽细微之事，亦不苟且轻忽如此。人活着的时候，不宜违背父母之志意，孝事父母，顺从天地之道而行事，不能违背天命。只有这样，死的时候才能心安理得，安宁地逝世。

总　论

朱子曰："天地之间，理一而已[1]。然乾道成男，坤道成女，二气交感，化生万物。则其大小之分，亲疏之等，至于十百千万，而不能齐也。不有圣贤者出，孰能合其异而反其同哉！《西铭》之作，意盖如此。程子以为明理一而分殊，可谓一言一蔽之矣[2]。盖以乾为父，以坤为母，有生之类，无物不然，所谓理一也。而人物之生，血脉之属，各亲其亲，各子其子，则其分亦安得而不殊哉！一统而万殊，则虽天下一家，中国一人，而不流于兼爱之弊。万殊而一贯，则虽亲殊异情，贵贱异等，而不牿于有我之私。此《西铭》之大旨也。观其推亲亲之厚，以大无我之公；因事亲之诚，以明事天之道，盖无适而非所谓分殊而推理一也。夫岂专以民吾同胞，长长幼幼为理一，而必默识于意言之表，而后知其分之殊哉！且所谓称物平施者，正所谓称物之宜，以平吾之施云尔。若无称物之义，则何以知夫所施之平哉！《西铭》要句句见理一而分殊。今人说只中间五六句理一分殊。据某看乾称父、坤称母直至存吾顺事，没吾宁也，句句皆是理一分殊。唤作乾称坤称，便是分殊。逐句浑论看，便是理一。当中横截看，便是分殊。"问：《龟山语录》云：'知其理一，所以为仁；知其分殊，所以为义'？"朱子曰："仁只是发出来者。至发出来有截然不可乱处，便是义。如爱父母，爱兄弟，爱亲戚乡党，推而大之，以至于天下国家，只是一个爱流出来。而爱之中，便有许多等差[3]，是义也。""前论天地万物与我同体之义，固极宏大。然所论事天工夫，则自于时保之以下，方极亲切。"

居安先师曰："按前半言弘之道，自于时保之以下，论工夫处，始之以畏天乐天，要之以从顺没宁。则毅之至也。"

【注解】（1）理一：道理只有一个。（2）蔽：遮掩；概括。（3）等差：等级差别。

【述评】理者，万事万物的原因、法则、规律。"至于天下之物，则必各有其所以然之故与所以然之则，所谓理也"（《朱子大学或问》）。"如阴阳五行，错综不失条序，便是理"（《朱子语类》）。"理也者，形而上之道也，生物之本也"（《朱子文集》）。"天地之间，只有一个理，性便是理"（《朱子语类》）。

第二篇　张横渠先生语

戏言出于思也⁽¹⁾，戏动作于谋也⁽²⁾。发于声⁽³⁾，见乎四支⁽⁴⁾，谓非己心⁽⁵⁾，不明也⁽⁶⁾。欲人无己疑⁽⁷⁾，不能也。

【注解】（1）戏言：戏谑的言语（开玩笑的话，一般带有捉弄取笑的意思）。出于思：出于心中的思考。（2）戏动：戏谑的举动。作于谋：产生于心中的谋虑。（3）发于声：由声音发出来。（4）见乎四支：由四肢显现出来。四支：即四肢。（5）谓非己心：认为不是出于自己的本心。（6）不明也：是不明事理。（7）无己疑：即无疑己，意为不怀疑自己。

过言⁽¹⁾，非心也⁽²⁾；过动⁽³⁾，非诚也⁽⁴⁾。失于声⁽⁵⁾，缪迷其四体⁽⁶⁾，谓己当然⁽⁷⁾，自诬也⁽⁸⁾；欲他人己从，诬人也。

【注解】（1）过言：错误的言语。过：错误，过分。（2）非心也：不是本心固有的。（3）过动：过分的举动。（4）非诚也：本不是人的诚心所应该如此。
（5）失于声：言辞之声失（不合）其正理。（6）缪迷其
四体：有纰缪迷乱四肢的举动。缪：错误的。通"谬"。
（7）谓己当然：却认为自己本应当如此。（8）自诬也：
是自己诬陷自己的本心。

**或者谓出于心者⁽¹⁾，归咎为己戏⁽²⁾；失于思者，自
诬为己诚⁽³⁾。不知戒其出汝者，归咎其不出汝者⁽⁴⁾。长
傲且遂非⁽⁵⁾，不知孰其焉⁽⁶⁾。**

【注解】（1）或者谓：有人认为。出于心：（自己的
言论举动）是出于自己的本心。（2）归咎为己戏：将出
于本心的谬误，归咎为自己一时的戏谑。（3）失于思者，
自诬为己诚：出于随意戏耍而有失于认真思考，自欺为
自己的本心并未丧失真诚。（4）不知戒其出汝者，归咎
其不出汝者：不知道警戒自己的言行出于心而故为，却
归咎于随意戏耍而偶然失误。（5）长傲且遂非：这是在
增长傲慢无理的习气，而且是在掩饰错误，不思悔改而
加深过恶。（6）知：通"智"，聪明，智慧。

【述评】上三段是张子《东铭》。大旨是"戏不自
有，教人深戒于言动未发之先，以为正心诚意之本。过
不能无，欲人自咎于言动已失之后，以为迁善改过之
机"。戏为有心行为，是故意而为；过为无心差失，是
无意中的失误。孔子说："克己复礼为仁。"是说时时处
处抑制私欲，一言一行都能符合礼节，没有嬉戏的言

动，减少言动的过失，是保全心德的为仁方法。若仅将轻浮不当的言行归咎为"戏耍"，认为本心并非如此而不加修正，长此以往，必流于"长傲""饰非"。"过言""过动"出于仓促思虑，未加斟酌辨别，是一时"失于声，缪迷其四体"。虽为一时之失，但仍需改正。如果将当改之过错看作本该如此，则是文过饰非、自诬本心。如此就会由一时疏忽不察引起的"过"发展成"恶"，这就是"遂非"（掩饰错误，不思悔改）。学者应当于这两处切实下功夫，居敬穷理以改正过错，迁移到良善境界。

气块然太虚⁽¹⁾，升降飞扬⁽²⁾，未尝止息。此虚实动静之机⁽³⁾，阴阳刚柔之始⁽⁴⁾。浮而上者阳之清，降而下者阴之浊。其感遇聚结⁽⁵⁾，为风雨，为霜雪。万品之流形⁽⁶⁾，山川之融结⁽⁷⁾，糟粕煨烬，无非教也⁽⁸⁾。

【注解】（1）气块然太虚：气充满着太空。气：没有一定形状，能自由散布的物质。块然：充盛的样子。太虚：指广大无垠的宇宙空间。太：极大。凡言大而以为形容未尽，则作太。虚：空无所有。（2）升降飞扬：上升下降，飞腾飘扬。（3）机：关键。（4）阴阳：阳为太极之动，阴为太极之静。（5）感遇聚结：由感应际遇，或聚而有形（合而成质），或散而为气。（6）万品之流形：谓万物受天地自然滋育而运动变化，流露形迹。万品：犹万物，万类。流形：流露形迹。（7）山川之融结：泛指世间万物的聚散变化，水凝结为冰川霜雪，融为江海云气。土石矿物结为山陆星体，融为气雾尘埃（尘埃指的是飘浮于宇宙间的岩石粉粒与金属粉粒）。川：指河流。（8）无非教也：没有不是教化的依据。

【述评】"此条极言气之功用，末句始说到理上"（《近思录解义》）。气体充满着太空，大至日月星辰，小至山川、人物、草木、鸟兽、虫鱼，无不由气聚结成为形体。形溃气销复归太虚。或形或气，都是天地造化的形迹，是实理的显现。理寓于气，气载夫理，理主宰气，理气运化而生生不息之德，都是教化的依据，应当为人君所效法，奉行为仁德教化，仁政爱民的行政规范和教化原则。

阴阳是中国古代圣贤创立的宇宙本源论，阳为太极之动，阴为太极之静。"夫阴阳者，造化之本，不能相无，而消（阴）长（阳）有常"（《周易卦解·坤》）。"太极者性命之理，道之体也。阴阳者，变化之机，道之用也"（《周易卦解·周易序》）。古人仰观、俯察，取类比象，将自然界中各种对立又相联的现象，如天地、日月、昼夜、寒暑、男女、上下等，抽象归纳于"阴阳"的范畴。

游气纷扰⁽¹⁾，**合而成质者，生人物之万殊**⁽²⁾。**其阴阳两端**⁽³⁾，**循环不已者，立天地之大义**⁽⁴⁾。

【注解】（1）游气纷扰：气升降飞扬，流行不定。游：流行。（2）万殊：各不相同。（3）阴阳两端：此谓阴阳变化，阳极生阴，阴极生阳，循环变化无有止息。两端：事物的两个方面（一个统一体自身相对应的两个方面）。（4）循环不已者，立天地之大义：阴而阳，阳而阴，阴阳循环无有止息，以生发万物，此乃天地之大义。朱子说："此是说气之本。"

【述评】朱子曰："游气者，指其所以赋与万物。一物各得一个性命，便有一个形质，皆此气合而成之也。""阴阳两端，即上章所谓阴阳刚柔之始。循环不已，即上章所谓虚实动静之机。日月运行，寒暑往来，阴而阳，阳而阴。乾道之所以变化，而性命各正。天地之所以氤氲而万物化醇者，不外乎此。故曰立天地之大义"（《近思录解义·道体》）。天下每一事物，自身无不有阴阳、正反、终始等相对应的两个方面，谓之两端。"天下之物，无独必有对，进退存亡得丧，犹生之必有死，昼之必有夜，皆相对也。此阴阳互根之理，自然如此，而万事万物莫不皆然。"（《周易卦解·乾》）

天体物不遗⁽¹⁾，犹仁体事而无不在也⁽²⁾。"礼仪三百⁽³⁾，威仪三千"⁽⁴⁾，无一物而非仁也。"昊天曰明⁽⁵⁾，及尔出王⁽⁶⁾，昊天曰旦⁽⁷⁾，及尔游衍⁽⁸⁾"，无一物之不体也。

【注解】（1）天体物不遗：天为物之体，物以天为体，物聚天地之气，赋天地之理以生以存，是天的一部分。朱子曰："凡言体者，便是做个基骨也。"体：躯体，身体。（2）仁体事：仁为事之体。（3）礼仪三百：经礼（礼的总纲）有三百条。（4）威仪三千：礼的细目（曲礼）有三千多条。威仪：庄重的仪容、举止。（5）昊天：上天。昊：元气博大貌。明：光明。（6）及尔出王：与你同道来往。出王：出而有所往。王：通"往"。（7）旦：早晨，白天。这里指明亮。（8）游衍：恣意游逛。

【评述】朱子说："体物，犹言为物之体也，盖物物有个天理。体事，谓事事是仁做出来。凡言体，便是做他骨子。"叶平严曰："礼文之大小，无非爱敬恻怛之心所发见者，故曰无一物而非仁也。不然，则礼文特虚文而已。"仁统四端兼万善，以仁存心，以礼存心，则事事是仁做出来，无不合情合礼合义。"天道昭明，只要是人们往来游息的地方，天理无所不在。""天者，理之所从出，一物一理，即一物一天；无一物无理，即无一物无天，故天体物而不遗。仁者心之德，爱之理，遇父则孝，遇子则慈，遇民则爱，故仁体事而无不在。大而纲常伦理，小而事物细微，莫非天理之流行，无一事而非仁也。一本而万殊，万殊而一本，莫非实理之充周，无一物之不体也。"（《近思录解义》）

鬼神者[(1)]，**二气之良能也**[(2)]。

【注解】（1）鬼神：天之功用谓之鬼神。"至之谓神，反之谓鬼。""鬼神者造化之迹也"（《周易程氏传》）。"鬼神只是气，屈伸往来者气也"（《朱子语类》）。（2）二气：阴阳二气。良能：先天具有的良善本能。

【述评】"至之谓神，如雨露风雷，人物动植之类，其情状可得而知。反之谓鬼，则无形状可求。祖考来格（祖考的神灵来享祭品），便是神之伸也"（《朱子语类》）。"天无为也，其功用谓之鬼神。天之生物，阴阳二气而已。阴阳非鬼神，其往来屈伸，灵妙不可测处，乃鬼神也。鬼神一往一来，一屈一伸，自然而然，非有安排，故谓之良能。鬼神，气也，而理寓于气焉。天之生物，皆气之屈伸为之。气伸而理在伸中，气屈而理在屈中，天所以体物而不遗也"（《近思录解义》）。

物之初生，气日至而滋息[(1)]。**物生既盈**[(2)]，**气日反而游散**[(3)]。**至之谓神**[(4)]，**以其伸也。反之谓鬼**[(5)]，**以其归也**[(6)]。

【注解】（1）滋息：繁衍，增长。（2）物生既盈：物已经生长到壮盛时期。（3）游散：游离散逸。（4）至之谓神：将要到来的东西都是神。（5）反：返回。（6）归：回归（形溃气销而回归于太虚）。

【述评】张子说："神者，太虚妙应之目。""应"

是太虚对于"感"的反应。有什么"感",怎么反应,这都是不可预测的,所以称为"妙应",也称为"神"。神有变化不测的意思。归根到底这也是气之屈伸,是互相感动、互相反应的。这是"性命之理",也就是事物发展变化的基本原则。

性者万物之一源⁽¹⁾,非有我之得私也。惟大人为能尽其道⁽²⁾。是故立必俱立⁽³⁾,知必周知⁽⁴⁾,爱必兼爱⁽⁵⁾,成不独成⁽⁶⁾。彼自蔽塞,而不知顺吾理者⁽⁷⁾,则亦末如之何矣⁽⁸⁾。

【注解】(1)性者万物之一源:理寓于气,万物皆得天之气理以生,是万物之性同源于天。(2)惟大人为能尽其道:只有德行高尚的大人能够尽己之性。(3)立必俱立:己有所立,必与人俱立。(4)知必周知:己有所知,必使众人共知。(5)爱必兼爱:爱一定是广泛地爱一切人与物。(6)成不独成:自己有成则使人都有所成。(7)彼自蔽塞,而不知顺吾理者:那些自己蔽塞了天性而不知道顺着本性发展的人。(8)末:终了,最终。

【述评】万物皆由天地化生(秦治《论天地化生万物》)。天是由充满宇宙空间的气与主宰气化运行的理组成的有机体。这个有机整体的天,以阴阳五行精气妙合而凝化生万物,气聚成形而有物之形体,理亦赋焉而有物之生命,"男女媾精"之生生离不开精(精:气化生长的生命体能量）气长养呼吸。气是构成万物的基本元素，万物都是天之"气"凝聚而成的物。每个物都是天的一分子，共具天之本性。也就是说，万物与天同体、同气、同理、同性，故曰性者万物之一源。

"立必俱立，知必周知，爱必兼爱，成不独成。皆至诚恻怛之心自然流露，仁之体事而无不在者然也"（《近思录解义》）。叶平严曰："此即《大学》明明德于天下，《中庸》成己成物之道，盖《西铭》之根本也。"

一故神⁽¹⁾，譬之人身四体皆一物⁽²⁾。故触之而无不觉，不待心使至此而后觉也。此所谓感而遂通⁽³⁾，不行而至，不疾而速也⁽⁴⁾。

【注解】（1）一故神：纯一不二谓之一。妙应不测谓之神。（2）四体：四肢（两上肢和两下肢）。皆一物：都是同一个躯体上的一部分。（3）感而遂通：碰到躯体任何一个地方都能立即感觉到。（4）不疾而速：不等待心灵快速反应就能够有感而遂通之速。

【述评】天（充盈太虚的理气与有形天体构成的宇宙）与万物同为一体，如人的身躯一样，有"感而遂通，不行而至，不疾而速"的奇妙感应效果。"天地之为物不二，则其生物不测。不二，一也。不测，神也。天地只此一理，阴阳升降上下，日月寒暑往来，生人生物，神化无穷。圣人之心，浑然一理，不二不杂，神妙不测，感而遂通，不疾而速，不行而至。天之所以体物

　　　　　　　　　　　　儒学门径

不遗，仁之所以体事而无不在，皆一之神为之也"
（《近思录解义》）。朱子曰："一是一个道理，却有两端
用处不同。譬如阴阳，阴中有阳，阳中有阴，阴极生
阳，阳极生阴，所以神化无穷。"又曰："发于心，达于
气，天地与吾身共只是一团物事。所谓鬼神者，只是自
家气。自家心下思虑才动，这气即敷于外，自然有所
感通。"

心⁽¹⁾**，统性情者也**⁽²⁾**。**

【注解】（1）心：心为神明之府，秉承天理而有仁
义礼智之性，主知觉以应万事。（2）统性情：性为体，
情为用，性是心之理，情是心之动，性情皆由心出，故
曰心统性情。统：统领，如统兵之统。性：人禀受天
理，理具于心谓之性。情：心感于物而发出的喜、怒、
哀、乐等心理状态。

【述评】朱子曰："未动为性，已动为情，心则贯
乎动静而无不在焉。知言曰：'性立天下之有，情效天
下之动，心妙性情之德，此言甚精密。'"又曰："'心
是神明之舍，为一身之主宰。性便是许多道理，得之于
天而具于心者，发于智识念虑处皆是情，故曰心统性
情。''仁体事而无不在，不外于一心，心统性情者也。仁
义礼智，性也，而根于心。恻隐（之心）、羞恶（之心）、
辞让（之心）、是非（之心），情也，而发于心。仁者本心
之全德，统四端，兼万善，静而敬以存之，则有以养其性。

仁之体立，而义礼智信皆仁也。动而敬以察之，则有以约其情，仁之用行，而羞恶、辞让、是非皆恻隐也。仁之体事而无不在者然也。'"（《近思录解义》）

凡物莫不有是性[1]。由通蔽开塞[2]，所以有人物之别。由蔽有厚薄[3]，故有智愚之别。塞者牢不可开，厚者可以开，而开之也难[4]。薄者开之也易[5]，开则达于天道[6]，与圣人一。

【注解】（1）凡物莫不有是性：世间所有的物无不具有天地之性理。（2）通蔽开塞：人物禀性皆同而气禀有通蔽开塞之异，所以有了人和物的区别。蔽：私欲遮蔽。塞：固拘于形体，坚牢不可开启，是下愚而无法改变之人的气质。（3）蔽有厚薄：私欲遮蔽有厚有薄。（4）开之也难：开启较困难。私欲遮蔽深厚者，需用百倍功力，努力学习践行善道以变化气质，以恢复其本然天性。（5）开之也易：开启较容易。私欲遮蔽较薄者，开启遮蔽比较容易。（6）达于天道：开启遮蔽后达到理明义精，与天道相通，也就和圣人一样了。

【述评】"人物之生，同得天地之理以为性。性无不同，而气则有异。由气有通蔽开塞，故有人物之别。由气之蔽有厚薄，故有智愚之别"（《近思录解义》）。吕与叔曰："蔽有浅深，故为昏明（昏庸或明达）；蔽有开塞，故为人物（或生为人，或生为物）。"问："人之习于不善，终不可反与（同欤）？"朱子曰："势极重者不可反，亦在乎识之浅深，与用力之多寡耳。须是痛加功夫，人一己百，人十己千，进而不已，则成功与圣人一（一样）也。"

精义入神⁽¹⁾，事豫吾内⁽²⁾，求利吾外也⁽³⁾。利用安身⁽⁴⁾，素利吾外，致养吾内也⁽⁵⁾。穷神知化⁽⁶⁾，乃养盛自至⁽⁷⁾，非思勉之能强。故崇德而外，君子未或致知也⁽⁸⁾。

【注解】（1）精义入神：精研微妙的义理，入至于微妙处。（2）事豫吾内：事情未出现以前，心中已熟知这事的道理，运用早已穷究明白的道理处理事务，就能够裁处合宜。豫：事未至而先知其理之谓豫。（3）求利吾外也：精研义理，见微知著，所以有利于我正确处理外在事务。（4）利用安身：处事合宜而无所遗憾，就能心安理得，利于身心安宁。（5）致养吾内：心动而思维意念、言语行为，无不践行于礼法道义，用以涵养我的德性。（6）穷神知化：穷极微妙之理，晓知变化之道。穷：彻底推究。（7）养盛自至：内外涵养达到德行极盛时，自然会达到穷神知化。（8）君子未或致知：君子惟务推崇自己的品德，有德必有致事之才，崇德而外不去获取别的（无用的）知识。

【述评】张子曰："精义入神，事豫吾内，求利吾外也。"秦治《论精义入神 事豫吾内》曰：君子之行，居则心如止水，温润浑厚，泰然自若。动则敬义夹持，思维意念之间，言语行为之际，无不精准纯粹地符合礼法、符合道义。真诚专一地执持中正仁义之道而不偏不倚，恰如其分，适当其宜，无过与不及之差。养成如此功夫，在于笃行"精一执中""克己复礼"之训。依程子"四箴"谨行不悖，积以时日，至于不勉而中，不思而得，从容中道，则近于仁圣之域矣。

精研义理至于微妙处，晓知事物变化规律，大明人心天命本然，真知至善所在，则能见微知著，依理处事，裁处无不合宜。内外涵养达到德行极盛时，自然会达到穷神知化；预先熟知各类事务的缘由、发展与依归的必然途径和结果。此横渠先生首重格物致知以穷理尽性也。

欲精义入神，事豫吾内，首先要明理。要明白做人做事的道理，并依从这些道理真诚无妄地去做。此《中庸》所谓"明则诚矣"。是说由明白道理依理而行以达到真诚无妄，是教人、做人正道。事理物理穷究明白了，就能精于性理，依理笃行以养性。明于事理，合宜处事以正己安人。明察物理，善假于物以安民。如何才能明理呢？格物所以明理也。就是朱子所说的"在即物而穷其理也"，"穷至事物之理，欲其极处无不到也"。

形而后有气质之性[1]，善反之[2]，则天地之性存焉。故气质之性，君子有弗性者焉[3]。

　　　　　　　　　　　　　　儒学门径

【注解】（1）形而后：有了形体以后。气质之性：是人禀受天地气质生成的依赖外物而生存的需求。（2）善反之：善于反省过失，克制自己不合理的私欲私意，使气质之性返回到合理境界。（3）君子有弗性者焉：君子不以气质之性为性（通过学问修行以消除气质之蔽，恢复本然善性而成为君子，就不受气质之性左右了）。弗：不。

【述评】朱子曰："'天地所以生物者理也，其生物者气与质也。人物得是气质以成形，而其理之在是者谓之性。然所谓气质者，有偏正、纯驳、昏明、厚薄之不齐，故性之在是者，其为品亦不一，所谓气质之性者也。告子所谓生之谓性，程子所谓生质之性、所禀之性、所谓才者皆谓是也。然其本然之理，则纯粹至善而已，所谓天地之性者也。孟子所谓性善，程子所谓性之本，所谓极本穷源之性，皆谓此也。''天地之性，专指理言，气质之性，则以理杂气言。''性譬之水，本皆清也，以净器盛之则清，以污器盛之则浊，澄治之，则本然之清未尝不在。''本然之性，无有不善，只被气质有昏浊隔了，故气质之性，君子有弗性者焉。学以反之，则天地之性存矣。皋陶谟所谓"宽而栗"等九德，皆是论反气质之意。'"

德不胜气⁽¹⁾，性命于气⁽²⁾。德胜其气，性命于德⁽³⁾。穷理尽性⁽⁴⁾，则性天德，命天理，气之不可变者⁽⁵⁾，独死生修天而已。

【注解】（1）德不胜气：德行不能胜过气质。（2）性命于气：性命被气质所左右。（3）性命于德：性与命皆由于德。（4）穷理尽性：穷究事物的根本原理，彻底洞明人类的心性。（5）不可变：不可能通过个人修为而改变。

【述评】"命于天曰性，修于人为德。不善反之，则德不胜气。气用事，性与命皆由于气，而拘于杂揉之质。善反之，则德胜其气。德为主，性与命皆由于德，以全其本然之善。德何以能胜其气，穷理以致其知，力于行以尽性，则所受之性，皆能全天之德，所赋之命，皆能顺天之理，而气质可变矣。死生寿夭之数，由天而不由人，故不可变。若气质之变，在我而已，百倍其功，弗能弗措（学不到通达晓畅绝不终止），虽愚必明，虽柔必强，何不可变之有"（《近思录解义》）。朱子曰："性是以其定者而言，命是以其流行者而言。"黄勉斋曰："德以所得者而言，理以本然者而言，故性曰天德，命曰天理，一而已矣。"

莫非天也⁽¹⁾。阳明胜⁽²⁾，则德性用。阴浊胜⁽³⁾，则物欲行。"领恶而全好"者⁽⁴⁾，其必由学乎⁽⁵⁾！

【注解】（1）莫非天也：理气皆命于天，德性物欲，都是禀受于天的。（2）阳明胜：物欲被克制而心性清明。阳明：阳光、光明。（3）阴浊胜：物欲遮蔽而昏浊不明。（4）领恶而全好者：克治恶习而成全良善的行为习惯。（5）其必由学乎：必须通过认真学习努力践行圣人之道。

【述评】朱子曰："禀得气清明者是阳也，此理只在里面，而德性自用。昏浊者是阴也，此理亦只在里面，但为昏浊遮蔽，所以物欲自行。"要改变昏浊气质，必须通过学习圣人之道，学明善之所以为善，辨明是非曲直、邪恶丑美，努力为善去恶，改过迁善，则德日进而智益明。

大其心(1)，**则能体天下之物。物有未体**(2)，**则心为有外**(3)。**世人之心，止于见闻之狭**(4)。**圣人尽性，不以见闻梏其心**(5)，**其视天下，无一物非我**(6)。**孟子谓尽心则知性知天以此**(7)。**天大无外，故有外之心，不足以合天心**(8)。

【注解】（1）大其心：扩大自己心量（虚心）。（2）物有未体：还有未能体认清楚其理的物。体：体察辨识。（3）心为有外：你的心与物被阻隔遮蔽（理与未能体认清楚的物不相通贯）。不能以天下万物为一体，则不能贯通而有隔。（4）见闻之狭：因所见所闻局限而心胸狭小。（5）梏其心：束缚其心。梏：木手铐。（6）无一物非我：没有任何一种事物不与我同体。（7）尽心则知性知天：用全部心力格物穷理，达到无一物之不体，就能"尽乎此心之量"而合于天，则知性者理也。程子所谓"心也、性也、天也，一理也"。尽心：用全部心力。（8）不足以合天心：有外物之心而心量不能尽其大，则自心未能合于天心。

【述评】心体至大而无外，推广扩大自己的心量，就能够体认天下万物之理。有一物之理未能体认，则你的心与物有隔，未能包容天地。朱子曰："'将自家这身入那事物里去体认。''是置心在物中究见其理，如格物致知之义。'问：如何得不以见闻梏其心？曰：'张子此说，是说圣人尽性事，如今人理会，须有见闻，岂能舍此。先是从见闻上做功夫（功夫做到位），然后脱然（舒适的样子）贯通。盖寻常见闻一事，只知得一个道理，若到贯通，便都是一理，曾子是已（就像曾子那样）。'问：如何是有外之心？曰：'只有私心，便内外扞格（抵触，格格不入），只见得自己，凡物皆不与己相关，便是有外心。此说固好，然只管好些说，便无归著（无所归宿），入于邪遁之说。如夫子（孔夫子）都（全部）说得平易，从得夫子之言，便是无外之实。若便要说天大无外，则此心便瞥入虚空里去了。'"

仲尼绝四⁽¹⁾，自始学至成德，竭两端之教也⁽²⁾。意⁽³⁾，有思也，必⁽⁴⁾，有待也，固⁽⁵⁾，不化也，我⁽⁶⁾，有方也。四者有一焉，则与天地为不相似矣。

【注解】（1）仲尼绝四：孔子禁止学生犯"意、

必、固、我"四种毛病。绝：断，完全决断。（2）竭两端之教：竭尽始终地教导。（3）意：不合公正的私意。（4）必：期望一定要。（5）固：固执，拘泥。不能融会贯通。（6）我：私自；局限于己。

【述评】朱子曰："四者相为终始，起于意，遂于必，留于固，而成于我也。盖意、必常在事前，固、我常在事后。至于我又生意，则物欲牵引，循环不穷矣。""张子以毋字为禁止之辞，自始学之勉强禁绝，至成德之自然禁绝，皆有事于此，故曰竭两端之教。天地至大而无外，意、必、固、我，四者有一则不能与天地同其大。故不可以不绝。绝之如何，维敬与义，直内方外，大公顺应，庶无四者之累矣。"（《近思录解义·为学大要》）

上达反天理⁽¹⁾，下达徇人欲者欤⁽²⁾！

【注解】（1）反天理：恢复到符合天理的公正修为。反：同"返"。（2）徇人欲：贪求过分欲望嗜好。

【述评】君子上达，小人下达。上达者日进于高明，恢复其本然天性而日至乎公正良善。下达者沉溺于人欲之私而日就乎污下。

知崇⁽¹⁾，天也，形而上也⁽²⁾，通昼夜而知⁽³⁾，其知崇矣。知及之，而不以礼性之⁽⁴⁾，非己有也。故知礼成性而道义出，如天地位而易行⁽⁵⁾。

【注解】（1）知崇：知识高明如天。崇：高，尊重。（2）形而上：（知）形而上之理。（3）通昼夜而知：通，犹兼也。昼夜，即幽明死生鬼神之谓。知此然后可以见至神之妙。（4）以礼性之：习礼成性。（5）天地位：天与地各得其位。

【述评】格物以推致其知，能知至善之所在，则知尽而理明，知崇也。动容周旋，不违礼义，躬行久而习惯成为自然，则知礼成性，道义由之而出。"性者，天所命；道义，人所由。天性浑全，一成不易，则天下之道，千变万化，皆由此出也。"（《近思录解义·为学大要》）

困之进人也[1]，为德辨[2]，为感速[3]。孟子谓："人有德慧术智者，常存乎疢疾"，以此[4]。

【注解】（1）困：身处危困境地。（2）为德辨：是（处困者）辨识德性的关键场所。（3）感：外界事物在人们思想情绪上引起的反应。（4）疢（chèn）疾：疾病，也指忧患。

【述评】张范卿师公曰："知礼成性，则德修于己，可以处困而亨矣。"又曰："处忧患，则操心危，虑患深，而德慧术智由此而生。困之一境，正所以增人学识，坚人心声，以养成人之毅力也。"

言有教[1]，动有法[2]，昼有为，宵有得，息有养⁽³⁾，瞬有存⁽⁴⁾。

【注解】（1）言有教：说出来的话要含有教育意义。（2）动有法：行动符合规矩、法度。（3）息有养：一呼一吸之际，皆有所养。养：涵养善性，涵养浩然正气。（4）瞬有存：一眨眼，都应有所存养。存：存心于良善。"不以一毫私意自蔽，不以一毫私欲自累。"（《中庸章句》）

【述评】此言君子之学，动静交养，不可瞬息间断。白天行于所当行，晚上不忘检讨反省；一呼一吸之际，皆有存养，把诚意正心落实到一举一动中，久行不悖，积善成德，则近道矣。

《序卦》不可谓非圣人之蕴⁽¹⁾。今欲安置一物，犹求审处，况圣人之于《易》？其间虽无极至精义，大概皆有意思。观圣人之书，须遍布细密如是。大匠岂以一斧可知哉！

【注解】（1）蕴：藏蓄，聚积。这里指事理深奥的地方。

【述评】"《序卦》借卦名以序相承之意，有相因者，有相反者。义理虽未极其精深，而天道之盈虚消长，人事之得失存亡，国家之兴衰理乱，治道之因革损益，人心之动静真妄，贤人之进退出处，无不备具其中。朱子所谓'事事夹杂都有'是也。"（《近思录解义·格物穷理》）

天官之职[1]，须襟怀洪大方看得。盖其规模至大，若不得此心，欲事事上致曲穷究，凑合此心如此之大，必不能得也。释氏锱铢天地[2]，可谓至大，然不尝为大，则为事不得，若畀之一钱，则必乱矣。又曰：太宰之职难看。盖无许大心胸包罗，记得此，复忘彼。其混混天下之事，当如捕龙蛇，搏虎豹，用心力看方可。其他五官便易看[3]，止一职也。

【注解】（1）天官：官名，因其总辖百官，取象天之无所不包，故称天官。《周礼》有天官冢宰（又叫太宰），相当于后代的宰相。（2）释氏：释迦佛的略称。亦指佛教。（3）其他五官：即地官司徒、春官宗伯、夏官司马、秋官司寇、冬官考工记。

【述评】《周礼》治分六官，冢宰掌邦治，佐王均邦国；司徒掌邦教，佐王安邦国；宗伯掌邦礼，佐王和邦国；司马掌邦政，佐王平邦国；司寇掌邦禁，佐王刑邦国；考工掌邦用，佐王养邦国。冢宰职责"规模极大，节目极详，千条万绪，周遍精密，皆从圣人广大之心自然流出。后人不得圣人之心，而欲以偏私狭小之见，就事上一一穷究，零星凑合，必不能包罗无遗。故天官之职难看，必襟怀洪大方看得"。（《近思录解义·格物穷理》）

古人能知《诗》者惟孟子，为其以意逆志也[1]。夫诗人之志至平易，不必为艰险以求之。今以艰险求

《诗》，则已丧其本心，何由见诗人之志。

【注解】（1）以意逆志：以自己的切身体会去推测作者的本意。

【述评】"诗以言志，本人情，该物理，其言温柔敦厚，至为平易。读诗者虚心涵泳，以己意迎取作者之志，反复沉潜，优游吟哦，当可神会而自得之。若以艰险求诗，则失其自然之心，何由见诗人之志也"（《近思录解义·格物穷理》）。朱子曰："以意逆志，此句最好。逆是前去追迎之意，是将自家意思去等候诗人之志来。等得来自然相合，此是教人读书之法。自家虚心在这里，看他道理如何来，自家便迎接将来。今人读书，都是去捉他，不是逆志。"

《尚书》难看，盖难得胸臆如此之大⁽¹⁾。只欲解义，则无难也。

居安夫子曰："二帝三王之大经大法，备载于《书》⁽²⁾。明德新民之纲⁽³⁾，修齐治平之目⁽⁴⁾，《尧典》已尽其要。精一执中⁽⁵⁾，开致知力行之端。主善协一，示博文约礼之义。以义制事，以礼制心，明涵养省察之要。羲和之历数，《禹贡》之山川，《说命》之学问，《洪范》之政治，《周官》之官职，《无逸》立政之修己治人⁽⁶⁾，宏纲大用，无不备举。苟无极大胸臆，如何能看。若只欲解其文义，而不求圣人之意，则固无难也。"朱子曰：

"须是于大原本看得透，自然心胸开阔，其理方易晓。"

【注解】（1）胸臆：内心深处的想法。（2）《书》：《书经》。（3）纲：《大学》三纲领。（4）目：《大学》八条目。（5）精一执中：舜禹授受的圣贤十六字心法。（6）《禹贡》《说命》《洪范》《周官》《无逸》：皆（《尚书》）篇名。

读书少，则无由考校得义精。盖书以维持此心，一时放下，则一时德性有懈。读书则此心常存，不读书，则终看义理不见。

【述评】多读诗书，博闻强志，以经证经，容易理解经书义理（同一道理，不同经典中解说或异）。依理而行，则品行日进。

书须成诵(1)。精思多在夜中，或静坐得之。不记则思不起(2)。但通贯得大原后(3)，书亦易记。所以观书者，释己之疑，明己之未达，每见每知新益，则学进矣。于不疑处有疑(4)，方是进矣。

【注解】（1）成诵：谓书读熟，能背诵。（2）记：熟记于心。（3）大原：根源，根本。（4）于不疑处有疑：能在一般人认为没有疑义的地方发现疑义（这才是长进）。

【述评】熟记能背诵，是书本上的文字已牢记心中不会遗忘。夜中或静闲时，就会想起经书字段，精思文字中所蕴含的义理，达到读书明理功效。所谓思之思之，然后得之。"此言读书在于精思，而精思必先以熟读也。朱子曰：'横渠教人读书，必须成诵。真道学（真是学道）第一义，遍数已足，而未成诵，必须成诵。遍数不足，虽已成诵，必满遍数。但百遍时，自是强五十遍时；二百遍时，自是强一百遍时。今所以记不得，说不去，心下若存若亡，皆是不精不熟之患。今人不如古人处，只争这些子。古人记得，故晓得。今人卤莽记不得，故晓不得。紧要处、慢处，皆需成诵。一一认得，如自己做出来底一般，方能玩味反复向上通透处。若不如此，只是虚设议论，非为己之学也。''大抵观书，先须熟读，使其言皆若出于吾之口；继以精思，使其意皆若出于吾之心，然后可以有得。然熟读精思，即晓得后，又需疑不止于此，庶几有进。若以为止于此矣，则终不复进矣'"（《近思录解义·格物穷理》）。天下欲读书明理者，遵循此法，必至成德成功，故曰："真道学（真是学道）第一义"也。

《六经》须循环理会[1]，义理尽无穷，待自家长得一格，则又见得别。

如《中庸》文字辈，直须句句理会过，使其言互相发明[2]。

【注解】（1）循环理会：一次又一次地思考、领会、理解其中义理。（2）互相发明：以经证经。以各种经书、书籍互相佐证，互相补充，以达到正确理解，深研义理。

【述评】 "《中庸》发明性道教之旨，一理分为万事，万事合为一理。首尾贯通，脉络分明，须句句理会过，使其言互相发明。则于孔门传授心法，庶乎有以得之矣。"（《近思录解义·格物穷理》）

《春秋》之书，在古无有，乃仲尼所自作，惟孟子能知之。非理明义精，殆未可学，先儒未及此而治之，故其说多凿[1]。

居安先师曰："孟子三言《春秋》，存王迹，惧乱贼，无义战，皆《春秋》要义。孟子之学，理明义精，心通乎道，故能辨是非，而有以识圣人之心。后儒理未明，义未精，而以常人之情，强为揣度[2]，故其说多凿。"

【注解】 （1）凿：穿凿附会。 （2）揣度：推测，估计。

【述评】 穿凿附会之说，误导误传，会引人偏离正道而不自知，害道害人实甚。"近世有讲《公羊》学者，侈言大义，而以受命改制说《春秋》，则大义之乖实甚。于《公羊》所未言者，多方穿凿附会，以诬传而乱经。源于董、何，极于康、梁，离经叛道，倡为非常

可怪之论，而《春秋》遂为奖进乱贼之书。大义乖而经学亡，贼民兴而中国危矣。呜呼！恫哉！"（《近思录解义·格物穷理》）

始学之要，当知"三月不违$^{(1)}$"与"日月至焉$^{(2)}$"，内外宾主之辨。使心意勉勉循循而不能已$^{(3)}$，过此几非在我者。

【注解】（1）三月不违：心常在体内而为主，能长时间不违仁。（2）日月至焉：心存体内时少，亡时多，常在外而为宾。（3）勉勉循循：力行不倦，循序渐进。

【述评】学以明理，改过迁善。积德累仁，力行不倦。循序渐进，则失误日少，仁德日增，其进自有不能自已者。

心清时少，乱时常多。其清时，视明听聪，四体不待羁束$^{(1)}$，而自然恭谨；其乱时反是。如此何也？盖用心未熟$^{(2)}$，客虑多而常心少也$^{(3)}$。习俗之心未去$^{(4)}$，而实心未完也$^{(5)}$。人又要得刚$^{(6)}$，太柔则入于不立。亦有人生无喜怒者，则又要得刚。刚则守得定不回，进道勇敢，载则比他人自是勇处多。

【注解】（1）羁束：犹拘束。自我约束。（2）用心未熟：义理之心还没有涵养成熟。（3）客虑：浮浅而不切实际的思虑。（4）习俗之心：习染了偏颇而不适当习性的心理。习俗：低俗的风俗习惯。（5）实心：真实无妄的心意。（6）刚：坚强，刚直方正。

【述评】"欲存义理之实心，莫要于刚。刚则有以胜其人欲之私，卓然自立，不为事物所摇夺。持守坚定，进道勇敢，实心日完，而客虑习心自化矣。"（《近思录解义·存养》）

戏谑不惟害事，志亦为气所流，不戏谑，亦是持志之一端。

【述评】用逗趣的话开别人的玩笑，性趣失控乃至戏耍嘲弄，令人难堪。此非正人君子之行。

正心之始，当以己心为严师。凡所动作，则知所惧。如此一二年，守得牢固，则自然心正矣。

【述评】事事留心，使道心常为一身之主。思维言动惟恐失义，动容周旋，必合于礼。持守既久而不坠，则可期心正而身修。

定(1)，**然后始有光明。若常移易不定**(2)，**何求光明？《易》大抵以艮为止，止乃光明**(3)。**故《大学》定而至于能虑，人心多**(4)，**则无由光明。**

【注解】（1）定：志有定向。定于至善之所在，与时偕行。（2）移易不定：思虑忽彼忽此游移不定。（3）止乃光明："'动静不失其时，其道光明'。'艮体笃实，有光明之义'"（《周易卦解·艮》）。（4）人心多：生于形气之私的私欲之心增多。人心：私欲之心。

【述评】张范卿师公曰："心正则无烦扰之患，而心自定矣。光明者心体虚明，足以照察事物也。"

"动静不失其时，其道光明[1]。"学者必时其动静[2]，则其道乃不蔽昧而明白。今人从学之久，不见长进，正以莫识动静，见他人扰扰[3]，非关己事，而所修亦废。由圣学观之，冥冥悠悠[4]，以是终身，谓之"光明"可乎？

【注解】（1）其道光明：动静行止不失时机之宜，前途才能光明通畅。（2）时其动静：动静适时，与时偕行。（3）扰扰：纷乱貌。（4）冥冥：昏昧不明。悠悠：懒散傲慢，不思进取。

【述评】不识动静时宜，是格物致知功夫不精。见他人纷乱失礼而不自戒惧，甚或随俗浮沉，逐物流动，虽久学而难于长进也。

敦笃虚静者，仁之本[1]。不轻妄，则是敦厚也。无所系阂昏塞[2]，则是虚静也。此难以顿悟[3]，苟知之，须久于道，实体之[4]，方知其味。夫仁亦在乎熟之而已。

【注解】（1）仁之本：仁以敦厚虚静为本根，以存心明理。（2）系阂昏塞：拴绑阻隔，昏愦闭塞。（3）顿悟：突然感悟。（4）实体之：努力实践，亲身体验。

【述评】"敦厚则言动不轻妄而心常存，虚静则心体无所系阂昏塞，而理日明，故以仁为之本。"能久久躬行实践于圣人之道，方能深知其味，义精仁熟，而成其德业。不从事明理致知，欲不学而顿悟，安能哉！

湛一⁽¹⁾，气之本；攻取⁽²⁾，气之欲。口腹于饮食，鼻舌于臭味，皆攻取之性也。知德者，属厌而已⁽³⁾，不以嗜欲累其心，不以小害大，末丧本焉尔。

纤恶必除⁽⁴⁾，善斯成性矣。察恶未尽，虽善必粗矣⁽⁵⁾。

【注解】（1）湛一：精湛纯一。（2）攻取：进攻夺取。（3）属：足。厌：饱。（4）纤恶：就像纤维那么细的过恶。（5）粗：不精细。

【述评】修身，要身心清澈纯一，无邪思妄念。满足耳目口腹正常需求而已，不以奢侈嗜欲累其心。虽纤细过恶，亦必清除干净。一点点小过错，也能笃实改正，才能成就我们的善性。

恶不仁，故不善未尝不知。徒好仁而不恶不仁，则习不察，行不著。是故徒善未必尽义，徒是未必尽仁。好仁而恶不仁，然后尽仁义之道。

【述评】 "好仁，仁也。恶不仁，义也。仁义似相反而实相成，未有不合于义而可以言仁者也。颜子克己复礼，以义成仁也。非礼勿视听言动，有不善未尝不知。恶不仁，正所以为仁也。若徒好仁而不恶不仁，所习或未之察，所行或未之明，含糊苟且，无适无莫，而不能义之与比，是故徒善未必尽义，徒是未必尽仁。唯好仁而恶不仁，察恶必尽，纤恶必除，绝去不仁之事，不使少有及于其身。惟其义之尽，乃为仁之至。"（《近思录解义·改过迁善克己复礼》）

责己者[1]，当知无天下国家皆非之理。故学至于不尤人[2]，学之至也。

有潜心于道，忽忽为他虑引去者[3]，此气也。旧习缠绕，未能脱洒，毕竟无益，但乐于旧习耳。

古人欲得朋友与琴瑟简篇，常使在于此。惟圣人知朋友之取益为多，故乐得朋友之来。

【注解】（1）责己者：严格要求自己的人。（2）不尤人：不责怪人。（3）忽忽：形容时间过得很快。

【述评】 修身者，必严于律己，宽以责人。潜心道德学问，以改过迁善为务。注重朋友讲习，相观而善。以琴瑟调适性情，简编涵泳义理。优游渐染，不使私意自蔽，不使私欲自累，而旧习可化矣。"有朋友讲习，则意味浃洽，志气感发，生机畅茂条达，有不知其何以然者。若独学无友，则虽刻苦用功，终觉意思枯燥，此朋来之

所以可乐也。"（《近思录解义·改过迁善克己复礼》）

矫轻警惰[1]。

【注解】 （1）矫轻警惰：纠正轻浮，警戒懈怠失敬。

"仁之难成久矣，人人失其所好。"盖人人有利欲之心，与学正相背驰，故学者要寡欲[1]。君子不必避他人之言，以为太柔大弱。至于瞻视亦有节。视有上下，视高则气高，视下则心柔。故视国君者，不离绅带之中。学者先须去其客气。其为人刚行[2]，终不肯进。"堂堂乎张也，难与并为仁矣。"

盖目者人之所常用，且心常托之。视之上下且试之，己之敬傲，必见于视。所以欲下其视者，欲柔其心也。柔其心，则听言敬且信。

人之有朋友，不为燕安，所以辅佐其仁。今之朋友，择其善柔以相与[3]，拍肩执袂以为气和，一言不合，怒气相加。朋友之际，欲其相下不倦，故于朋友之间，主其敬者，日相亲与，得效最速。

【注解】 （1）寡欲：节制私欲，让私欲少之又少。（2）刚行：刚强。（3）善柔：软弱的人。

【述评】 心性不为私欲侵扰，则向道之心长存。心存理得，而仁庶几可成矣。"为人刚行，则务外自高。务外则不能实心体道，自高则不能虚心求益。故不可辅而为仁，亦不能有以辅人之仁"（《近思录解义·改过迁善克己复礼》）。勿视非礼以持敬，则傲不长，长傲则丧德。傲慢无礼，会招灾引祸。朋友之义，欢善规过，相观而善也。宜当"以文会友，以友辅仁"。

仲尼尝曰："吾见其居于位也，与先生并行也。非求益者，欲速成者⁽¹⁾。"则学者先须温柔，温柔则可以进学。《诗》曰："温温恭人⁽²⁾，惟德之基⁽³⁾。"盖其所益之多。

【注解】（1）欲速成者：急于求成的人。（2）温温恭人：第一个温，指宽厚，包容；第二个温，指和气。恭：谦恭，尊重。（3）惟，通维：维系。

【述评】"出入即席饮食必后长者，是以礼让教孩子，使孩子谦卑驯顺，不和人争斗以取祸"（《小学通俗解义》）。起居不以礼，会有轻慢长者的言行，则难于进学。宽厚、和气、恭敬地对待别人，是维系道德的基础。

世学不讲⁽¹⁾，男女从幼便骄惰坏了⁽²⁾，到长益凶狠，只为未尝为子弟之事⁽³⁾。则于其亲，已有物我，不肯屈下，病根常在，又随所居而长，至死只依旧。为子弟，则不能安洒扫应对⁽⁴⁾；在朋友，则不能下朋友⁽⁵⁾；有官长，则不能下官长；为宰相，则不能下天下之贤。甚则至于徇私意，义理都丧，也只为病根不去，随所居所接而长。人须一事事消了病，则义理常胜。

【注解】（1）不讲：专务记诵，学作诗赋文章以求功名，不讲求培养道德品质。（2）骄：骄傲，不受教训。惰：懒惰，不听指使。（3）子弟之事：子弟事亲事长的事，即洒扫应对左右奉养等事。（4）安：安心。洒：浇水洒地抑尘。扫：扫除。应：应声。对：答对。（5）下：动词，谦下。

【述评】天外有天，人外有人，高明的人上面还有更高明的人。长上职位，是为人民谋福祉之所在。长上能恭谨谦下，集众人智慧谋其事，则政无不举，事无不成。朱子说："'古者小学，教人以洒扫、应对、进退之节，爱亲敬长、隆师亲友之道，皆所以为修身、齐家、治国、平天下之本。'"秦汉而后，学绝道丧。学生自幼入学，专务记诵，学作诗赋文章以求功名，而心性之教皆废。男女从幼便骄惰坏了，所以贤人常少而世不平治。时至今日，学生不但不做子弟的事，而耳闻目见全是欧风美雨，不务实事，你争我夺。异日学生长大，难于承当社会责任，实在令人心寒。"（《小学通俗解义·嘉言》）

事亲奉祭，岂可使人为之。

【述评】"亲身养亲，才能尽孝心于父母。古人所以一日养，不以三公换。亲身奉祭，才能尽诚敬于先

祖。孔子所以说：'吾不与祭，如不祭。'"（《小学通俗解义·嘉言》）

舜之事亲，有不悦者，为父顽母嚚[1]，不近人情[2]。若中人之性其爱恶略无害理，必姑顺之[3]。亲之故旧所喜者[4]，当极力招致[5]，以悦其心。凡于父母宾客之奉，必极力营办，亦不计家之有无。然为养，又须使不知其勉强劳苦，苟使见其为而不易，则亦不安矣。

【注解】（1）顽：顽固，谓身不则德义之经。嚚：诬妄，谓说话全无忠信。（2）不近人情：和人的常情相差很远。（3）必姑顺之：必须姑且顺父母心意。姑：暂且。（4）故旧：老朋友、老亲戚。所喜：父母所喜爱的人。（5）招致：请到。

【述评】"舜之事亲不能悦乎亲者，以其不顺命也。舜为圣人何为不顺命？因亲之所命皆于事有大害，若从之则必得罪于乡党州闾，故不得不谏。若谏则父母怒而大杖小杖随之矣。父顽母嚚是他人见其如斯，舜但知自己不善事亲，触怒了父母，故常自责，而不见亲之不是。然自省其过而不得，故号泣于旻天以自怨，此其所以为大孝。"（《小学通俗解义·嘉言》）

《斯干》诗[1]言："兄及弟矣，式相好矣[2]，无相犹矣。"言兄弟宜相好，不要相学。犹，似也。人情大抵患在施之不见报则辍，故恩不能终。不要相学，已施之而已。

【注解】（1）《斯干》诗：《诗经·小雅·斯干》篇。（2）式：样式，榜样；在这里表示应当。

【述评】兄弟应当相亲爱，不要互相学不友好的样子。人情的缺失大概在于施给兄弟的恩爱，见不到回报，就不再施了，所以恩惠不能到底。不要互相学不友好的样子，只是自己施恩惠就是了。

"人不为《周南》《召南》[1]，其犹正墙面而立[2]。"当深思此言诚是。不从此行，甚隔着事，向前推不去。盖至亲至近，莫甚于此，故须从此始。

【注解】（1）为：学而习之。《周南》《召南》：《诗经·国风》二篇名，记述文王修身齐家以治岐，教化大行，南方侯国亦被其化而风纯俗美。（2）正墙面而立：面向墙站在墙跟前。

【述评】"《周南》《召南》所言皆修身齐家的事。不学这二篇诗，比如面向墙壁而立，一个事物都看不见，一步也走不前去。也就是说，不懂得修己治人之道，而想治国平天下，连一步都行不通"（《小学通俗解义·稽古》）。张范卿师公曰："夫妇，人伦之始，万化之原，至亲至近，莫甚于此。主敬存诚之功，先从夫妇居室着力。隐微幽独之地，不弛其戒慎恐惧，则狎侮无自而生，乖违无自而起。夫妇之伦即正，则父子兄弟之伦易正矣。"

　　婢仆始至者，本怀勉勉敬心。若到所提掇更谨则加谨，慢则弃其本心，便习以成性。故仕者入治朝，则德日进。入乱朝，则德日退。只观在上者有可学，无可学尔。

　　【述评】"教妇初来，教子幼孩。"起始阶段的管教是十分重要的。新到的奴仆，你给他提示得都很审慎，他们就会更加勤勉谨慎。同样的道理，当官的人进入礼义之朝，他品德就一天比一天进步。纲纪衰败的政府，会使官员品行变差。榜样的力量是无穷的，"君仁莫不仁，君正莫不正，一正君而国定矣。"（《孟子·离娄》）

　　世禄之荣[1]，王者所以录有功，尊有德，爱之厚之，示恩遇之不穷也。为人后者，所宜乐职劝功，以服勤事任[2]；长廉远利，以似述世风[3]。而近代公卿子孙，方且下比布衣，工声病[4]，售有司[5]，不知求仕非义，而反羞循理为无能。不知荫袭为荣，而反以虚名为善继，诚何心哉！

　　【注解】（1）世禄：世代享有俸禄（是对有功德于民的官员的赏赐）。（2）服勤：勤勉尽力地服持职事。（3）似述世风：讲述良好的社会风俗以劝善规过。（4）声病：四声八病。四声：平上去入四个声调。八病：四声运用方面所犯的八种毛病。（5）售有司：用诗律获取有司赏识而谋升职。

【述评】此言世家子弟，不求实学而务虚名的失务。轻视朝廷恩荫而工声律，不务修齐治平之学以修己安人，而专工无用言辞，是不正确的修为。所以横渠先生劝诫他们"安于职守，勤于职事，增进廉洁，鄙弃利欲，相互劝勉，以成事功为务"。

不资其力⁽¹⁾，而利其有⁽²⁾，则能忘人之势。

【注解】（1）不资其力：不仰望他人资助。资：资助。（2）利其有：得到他人资助。

【述评】叶平严曰："人之歆动乎势位者，皆有待于彼也。惟不藉其力，而利其所有，则己自重而彼自轻。"

人多言安于贫贱⁽¹⁾，其实只是计穷力屈才短，不能营画耳⁽²⁾。若稍动得，恐未肯安之。须是诚知义理之乐于利欲也，乃能。

【注解】（1）安于贫贱：甘心居于贫穷低下。（2）营画：谋划。

【述评】真知义理可乐，然后能安心于贫贱，如颜子不改其乐。

天下事，大患只是畏人非笑⁽¹⁾。不养车马，食粗衣

恶，居贫则皆恐人非笑。不知当生则生，当死则死。今日万钟⁽²⁾，明日弃之。今日富贵，明日饥饿亦不恤，"惟义所在"。

【注解】（1）非笑：（受人）讥笑。（2）万钟：指优厚的俸禄。钟：古量器名。

【述评】范卿师公曰："此言人之行事，当视乎义，不可畏人之非笑也。"所谓"舍生而取义"者，轻富贵而重道义，行其人之所当行而已。

道千乘之国⁽¹⁾，不及礼乐刑政，而云"节用而爱人，使民以时"。言能如是则法行，不能如是则法不徒行。礼乐刑政，亦制数而已⁽²⁾。

【注解】（1）道：（治理国家的）方法，途径。（2）制数：制度，限量。

【述评】能够敬慎处事，心存诚信，节俭用度，慈爱人民，人君所必具，乃治国理政之本。君上有敬信节爱之心，则礼乐刑政可以推行。否则礼乐刑政成为空文，不可能用于治国理政。

法立而能守，则德可久、业可大。郑声佞人能使为邦者丧其所守，故放远之。

【述评】公正立法，真诚执法，可望德业久远光大。

淫靡邪僻声乐，足以淫荡心志，佞人谗谄面谀，足以变乱是非，使为政者丧失职守，皆宜放逐。

横渠先生答范巽之书曰：朝廷以道学[1]、政术为二事，此正自古之可忧者。巽之谓孔孟可作，将推其所得而施诸天下邪？将以其所不为则强施之于天下欤？大都君相以父母天下为王道。不能推父母之心于百姓，谓之王道，可乎？所谓父母之心，非徒见于言，必须视四海之民，如己之子。设使四海之内，皆为己之子，则讲治之术，必不为秦汉之少恩，必不为五霸之假名[2]。巽之为朝廷言，人不足与适，政不足与间，能使吾君爱天下之人如赤子，则治德必日新，人之进者必良士。帝王之道，不必改途而成，学与政不殊心而得矣[3]。

【注解】（1）道学：儒家传统学说。（2）五霸之假名：春秋时期的五位霸主，假借仁义之名会诸侯、朝天子，实为尊天子以令诸侯。（3）学与政不殊心而得：今日所行之政，即平日所学之道，非有二事。

【述评】儒学是政事之学、人事之学。"孔孟有作，必将推其所学之道，施诸天下，以为政术。必不以其所不学者，迎合世俗。""（如父母之爱子，）诚爱之心，恳恻切至，则治德日新，良士进用。今日所行之政，即平日所学之道，非有二事也。"（《近思录解义·治国平天下之道》）

兵谋师律⁽¹⁾，圣人不得已而用之。其术见三王方策⁽²⁾，历代简书。惟志士仁人，为能识其远者大者，素求豫备，而不敢忽忘。

【注解】（1）师律：一般是指军队的纪律，这里指动用军队。（2）三王方策：夏商周三王的典籍。

【述评】范卿师公曰："儒者有志保国、保民，必不可以不知兵。古之学者，文武并重，学礼乐即习射御。圣门中有若踊幕（三踊于幕庭，积极参加了敢死队），冉有用矛（率领鲁军打败强齐），樊迟逾沟（率领右军率先逾沟击敌），皆能置身行（武）间，执干戈以卫社稷。"

肉辟⁽¹⁾，于今世死刑中取之，亦足宽民之死过⁽²⁾，此当念其散之之久。

【注解】（1）肉辟：指古代墨、劓、刖、宫、大辟等肉刑的合称。（2）死过：（代替轻型）死刑罪过。

【述评】"不忍用肉辟固善，近世新律，改笞杖徒流为罚锾（罚金），为无期徒刑，有期徒刑，苦工习艺，尤合周礼圆土（狱城）法。然刑轻而民易犯，其于为治之道，固犹未得其平也。"（《近思录解义·制度》）

吕与叔撰《横渠先生行状》云：先生慨然有意三代之治，论治人先务未始不以经界为急⁽¹⁾。尝曰："仁政必自经界始，贫富不均[2]，教养无法，虽欲言治，皆苟而已。世之病难行者，未始不以亟夺富人之田为辞，然兹法之行，悦之者众。苟处之有术，期以数年，不刑一人而可复。所病者特上人未行耳。"乃言曰："纵不能行之天下，犹可验之一乡。"方与学者议古之法，共买田一方[3]，画为数井[4]。上不失公家之赋役，退以其私正经界、分宅里、立敛法[5]、广储蓄、兴学校、成礼俗、救灾恤患、敦本抑末。足以推先王之遗法[6]，明当今之可行。此皆有志未就。

【注解】（1）经界：耕种地的边界。（2）不均：指富人田连阡陌，穷人无地立锥。（3）买田一方：张子与弟子共同购买耕地（实验井田制度）。（4）井：九百亩地用井形方格路渠，分隔成相等的九块，称为井田。（5）敛法：（调节）税收法律。贾公彦疏："此观稼，亦谓秋熟时观稼善恶，则知年上下丰凶，以此丰凶而出税敛（确定减免额度）之法"（《周礼·地官·司稼》）。（6）先王之遗法：先王遗留下来的法度。

【述评】定正经界，固定田赋，可以均贫富，限制田连阡陌，限制官民贪欲滋长。张子对推行"井田"用力最多。他曾把自己撰写的《井田议》上奏皇帝；并与学生们买地一块，按照《周礼》的模式，划分为公田、私田，分给无地、少地的农民；并疏通东西二渠"验之一乡"以证明井田制的可行性和有效性。今（陕西眉县）横渠镇崖下村、扶风（县）午井镇、长安（区）子午镇仍保持着遗迹，至今这一带还流传着"横渠八水验井田"的故事。

横渠先生为云岩令⁽¹⁾，政事大抵以敦本善俗为先⁽²⁾。每以月吉具酒食⁽³⁾，召乡人高年会县庭，亲为劝酬，使人知养老事长之义。因问民疾苦，及告所以训戒子弟之意⁽⁴⁾。

【注解】 （1）令：县令，一个县的最高长官。（2）敦本善俗：敦厚善良本性，实施道德教化，形成良好社会风俗。（3）月吉：农历每月初一。（4）训戒子弟：教训禁戒子弟（敦本善俗，养老事长的意义）。

【述评】 圣贤为官，首重教化，无不教民劝民爱亲敬长，出入相友，敦本厚俗，不违礼法，以改善风俗，扶贫济困为先务。张子在云岩县极好地践行了这一理学思想主张。"纵观圣人一生，其道济天下的治世胸怀始终伴随这一朴素的价值观在前行。"

横渠先生曰："古者有东宫，有西宫，有南宫，有北宫，异宫而同财"，此礼亦可行。古人虑远，目下虽似相疏，其实如此乃能久相亲。盖数十百口之家，自是饮食衣服，难为得一。又异宫乃容子得伸其私，所以"避子之私也。子不私其父，则不成为子"。古之人曲尽人情，必也同宫，有叔父伯父，则为子者，何以独厚于其父，为父者又乌得而当之。父子异宫，为命士以上愈贵则愈严。故异宫犹今世有逐位，非如异居也。

【述评】 张范卿师公曰："末世人情衰薄，异居即须异财，使子侄知生计之艰，各谋所以自立，乃为保家之道。（家族间）但能有无相通，患难相恤，勿失其友爱之心，斯善矣。"

治天下不由井地[1]，终无由得平，周道止是均平。井田卒归于封建，乃定[2]。

【注解】 （1）井地：井田制。（2）封建：分封土地，建立国家。

【述评】 夏商周实行井田制，生活资源均等，人民安乐。《孟子》曰："经界不正，井地不均，谷禄不平。是故暴君污吏必慢其经界。"井田制是中国封建社会（夏商周时期）的基本制度。封建制是王朝改制时，承认故国（原有的合法诸侯国，如跟随武王伐商的800诸侯国），并把收回的敌国土地，分封给功臣和宗室，让他们在受封的土地上建立诸侯国。所有诸侯国在大一统王朝管理下分区自治，诸侯国君继位需经王朝批准。

凡人为上则易，为下则难。然不能为下，亦未能使下[1]，不尽其情伪也[2]。大抵使人，常在其前，已尝为之[3]，则能使人。

【注解】（1）使下：指使自己领导下的人员办事。（2）情伪：犹虚实。情：真实情形。伪：虚假。（3）已尝为之：已经做过下属的事，且知上司应该如何使用下属。

《坎》"维心亨"，故"行有尚"。外虽积险，苟处之心亨不疑，则虽难必济，而往必有功也。今水临万仞之山，要下即下，无复有凝滞之在前。惟知有义理而已，则复何回避，所以心通。

【述评】此章论《易》坎卦，上下皆坎，水再至也。先公秦敬修曰："二与五刚德在中，心亨之象。处险而心亨，铁骨铮铮，不为艰险所屈，如是而往，必有功也。身在险难之中，行而脱险则有功。止而不行，则陷于险而不得出矣！所以宜行宜往，而不可为坎所穷也。"

人所以不能行己者，于其所难者则惰，其异俗者，虽易而羞缩(1)。惟心宏则不顾人之非笑，所趋义理耳，视天下莫能移其道。然为之，人亦未必怪。正以在己者义理不胜惰与羞缩之病，消则有长，不消则病常在。意思龌龊(2)，无由作事。在古气节之士，冒死以有为。于义未必中，然非有志概者莫能。况吾于义理已明，何为不为？

【注解】（1）羞缩：羞涩畏缩。（2）龌龊：气量狭小，拘于小节。

【述评】此章言行己之道，当行于义理。"而独立
不惧，遁世无闷，终其身安行于人所当行之路也"（先
公秦敬修《人为万物之灵说》）。张范卿师公曰："知有
义理，而无所回避，非勇者不能。孔子曰：'见义不为，
无勇也。'无勇则气不足以配道义，怠惰羞缩而不能有
为。惟心大志立，不顾人非笑，惟义理是促，举世誉之
而不加劝，举世非之而不加沮，视天下莫能移其道，何
所容其怠惰，又何所容其羞缩。义理胜，自无惰与羞缩
之病。否则义理之念，不胜其畏难苟安随俗习非之念。
病根常在，意思龌龊，安能做事。自古气节之士，刀锯
在前，鼎镬（huò）在后，冒万死而不悔。虽未必合于
义理之中，然激昂慷慨，非有志概者不能。况儒者明于
义理，当为则为，何疑何惧，怠惰而不振，羞缩而不
前哉。"

《姤》初六，"嬴豕孚蹢躅[1]。"豕方嬴时，力未能
动，然至诚在于蹢躅，得伸则伸矣[2]。如李德裕处置阉
官[3]，徒知其帖息威伏，而忽于志不忘逞，照察少不
至，则失其几也。

【注解】（1）孚：躁。蹢躅：用蹄子践踏。（2）得
伸则伸：得到伸展机会一定会伸展其祸害之心。（3）阉
官：指宦官。

　　　　　　　　　　　　　　儒学门径

【述评】此言处事当察于几微，防患于未然。小人乃祸乱之源，当其微时，"'不固止之，则阴祸日盛，其害甚大。''须知小人之欲为恶，犹君子之欲为善也。初生之阴，势虽微弱，而害阳之心，未尝忘怀。是犹豕虽赢弱，而蹢躅奔突之诚，初未变也。有国有家者，当于其方微之时而根治之，勿任其壮大，而贻祸于无穷也。'"（《周易卦解·姤》）

人教小童，亦可取益。绊己不出入⁽¹⁾，一益也。授人数数⁽²⁾，己亦了此文义，二益也。对之必正衣冠，尊瞻视⁽³⁾，三益也。常以因己而坏人之才为忧，则不敢惰，四益也。

【注解】（1）绊：挡住或缠住；牵绊。（2）数数（shù shuò）：屡次，授书遍数多。（3）尊：敬重。

【述评】此言承担教育儿童的工作，对自己也是有益的。一是拘束身心，安于教学。二是可以教学相长，晓彻文义。三是必须整肃威仪，表率于学子。四是童蒙养正，乃是作圣根基，教师责任重大，不敢怠惰。能知此四益，以养正为己任，则师道立而善人多矣。

"恭敬撙节⁽¹⁾，退让以明礼⁽²⁾"，仁之至也，爱道之极也。己不勉明⁽³⁾，则人无从倡，道无从弘，教无从成矣。

【注解】（1）撙（zǔn）节：约束，克制。（2）明礼：明白道理、礼节。（3）勉明：努力于恭敬、谦让、克己以自明。

【述评】江慎脩曰："此张子言以礼教人，当自勉也。教者能恭敬、撙节、退让以明礼，则能率人使成材，是仁之至。能宏道以教人，是爱道之极。"

《学记》曰[1]："进而不顾其安[2]，使人不由其诚，教人不尽其材。"人未安之，又进之[3]，未喻之[4]，又告之，徒使人生此节目，不尽材，不顾安，不由诚，皆是施之妄也[5]。教人至难，必尽人之材，乃不误人，观可及处，然后告之。圣人之教，直若庖丁之解牛[6]，皆知其隙，刃投余地，无全牛矣。人之才足以有为，但以其不由于诚，则不尽其材。若曰：勉率而为之，则岂有由诚哉！古之小儿，便能敬事。长者与之提携，则两手奉长者之手；问之，掩口而对。盖稍不敬事，便不忠信。故教小儿，且先安详恭敬[7]。

【注解】（1）《学记》：《礼记》中的一篇，是世界历史上最早专门论述教育和教学问题的著作。（2）安：平静，使……有合适的位置、乐意等含义。（3）又进之：加快进度。（4）未喻之：还没有学明白。（5）施：施教。（6）庖丁：战国时期有名的厨师。庖：厨师。（7）安：安静。详：详细。恭：谦恭。敬：敬畏。

【述评】此言教学需要循序渐进，不可追求速成。

应当因材施教，激发学生主动学习，诚心思考。以释疑解惑为务，不可以陵节而妄施。虽聪明睿智而无诚心，亦难于尽其材而学业有成。必以激发乐学兴趣，涵养诚敬品性，则能自觉习诵，虔心思考，以尽其材。照本宣科，只顾灌输的填鸭式教学，师生都为了完成学分而疲于应付时，酿成的恶果会让个人、家庭、国家和社会不堪承受。江慎修曰："不顾学者之能受而强进之，人虽勉强为之，而无诚意。即无诚意，则亦不能尽其材质。三者相因，皆躐等陵节之弊也。"

《孟子》曰："人不足与适也[1]，政不足与间也，惟大人为能格君心之非[2]。"非惟君心，至于朋游学者之际，彼虽议论异同，未欲深较。惟整理其心[3]，使归之正，岂小补哉！

释氏妄意天性[4]，而不知范围之用，反以六根之微[5]，因缘天地，明不能尽，则诬天地日月为幻妄[6]。蔽其用于一身之小，溺其志于虚空之大[7]，此所以语大语小，流遁失中[8]。其过于大也，尘芥六合[9]。其蔽于小也，梦幻人世。谓之穷理，可乎？不知穷理，而谓之尽性，可乎？谓之无不知，可乎？尘芥六合，谓天地为有穷也。梦幻人世，明不能究其所从也。

【注解】（1）适：专主；仔细。（2）格君心之非：纠正君主的错误思想，排除君主内心不合诚信的意念和过失。（3）整理其心：教其忠信恭敬。（4）妄意：不切实际地臆测。（5）六根：眼、耳、鼻、舌、身、意六种感觉器官。（6）幻妄：虚幻不真实。（7）虚空：什么也不存在的状态，即无的状态。（8）流遁：流荡逃遁。（9）尘芥：尘土和草芥，比喻轻微不足道。

【述评】人事不值得过于指责，政事不值得过于非议。朱子曰："惟有大人之德，则能格其君心之不正以归于正，而国无不治矣。大人者，大德之人，正己而物正者也。"程子曰："天下之治乱，系乎人君之仁与不仁耳。心之非，即害于政，不待乎发之于外也。昔者孟子三见齐王而不言事，门人疑之。孟子曰：'我先攻其邪心，心既正，而后天下之事可从而理也。'夫政事之失，用人之非，知者能更之，直者能谏之。然非心存焉，则事事而更之，后复有其事，将不胜其更矣。"

大易不言有无。言有无，诸子之陋也。

【述评】江慎脩曰："易不言有无，谓不言无也。易谓'易有太极'，是只言有耳。程子尝云，'圣人作易，未尝言无，惟"无思也，无为也"，此戒夫作为也。然下即曰，"寂然不动，感而遂通天下之故。"是动静之理，未尝为一偏之说矣'。此易不言有无也。"

浮图明鬼⁽¹⁾，谓有识之死⁽²⁾，受生循环，遂厌苦求免，可谓知鬼乎？以人生为妄见⁽³⁾，可谓知人乎？天人一物，辄生取舍，可谓知天乎？孔孟所谓天，彼所谓

道，惑者指"游魂为变"为轮回⁽⁴⁾，未之思也。

【注解】（1）浮图：指佛教。明鬼：辨明鬼神的存在。（2）有识：指代"人"。（3）妄见：佛教指一切皆非实有，肯定存在都是妄见。（4）游魂为变：阴精阳气，聚而成物，神之申也；魂游魄降，散而为变，鬼之归也，非谓人死为鬼，鬼复为人。轮回：生死轮回。意思是在死亡后，灵魂又轮回重新投胎转生成另一个人，循环不已。

【述评】"天以阴阳五行之气，生人生物，而理亦赋焉，所谓性也。遵循是性而行之，即道也。道者日用事物之实理，气聚为人，而此理在人身。气散为鬼，则此理还之天地，非人之所得私矣。释氏谓人死之后，识神复去受生，是不知即散不能复聚也，可谓知鬼乎？孔孟所谓天，彼所谓道；天为太虚，道为实理，彼以空虚为道，故不知天与人也。"（《近思录解义·异端之学》）

大学当先知天德⁽¹⁾。知天德，则知圣人，知鬼神。今浮图剧论要归，必谓死生流转，非得道不免，谓之悟道⁽²⁾，可乎⁽³⁾？

【注解】（1）天德：天的德性。（2）悟道：领会佛理。（3）可乎：反问词，可以吗？

【述评】"大学当先知天德，天德即天命之性，率性之道。知天德，则圣人之所以为圣人，鬼神之所以为鬼神，均灼然无疑矣"（《近思录解义·异端之学》）。叶平严曰："当生而生，当死而死，是有义有命。生死均安，何所厌苦。天人一致，何所取舍。知昼夜，通阴阳，则知死生之说。"

自其说炽传中国[1]，儒者未容窥圣学门墙。已为引取，沦胥其间[2]，指为大道[3]。乃其俗达之天下[4]，致善恶智愚，男女臧获[5]，人人著信[6]。使英才间气[7]，生则溺耳目恬习之事，长则师世儒崇尚之言[8]，冥然被驱，因谓圣人可不修而至[9]，大道可不学而知。故未识圣人心，已谓不必求其迹。未见君子志，已谓不必事其文。此人伦所以不察，庶物所以不明，治所以忽[10]，德所以乱[11]。异言满耳，上无礼以防其伪，下无学以稽其弊[12]。自古诐淫邪遁之辞，翕然并兴[13]，一出于佛氏之门者，千五百年。向非独立不惧，精一自信，有大过人之才，何以正立其间，与之较是非[14]，计得失哉！

【注解】（1）炽传：快速传播。炽：旺盛。（2）沦胥：沦陷、沦丧。（3）道：道路，方式。（4）其俗：佛教的习俗。（5）男女臧获：指所有人。臧获：古代对奴婢的贱称。（6）著信：显示诚信。（7）间气：英气（受到）间隔。（8）世儒：庸俗的儒者。（9）不修而至：不修习圣人之道就可以成为圣人。（10）忽：忽略，轻视（政治）。（11）德所以乱：传统美德由此而乱。

（12）弊：伪弊。（13）翕然：一致，一同。（14）较是非：辨明是非。

【述评】"此节极言佛氏之说，近理惑人，为害最甚。""苟非独立不惧，精以辨似是之非，一以守吾道（中正仁义）之正，乌能不为所惑乎？"（《近思录解义·异端之学》）

吕与叔撰《横渠先生行状》云⁽¹⁾：康定用兵时⁽²⁾，先生年十八，慨然以功名自许，上书谒范文正公⁽³⁾。公知其远器，欲成就之，乃责之曰："儒者自有名教⁽⁴⁾，何事于兵？"因劝读《中庸》⁽⁵⁾。先生读其书，虽爱之，犹以为未足。于是又访诸释、老之书⁽⁶⁾，累年尽究其说，知无所得，反而求之六经⁽⁷⁾。嘉祐初⁽⁸⁾，见程伯淳、正叔于京师⁽⁹⁾，共语道学之要⁽¹⁰⁾。先生涣然自信曰："吾道自足，何事旁求！"于是尽弃异学，淳如也⁽¹¹⁾。晚自崇文移疾西归横渠，终日危坐一室，左右简编，俯而读，仰而思，有得则识之⁽¹²⁾。或中夜起坐，取烛以书。其志道精思⁽¹³⁾，未始须臾息，亦未尝须臾忘也。学者有问，多告以知礼成性，变化气质之道，学必如圣人而后已。闻者莫不动心有进。尝谓门人曰："吾学既得于心，则修其辞；命辞无差，然后断事；断事无失，吾乃沛然⁽¹⁴⁾。精义入神者，豫而已矣⁽¹⁵⁾。"先生气质刚毅，德盛貌严。然与人居，久而日亲。其治家接物，大要正己以感人。人未之信，反躬自治，不以语人。虽有未谕(16)，安行而无悔，故识与不识，闻风而畏。非其义也，不敢以一毫及之。

【注解】（1）行状：事略。（2）康定：宋仁宗年号，1040 年是康定元年。（3）范文正公：范仲淹（989～1052），字希文，谥号文正。祖籍邠州，北宋时期杰出的政治家、文学家。范仲淹幼年丧父，母亲改嫁，遂更名朱说。1015 年苦读及第。历任司理参军、兴化县令、秘阁校理、陈州通判、苏州知州、权知开封府等职，因秉公直言而屡遭贬斥。1040 年任陕西经略安抚招讨副使，采取"屯田久守"的方针，巩固西北边防。对宋夏议和起到促进作用。西北边事稍宁后，仁宗召范仲淹回朝，授枢密副使。后拜参知政事，上《答手诏条陈十事》，发起"庆历新政"，推行改革。不久后新政受挫，范仲淹自请出京，历知邠州、颖州等，在扶疾上任途中逝世，年六十四。累赠太师、中书令兼尚书令、魏国公。至清代以后，相继从祀于孔庙及历代帝王庙。（4）儒者自有名教：儒家自有以中和为根基的名正言顺的仁德教化体系（有载道典籍，传教体系，师儒群体等）。（5）《中庸》：儒家经典，《四书》之一。（6）释、老：指佛教和道教。（7）《六经》：孔子删定、著述的儒家经典《易经》《书经》《诗经》《礼经》《乐经》《春秋》。（8）嘉祐：宋仁宗最后一个年号。（9）正叔：程伊川，字正叔。（10）道学：学习安行于人所当行道路的学问（行于正道的学问）。（11）淳如也：朴实敦厚的样子。淳：质朴敦厚。如：像。（12）识之：把读书思考明白的道理记录下来。识：记。（13）志道精思：有志于道德而精心思考（义理精义）。（14）沛然：充实兴奋的样子。（15）豫：欢喜，快乐。（16）未谕：没有明白。

【述评】"横渠昔在京师，坐虎皮，说《周易》，听从甚众。一夕，二程先生至，论《易》。次日，横渠撤去虎皮，曰：'吾平日为诸公说者，皆乱道。有二程近到，深明《易》道，吾所弗及，汝辈可师之'"（宋朱子编《二程语录》卷十七）。此足为学识尚浅者戒焉。此总结张子学，早通孙吴，有平乱安邦之志。承范公指引，遂精读《中庸》，涉猎老、佛。语道学之要而自信吾儒道义自足。俯读仰思，得圣学精义，造道圣人之域，以楷模万世。

朱子横渠先生赞云：早悦孙吴[1]，晚逃佛老，勇撤皋比[2]，一变至道。精思力践，妙契疾书[3]，订顽之训[4]，示我广居。

【注解】（1）蚤：同早。（2）撤：除去。皋比：讲席（讲解《易经》的席位）。（3）妙契：神妙的契合。（4）订顽：订正愚顽。这里指张子《订顽》，程伊川将《订顽》改称为《西铭》。

【述评】先考秦公敬修曰："周程张朱（五子）之学，皆闻道而造于圣人之域。"接续千载不传之绪，彰明内圣外王之道，启示后学入德之方，引导立政化民回归正途，功莫大焉。是故，敬祀文庙，礼享尊荣，楷模千代，德化万世，此乃德厚功伟者之所宜当也。

上　张横渠先生语　凡七十九章

第五卷
为政立德

第一篇　朱子《癸未垂拱奏札一》[(1)]

　　臣闻大学之道[(2)]，自天子以至于庶人[(3)]，壹是皆以修身为本。而家之所以齐，国之所以治，天下之所以平，莫不由是出焉[(4)]。然身不可以徒修也，深探其本，则在乎格物以致其知而已[(5)]。

　　【注解】（1）癸未垂拱奏札：朱子于1163年在垂拱殿给宋孝宗上的奏札。垂拱：垂拱殿，宋代皇帝日常接见群臣商讨国家大事的（内朝）大殿。奏札：臣下上殿奏对时呈给皇帝的文书。（2）大学之道：大学教人修身、齐家、治国、平天下的道理、原则和方法。（3）庶人：无官爵的平民。（4）由是出：都是从修身扩展出来的。修身是根本，身不修则不能齐家，安能治国平天下。（5）格物："格，至也；物，犹事也。穷至事物之理，欲其极处无不到也"（《大学章句》）。致其知："致，推极也。知，犹识也。推极吾之知识，欲其所知无不尽也。"（《大学章句》）

　　夫格物者，穷理之谓也[(1)]。盖有是物，必有是理。然理无形而难知，物有迹而易睹[(2)]。故因是物以求之，使是理了然心目之间而无毫发之差。则应乎事者，自无毫发之缪，是以意诚心正而身修。至于家之齐，国之治，天下之平，亦举而措之耳⁽³⁾。此所谓大学之道，虽古之大圣人，生而知之，亦未有不学乎此者。尧舜相授，所谓惟精惟一⁽⁴⁾，允执厥中者，此也⁽⁵⁾。自是以来，累圣相传⁽⁶⁾，以有天下。至于孔子不得其位而笔之于书⁽⁷⁾，以示后世之为天下国家者。其门人弟子，又相与传述而推明之⁽⁸⁾，其亦可谓详矣。

【注解】（1）穷理：穷究事物之理，欲其极处无不尽明。（2）物有迹：事物有发展变化的轨迹。（3）亦举而措之耳：只是用自己的诚心正义所做的事情，惠及于家人国民而已。举：用，实行。措：安置，施加。（4）惟精惟一：精，用功精准，纯粹。一，专一，用心专一不二。（5）允执厥中：允：真诚。执：坚持、笃行。厥：虚词。中：平和，不偏离正确适宜的限度，恰如其分，恰到好处。（6）累圣相传：韩文公曰："尧以是传之舜，舜以是传之禹，禹以是传之汤，汤以是传之文武周公，文武周公传之孔子，孔子传之孟子。"是惟精惟一，允执厥中的道统传承。（7）笔之于书：删述古典文献，即赞《周易》，删《诗》《书》，订《礼》《乐》，修《春秋》。（8）传述而推明之：传授论述圣人的道德传统，推究阐明圣贤的学业修为，以此修己成德，以此治人治世。

【述评】秦治《论格物致知真谛》：朱子《癸未垂拱奏札一》曰："夫格物者，穷理之谓也。"言穷究事物义理至于至极处，以推极吾之知识，尽知天理人情之所以然，物变事迁之规律，善恶吉凶之终始。知尽识精而事物之理明晰无疑，是非曲直，发展变化了如指掌，大明人心天命本然，而真知至善所在。于是理无不明，知无不尽，安于理而诚其意于仁善，正其心于中正，言忠信行笃敬，进德不已，积以时日，则德渐明，身渐修，齐家、治国、平天下之德才渐备。

《孟子集注》曰："人之所不学而能者，其良能也；所不虑而知者，其良知也。"朱子注："良者，本然之（与生俱来的）善也。"但为气禀所拘，人欲所蔽而良知明德有时未良明，故必致知力行以复之。则致知与致良知，非两事也。知与行，见于《中庸章句》之"诚之者，择善而固执之者也。博学之，审问之，慎思之，明辨之，笃行之"。朱子注："学、问、思、辨，所以择善而为知，学而知也。笃行，所以固执而为仁，利而行也。"是知朱子谓学问思辨者，博学而求知，就是格物穷理以致知。推知与生俱来的至善所在而向往之，致良知也。固执笃行而为仁，是健行于善道的行。此知行并重至于合一者，是朱子注重引导学者之着重处，王阳明"致良知"，"知行合一"，由此出也夫。

《中庸》曰："诚身有道，不明乎善，不诚乎身矣。"推明至善之所在，择善而固执力行以明善，以明吾之明德，以诚吾身，所谓"明则诚矣"。明善、明明德、明理、明道，一也。首在格物穷理以致知，穷究与生俱来的本然之善（至善）以明善，尽夫天理之极以知所止，以明明德。是故《大学》谓"致知在格物"。朱子谓格物为"穷至事物之理，欲其极处无不到也"。

如何格物穷理？就是通过详考细察，学问思辨，对事理、物理彻底推究，研究明白万事万物道理，以为做人做事指导。伊川先生谓"穷理亦（有）多端，或读书讲明义理，或论古今人物别其是非，或应接事物而处其当，皆穷理也"。

因为事有千头万绪，且有似是之非和隐微难明困扰，非义精仁熟，难于究其深层内情。知无不尽，理全明白，万事万物之浅显规律及深微道理无不明察而熟知，无不了然于吾心。得万殊之理而推及一本，则义精理明。对这个世上的林林总总，光怪陆离的一切事物，都能做出是非、善恶、美丑等正确判断。知道什么是对的，是应该支持的；什么是错的，是应该反对的。该做什么，不该做什么，心有定见，见微知著。所谓择善以为知，学问思辨之功成而所知无不尽，则自己的人生方向不再动摇。

能知无不尽，遇事遵循道理正确处置，就是笃行善道。诚实践行愈久，则心德愈加纯厚，故能心安理得。品德与智慧相辅相成，智以明识事之理而处事有方，德以笃行于礼而为成事之基。智识高明而后品德日进，品德日进则智识益明能力日增。君子惟务推崇自己德慧，以贯通事理天道。识不明则行不识其正道之所在，安能行于所当行乎?《大学》所谓"物格而后知止",是说无格物穷理之功,无以知至善之所在,不知其所当止之地则行无定向。朱子曰:"穷理修身,斯学之大。"推知吾所当行之道当止之地,则志有定向,而诚意正心于此善道以修吾身,以成吾德。践行于善道而为其所当为,将善良行为变成生活习惯,就是《大学》"格致诚正"以修身的道路,就是君子成德成人的正确道路。此朱子格物致知,穷理尽性之深意也。

自秦汉以来,此学绝讲。儒者以词章记诵为功[1]**,而事业日沦于卑近**[2]**。亦有意其不止于此**[3]**,则又不过转而求之老子释氏之门。内外异观,本末殊归**[4]**,道术隐晦**[5]**,悠悠千载。虽明君良臣,间或一值**[6]**,而卒无以复于三代之盛**[7]**,由不知此故也**[8]**。**

【注解】(1)儒者:这里指读书人。(2)卑近:低下浅近。(3)此:指专务个人富贵荣华而放弃修己治人的正道。(4)本末:君子以修身明德为本,其余皆属末流。殊归:不务本而归于末流。(5)隐晦:含糊、不易理解。(6)间或一值:其间或有兴起太平世道的。值:措置,放置。(7)复于三代之盛:恢复到夏商周那样的太平盛世。(8)不知此:不知大学之道。

【述评】"玉不琢,不成器。人不学,不知义"(《三字经》)。学以明理,学以知义。"词章记诵",应试教育,远远偏离教化原则,导人逐利而悖义。此朱子所以感叹

"大学之道，圣贤之学'绝讲'，'而事业日沦于卑近'"。公德下滑，太平不在，皆因教育原则本末倒置，是可忧也。

　　恭惟皇帝陛下[1]，圣德纯茂。爰自初潜以至为帝[2]，仁孝恭俭之德，信于天下。纷华盛丽，一无所入于其心，此其身可谓修矣。而临御天下，期年于此[3]，平治之效未有所闻，臣窃疑之。意者前日劝讲之臣，限于程式，所以闻于陛下者，不过词章记诵之习。而陛下求所以进乎此者[4]，又不过取之老子释氏之书。是以虽有生知之性，高世之行，而未尝随事以观理[5]。故天下之理多所未察，未尝即理以应事[6]。故天下之事多所未明。是以举措之间，动涉疑贰[7]。听纳之际，未免蔽欺[8]。平治之效，所以未著。由不讲乎大学之道，而溺心于浅近虚无之过也。

【注解】（1）恭惟：对上的谦词。陛下：对君主的尊称。陛：帝王宫殿的台阶。（2）初潜：开始为储君时。潜：潜龙，比喻圣人在下位，隐而未显。（3）期年：一年。（4）进乎此：增进修己治人的能力。（5）随事以观理：根据周围的事物观察推究其发展变化的道理。（6）即理以应事：按照事物发展变化的道理处理世务，应对人事。（7）疑贰：疑惑不定。（8）蔽欺：被蒙蔽欺骗。

【述评】人主虽有平治之志，亦有"仁孝恭俭之德"，"不讲乎大学之道，而溺心于浅近虚无"，安能致天下太平。唯穷理尽性，以增进修己治人的能力。礼贤下士，随事观察推究周围事物发展变化的道理。按照事物发展变化的规律处理世务，应对人事，可望治道兴隆。理不明，识不精，不识贤之所以贤而用之，不识奸之所以奸而去之，何以兴太平？是故朱子谏宋孝宗必"以修身为本"，"然身不可以徒修也，深探其本，则在乎格物以致其知而已"。唯格物以致其知，方能明通事理，处事合宜。

臣戆愚抵冒[1]，罪当万死。然愿陛下清闲之燕[2]，博访真儒知此道者讲而明之。考之于经[3]，验之于史[4]，而会之于心，以应当世无穷之变。则今日之务所当为者[5]，不得不为。所不当为者，不得不止。以至于臣下之忠邪，计虑之得失，不待烛照数计[6]，而可否黑白判然矣[7]。若是则意不得不诚，心不得不正，于以修身齐家平治天下，亦岂有二道哉！臣之所闻于师者如此。自常人观之，疑若迂阔陈腐而不切于用[8]。然臣窃以为正其本[9]，万事理。差之毫厘，缪以千里。天下之事，无急于此[10]。伏惟陛下扩天日之照，俯赐开纳[11]，则非独微臣之幸，实天下万世之幸。取进止[12]。

【注解】（1）戆愚抵冒：鲁莽愚昧，触犯（陛下）。（2）清闲之燕：在空闲的时候。燕：安闲。（3）经：《易》《书》《诗》《礼》《春秋》五经。（4）史：记载历史的书，如《史记》《汉书》《隋书》等。(5) 今日之务：今日应从事的政务、事务。(6) 烛照：用蜡烛照亮以看清楚。数计：用数字计算来核对。(7) 可否：可与不可。黑白判然：黑白特别分明。判然：分明的样子。(8) 迂阔：思想行为不切实际事理。陈腐：比喻陈旧过时。(9) 正其本：谓诚意正心以修身。(10) 无急于此：没有比正其本更急迫的事情。(11) 俯赐开纳：予以采纳。俯赐：向下恩赐。(12) 取进止：古代奏疏末所用的套语。犹听候旨意，以决行止。

【述评】儒者治国施政方略，首在归正领导集团心身，使其关注民生，以模范行为典范万民。注重教化以和睦家人，以正风厚俗。复兴礼乐以有序治理，和谐社会。举农桑以丰衣足食，厚养民人。纵观朱子奏札、封事等，无不心系天下国家，揭示正君之要，用贤之急。而修身、齐家、治国、平天下，"则在乎格物以致其知而已"。"夫格物者，穷理之谓也"。主上只有穷究事物之理，彻底追寻、研究、了解、掌握事物的规律和原理，从事物生发、发展、变化，以至于达到必然结果的痕迹中，探求无形常理，也就是通过有形的物来探寻无形的道理。如果把各类事理研究透彻了，了然于心了，则能依理而行，动容语默，无违礼法。积善成德，则行无过失，应对事物也就不会有谬误。无格物穷理之功，则事理不明，安能治事公正。去弃格物致知之功而欲修齐治平，犹如无本之木，无源之水。是故朱子首言

"（修身）则在乎格物以致其知而已"，"物格知至，则知所止矣。意诚以下，则皆得所止之序也"。言知至善之所在，必能勇往直前，明德新民，皆能至于至善之地而不迁也。

上　朱子《癸未垂拱奏札一》凡五章

第二篇　朱子《延和奏札五》⁽¹⁾

臣窃惟陛下以大有为之资，奋大有为之志。即位之初，慷慨发愤⁽²⁾，恭俭勤劳。务以内修政事，外攘夷狄⁽³⁾，汛扫陵庙⁽⁴⁾，恢复土疆为己任。如是者二十有七年于兹矣。而因循荏苒⁽⁵⁾，日失岁亡，了无尺寸之效可以仰酬圣志⁽⁶⁾，下慰人望。不审陛下亦尝中夜以思，而求其所以然之说耶？以为所任者非其人，则陛下之神明，岂可谓所任尽非其人？以为所由者非其道，则陛下之仁圣，岂可谓所由尽非其道？以为规模不定，则陛下之规模尝定矣。以为志气不立，则陛下之志气尝立矣。然且若是何耶？臣诚愚贱，窃为陛下惑之。故尝反覆而思之，无乃燕闲蠛濩之中⁽⁷⁾，虚明应物之地⁽⁸⁾，所谓天理者有未纯⁽⁹⁾，所谓人欲者有未尽而然欤⁽¹⁰⁾？

【注解】（1）延和奏札：又称戊申延和奏札，是朱子于淳熙十五年（1188）给宋孝宗上的奏札。奏札：臣下上殿奏对时呈给皇帝的文书。（2）发愤：勤奋，决心努力。（3）攘：排斥。夷狄：指扰乱安定的边远民族。（4）汛扫陵庙：洒扫祖墓和宗庙。（5）因循：守旧而不改变。荏苒：形容时间渐渐逝去。（6）效："内修政事，外攘夷狄，汛扫陵庙，恢复土疆"的效果。仰酬圣志：对上可以报答皇帝的意志。（7）蠖濩：屈居宫室。蠖：尺蠖蛾的幼虫。"尺蠖之屈，以求申也"（暂时屈身是为求得日后的伸展）（《易·系辞下》）。濩：屋檐水下流的样子。（8）虚明：清虚明亮。应物之地：指心。（9）纯：心中留存的纯粹是天理而无一毫人欲之私。（10）人欲：超越本分的、不适宜的奢侈欲望。

【述评】秦治《论存天理灭人欲真实含文》。朱子曰："人欲者有未尽"，言未能尽灭人欲也。程朱所谓存天理灭人欲，是保存心中本然天理（善良心理——善良本性），灭除不合情理超出本分的奢欲妄想。

天理亦称天道，是极至而无以复加的真理，是天体所以能够永恒健行以生生不息的道理，万事万物因顺从天理而有序。道者，日用事物当行之理，天理之当然，中而已矣。道与理、天道与天理，一也。七情六欲，人皆有之。无食欲则生命不能维持，无性欲则人类不能延续，有人欲乃人类共性。欲望发而符合情理谓之天理，是人的基本需求，是合理的，是天理不是人欲，宜予维护。如衣食住行之所需，都是奉生利事之资，中于节而不悖，同属天理范畴，不是人欲。子曰："饮食男女，人之大欲存焉。"《中庸》曰："（喜怒哀乐）发而皆中节谓之和，和也者，天下之达道也。"

欲望发而违背天理谓之人欲，如语言诡谲、动止阴险、好利饰非、贪淫乐祸、妒忌良善、干犯刑律等等不顾道义的非正常妄欲。又如不仁、不义、不忠、不孝，争权夺利，发动战争；妨贤病国，罔顾民生；好利忘义，擅权妒能；杀人越货，图财害命；权钱交易，索贿受贿；破坏婚姻的色欲，贪得无厌的贪欲；好逸恶劳的逸欲，不切财力的享受欲；欺男霸女的恶欲，不劳而获的盗欲。凡此等等奢欲妄念，不予灭除，皆能导致作奸犯科，违法犯罪，妨碍民生，岂可不灭乎？

综上所述，存天理，灭人欲，就是用理性修为，致知明理，存养善性。驱除愚昧，遏制私欲，改过迁善。让德业日进，过失日少。为政者应当发政施仁，努力满足国民合理需求，纠禁心怀叵测，贪残险狠者侵害国人，创建和谐太平盛世。

天理有未纯，是以为善常不能充其量；人欲有未尽，是以除恶常不能去其根。为善而不能充其量，除恶而不能去其根，是以虽以一念之顷，而公私邪正、是非得失之几[1]**，未尝不朋分角立**[2]**，而交战于其中**[3]**。故所以体貌大臣者非不厚**[4]**，而便嬖侧媚之私**[5]**，顾得以深被腹心之寄。所以寤寐豪英者非不切**[6]**，而柔邪庸缪之辈**[7]**，顾得以久窃廊庙之权**[8]**。非不乐闻天下之公议正论，而亦有时而不容。非不欲聖天下之谗说殄行**[9]**，而亦未免于误听。非不欲报复陵庙之仇耻**[10]**，而或不免于畏怯苟安之计。非不欲爱养生灵之财力，而或未免于叹息愁怨之声。凡若此类，不一而足，是以所用虽不至尽非其人，而亦不能尽得其人。所由虽不至尽非其**

道，而亦不能尽合其道。规模盖尝小定，而卒至于不定。志气盖尝小立，而卒至于不立。虚度岁月，以至于今，非独不足以致治，而或反足以召乱。非独不可以谋人，而实不足以自守。非独天下之人为陛下惜之，臣知陛下之心，亦不能不以此为恨也。

【注解】（1）几：细小隐微（公私邪正、是非得失的细小隐微处）。（2）朋分角立：同朋分异，卓然对峙。（3）交战：对公私邪正、是非得失评判不清楚，狐疑不决。（4）体貌：礼貌。体，通"礼"，谓以礼相待。（5）便嬖：邪佞之臣。嬖（bì）：受宠爱的人。侧媚：用不正当的手段讨好别人。（6）寤寐：醒和睡。指日夜思念。（7）柔邪：阴柔邪辟。庸缪：才识低下，行事荒谬。（8）廊庙：指朝廷。（9）嫉（jí）：疾恶（wù）。（10）陵庙之仇：指金灭北宋侵占中原的仇恨。

【述评】申言孝宗有志于治国安邦而事业不济者，"所谓天理者有未纯，所谓人欲者有未尽而然欤？"因其明理不精，执善不固，未能尽爱恶之道以亲贤臣去小人。小人足以妨贤病国，是故诸葛孔明说："亲贤臣，远小人，此先汉所以兴隆也；亲小人，远贤臣，此后汉所以倾颓也。"孟子说："虞不用百里奚而亡，秦穆公用之而霸。不用贤则亡，削何可得与？"在上者义精仁熟而无一毫人欲之私，必能用贤而去不肖。真正重用贤能而国不治者，未之有也。欲其义精仁熟，必由精读圣贤典籍，以之致知格物，以之明理尽性，择善而明乎至善之所在，固执以安行于人所当行之道而不迁，持之以恒而至于私欲尽净天理流行，则义精仁熟。足以明察几微，知人善任，任贤去佞而事无不济矣。

间者天启圣心[1]，日新盛德，奋发英断，整顿纲维[2]，盖有意乎天理之纯，而人欲之尽矣。然臣窃以其事观之，则犹恐其未免乎交战之患也。盖诘传写漏泄文字之罪[3]，则便嬖侧媚之流知所惧矣。然而去者未远而复还，存者更进而愈盛，则知陛下亲宠此曹之意未衰也[4]。罢累年窃位盗权之奸，则柔邪庸缪之党知所惧矣。然而希次补者，袭其迹以侥幸而不诃[5]。当言责者，怀其私以缄默而不问[6]，则知陛下委任此辈之意犹在也。增置谏员，斥远邪佞，则兼听之美固有以异乎前日矣。然可谏之端无穷，则其或继进而愈切，未知陛下果能纳而用之否也。辩明诬枉，慰抚孤直，则烛幽之明固有以异乎前日矣。然造言之人无责[7]，则其或捷出而益巧[8]，未知陛下果能远而绝之否也。谢却傲使[9]，嘉奖壮图，宜若可以励苟安之志矣。而置将之权，旁出奄寺[10]，军政败坏，士卒愁怨，则恐未有以待天下之变。振廪蠲租[11]，重禁科扰，宜若可以宽疲民之力矣。而监司不择[12]，守令贪残，政烦赋重，元元失职[13]，则恐未有以固有邦之本。即是数者而论之，则是所谓天理者虽若小胜，而所谓人欲者终未尽除也。

儒学门径

【注解】（1）间者：近来，不久前。指宋孝宗初期有励精图治之志。（2）纲维：总纲和四维，比喻法度。（3）诘：质问，追责。（4）亲宠此曹：亲近宠爱这些人（指能说会道，善于迎合的奸佞小人）。（5）诃：斥责。（6）缄默：闭口不言。缄：封闭。（7）造言：伪造言论以诬枉良善。（8）捷：迅速，轻快。（9）谢却：婉言谢绝。（10）奄寺：指宦官、太监。（11）振廪：谓开仓放粮。蠲租：免除租税。（12）监司：负有监察责任的官吏。（13）元元失职：百姓失去基本保障。元元：高诱注："元，善也，民之类善故称元。"

【述评】理明则知止，心存乎天理而无人欲之私，知之精识之真而善无不举，奸无不去。朱子于此详细剖析孝宗"盖有意乎天理之纯，而人欲之尽矣"，却有"监司不择，守令贪残"的现象，以致"政烦赋重，元元失职"的失误。究其根源，"则是所谓天理者虽若小胜，而所谓人欲者终未尽除也"。儒者之事君，顺其美而匡救其恶。恶难于尽数匡正，务在格除君心之不正，"惟大人为能格君心之非。君仁莫不仁，君义莫不义，君正莫不正。一正君而国定矣。"（《孟子·离娄》）君主仁慈与否关系国家治理的成败。君主心纯乎天理而无人欲之私，则能亲贤臣远小人，重用仁人君子执政为民，则仁政得以实施而万民安泰。唯有实施王道民主政治，真正落实选贤用能的选举制度，才能保证主上具备贤明品德高超智慧，而行政体系全由贤能之士执法行政，才能保证不再出现主昏臣奸局面。

夫以陛下之神圣仁明，莅政之久[1]，图治之切。宜其晏然高拱[2]，以享功成治定之安久矣。而岁月逾迈[3]，四顾茫然，阴阳方争[4]，胜负未决。不知将复何日何时，而可以粗见圣治之成也耶？闻之道路，比来士大夫之进说者多矣。然不探其本，而徒指其末。不先其难，而姑就其易。毛举天下之细故，而不本于陛下之身[5]。营营驰骋乎事为利害之末流[6]。臣恐其未足以端出治之本，清应物之源，以赞陛下正大宏远之图[7]。而使天下之事，悉如圣志之所欲也。昔者舜、禹、孔、颜之间，盖尝病此而讲之矣。舜之戒禹曰："人心惟危[8]，道心惟微[9]，惟精惟一[10]，允执厥中[11]。"而必继之曰："无稽之言勿听[12]，弗询之谋勿庸[13]，谨乃有位[14]，敬修其可愿，四海困穷，天禄永终[15]。"孔子之告颜渊，既曰："克己复礼为仁[16]，一日克己复礼[17]，天下归仁焉[18]，为仁由己，而由人乎哉。"而又申之曰："非礼勿视，非礼勿听，非礼勿言，非礼勿动[19]。"既告之以损益四代之礼乐[20]，而又申之曰："放郑声[21]、远佞人[22]，郑声淫、佞人殆。"呜呼！此千圣相传心法之要，其所以极夫天理之全，而察乎人欲之尽者，可谓兼其本末巨细而举之矣。

【注解】 （1）莅政：掌管政事。莅：走到近处察看。（2）晏然高拱：安定闲适、谦和恭敬地（分享功成治定之安)。(3)逾迈:过去,消逝。(4)阴阳方争:指贪残邪僻的官员与公正廉洁的官员之间的争执。(5)本:指修身。人君以修身成德为本。(6)营营:往来频繁的样子。(7)赞:辅佐,帮助。(8)心:心为神明之府,主知觉以应万事。人心惟危:心意之动而应乎形体气质之私欲则称为人心。人心易私而难公,以私心处事会铸成大错,是很危险的。(9)道心惟微:心意之动而合于义理称为道心,道心难明而易昧,故微。必由格物致知之功,诚意正心之守以明理修身,方能心存乎义理。动于义理以应万事,则处事公正,危者安而微者著,无过与不及之偏差。(10)惟精惟一:只有精准觉察而不杂私欲私意,专一纯真地守其义理之正,使道心常为一身之主而人心听命于道心。(11)允执厥中:真诚专一地执持中正仁义之道。(12)无稽:无从查考;没有根据。(13)庸:通"用"。(14)有位:指天子之位,是化民成德,为民造福的神圣职位。(15)天禄永终:天子失德,导致四海困穷,就会被百姓抛弃,则其禄位永远被终结。(16)仁:本心之全德。谓私欲尽去,礼全恢复,善德全备。(17)克己复礼:克制私欲,恢复己心之天理,使心与理一致。克:制伏,抑制。己:自身不合宜的欲望。复:返回。礼:天理的节文,思意言语行动的仪态规则。复礼就是复天理,天理在人心,就是仁。克胜己私,就是为仁的工夫。(18)天下归仁焉:天下的人就会称赞其是仁人了。归:属于。(19)非礼勿动:必使视、听、言、动尽去非礼,则私意无所容,而仁可恢复。（20）四代：指虞、夏、商、周。（21）放郑声：驱逐、禁止淫荡低俗的音乐。郑声：春秋战国时郑国的音乐。（22）佞：用花言巧语谄媚人。

【述评】有励精图治之志，而不由圣人治国平天下之正道，虽勤奋辛劳，终无益于家齐国治。君仁则不仁者远，而贤俊得以在位。是故朱子以格君心之非为先务，欲其君为尧舜之君，以养民教民，以富国强兵，驱逐金夏，恢复中华。于此详细揭示了想要实现正大宏远之图，就必须效法先圣治国安邦之策。首重格物致知以明理，学问思辨以择善而为知。躬行四勿、克己复礼、固执笃行以为仁。心纯乎天理而无人欲之私，至于精一执中，则动静云为自无过不及之差。则知是知非，知对知错，明辨忠奸正邪而不受佞巧之惑，正己而后物正矣。虞舜所以无为而治者，至诚而明达。重用贤臣禹、稷、契、皋陶、伯益、伯夷、夔、龙、倕、彭祖等人共治天下，又举八元、用八恺各治其事。万事咸理各得其宜，而奸邪佞巧无所遁形，故能垂拱无为而天下治。能识人善任，举贤去不肖之谓也。时移事易，今之时，举大德以任国政，行王道以安万民。贤能在位，各尽其职，万事尽举，无不合宜，则亦不必烦劳而大治。

这也是每个人必须做到的为人之道，而不仅仅是君上之道也。颜子所以有大功于世，受人尊崇者，以其躬行四勿，不迁怒，不二过，安行于圣人之道的行迹榜样后世，使后世学者得有所考而行于圣贤之大道也。人人有素养则天下亲睦，合作互助，民安物丰矣。

两汉以来，非无愿治之主，而莫克有志于此[1]。是以虽或随世以就功名，而终不得以与乎帝王之盛。其或耻为庸主，而思用力于此道，则又不免蔽于老子浮屠之说[2]。静则徒以虚无寂灭为乐[3]，而不知有所谓实理之原。动则徒以应缘无碍为达[4]，而不知有所谓善恶之机。是以日用之间，内外乖离，不相为用而反以害于政事。盖所谓千圣相传心法之要者[5]，于是不复讲矣。臣愚不肖，窃愿陛下即今日之治效，溯而上之，以求其所以然之故。而于舜、禹、孔、颜所授受者[6]，少留意焉。自今以往，一念之萌，则必谨而察之：此为天理耶？为人欲耶？果天理也，则敬以扩之，而不使其少有壅阏[7]。果人欲也，则敬以克之，而不使其少有凝滞。推而至于言语动作之间，用人处事之际，无不以是裁之。知其为是而行之，则行之惟恐其不力，而不当忧其力之过也。知其为非而去之，则去之惟恐其不果，而不当忧其果之甚也。知其为贤而用之，则任之惟恐其不专，聚之惟恐其不众[8]，而不当忧其为党也[9]。知其为不肖而退之，则退之惟恐其不速，去之惟恐其不尽，而不当忧其有偏也。如此则圣心洞然[10]，中外融彻[11]，无一毫之私欲得以介乎其间。而天下之事将惟陛下之所欲为，无不如志矣。诗曰："丰水有芑[12]，武王岂不仕[13]。贻厥孙谋，以燕翼子[14]，武王烝哉[15]！"矧今祖宗光明盛大之业(16)，付在陛下，将以传之无穷。四海之内，所望于陛下者，不但数世之仁而已。书曰："若药不瞑眩，厥疾不瘳(17)。"惟陛下深留圣意，痛自刻励，而力行之。使万世之后，犹可以为后圣法程(18)。则宗社神灵，永有依托，万方黎献(19)，永有归往，天下幸甚，天下幸甚。

【注解】（1）此：指《大学》修齐治平之道。（2）浮屠：梵语音译词，意为佛陀，原指佛教的创始人释迦牟尼。（3）虚无：道的本体（道家）。有清虚淡泊，无所企求，恬惔寂寞，虚无无为之意。寂灭：佛教语。"涅槃"的意译，指超脱生死的不生不灭境界。（4）应缘：附和缘业因果。无碍：佛教语，谓通达自在，没有障碍。（5）千圣相传心法："人心惟危，道心惟微，惟精惟一，允执厥中"是舜授给禹而圣圣相传的修身理政大法，世称十六字心法，是中华传统文化的精髓。（6）舜、禹、孔、颜所授受：虞舜夏禹、孔子颜子所授受的"十六字心法"和"克复心法"。（7）壅阏：阻塞抑制。（8）众：多；谓多多益善。（9）为党：聚集成私党。（10）洞然：心地通亮坦白磊落貌。（11）融彻：通明透彻。（12）芑（qǐ）：一种植物，似苦菜。（13）仕：通"事"，做事。（14）贻厥孙谋，以燕翼子：武王以安敬之谋遗其子孙。贻：遗留。厥：其，他的。燕翼：善为子孙后代谋划。翼：遮蔽，保护。（15）烝哉：诚得人君之道。烝：君。（16）矧：况且，何况。（17）若药不瞑眩，厥疾不瘳：

　儒学门径

假如服药后没有感到眩晕，其疾病就不会痊愈。瞑眩：头晕目眩。瘳：病愈。(18) 法程：法则，程式。(19) 黎献：黎民中的贤者。

【述评】舜禹授受"十六字心传"，孔颜授受"克己复礼心法"，实为事理本原，修己、安人、治国、理政的大经大法。能否认知心法要领，严格遵循先圣心法，以心法修己，以心法安人，是修身成德，治国理政成功与否的关键。能精于善恶之辨，一于中正之守，克去邪思妄念，恢复本然天性，积久而理明身修，则可于言语动作之间，用人处事之际，无不合于礼法而适于人情，则政通人和而事治。

臣孤陋寡闻，学无所就，前此两蒙赐对，所言大意与此略同，辞不别白，旨不分明，曾不足以上悟圣心。而陛下哀怜，不忍终弃，使得复望清光(1)**。环视其中，无他所有，辄绎旧闻**(2)**，复以此进，僭妄狂率**(3)**，罪当万死，伏惟陛下财赦**(4)**。取进止**(5)**。**

【注解】(1) 复望清光：又能望见陛下清明的光彩。(2) 辄绎旧闻：就继续陈述以往所闻。辄：就，立即。绎：引出头绪，寻求事理。(3) 僭妄狂率：超越本分，狂妄轻率。(4) 财赦：酌量宽免。财：通"裁"。(5) 取进止：古代奏疏末所用的套语。犹言听候旨意，以决行止。

【述评】朱子在《延和奏札五》中，明确指出舜禹精一执中、孔颜克己复礼之学，是乃"心法精要"，也是治本清源之道。进而以此批评士大夫为皇帝所进言，是舍本求末之论。批评功利、老佛之说偏而不正。君主若受到他们的影响，会给天下治理带来极大危害。朱子反复强调精一执中、克己复礼之学作为圣圣相传心法的重要意义，在于全极天理而克尽私欲，本末巨细兼包并举。告诫君王应留意舜禹、孔颜之学，在言行处事念虑之微中扩充天理，克尽人欲，以复其本然之善，则积善成德，而能神明自得。知几知微，精察详辨而无困惑凝滞，则为君为主者方能识贤善任，去奸不惑，万事顺理，效大舜垂拱无为而天下治。为儒士、官吏者识贤而友交，内以辅仁成德，外以互信互助共成事业。此学问之极功，圣人之大道，所以成德成仁，成就天下大同也。

朱子于此篇劝谏君主留意舜、禹、孔、颜授受心法，阐释舜禹精一执中精义，详论孔夫子告颜渊，既曰"克己复礼为仁"，又诫以"四勿"为务；既告之以损益四代之礼乐，而又申之曰"放郑声，远佞人。郑声淫，佞人殆"，以揭示圣人教人之法。原于人情，根于性命，揭示于实理之本然。于此非唯规谏君主，亦以告诫后世学者，必由此而进于中正仁义之道，所以极夫天理之全而察乎人欲之尽，以成己而成人也。学者于此，宜深刻领悟而终身修习焉。

上 《朱子延和奏札五》凡六章

第三篇　朱子《中庸章句序》

　　《中庸》何为而作也？子思子忧道学之失其传而作也。盖自上古圣神继天立极[1]，而道统之传有自来矣[2]。其见于经，则"允执厥中"者，尧之所以授舜也。"人心惟危，道心惟微，惟精惟一，允执厥中"者[3]，舜之所以授禹也。尧之一言，至矣，尽矣！而舜复益之以三言者，则所以明夫尧之一言，必如是而后可庶几也[4]。

　　【注解】（1）继天立极：继承天地之道，确立了中正仁义为人之所以为人的极至之道。（2）道统：儒家天道人道思想的传承统绪。　（3）允执厥中：见前篇。（4）庶几：差不多。

　　盖尝论之：心之虚灵知觉[1]，一而已矣。而为有人心、道心之异者，则以其或生于形气之私，或原于性命之正[2]，而所以为知觉者不同。是以或危殆而不安，或微妙而难见耳。然人莫不有是形，故虽上智不能无人心[3]。亦莫不有是性，故虽下愚不能无道心[4]。二者杂于方寸之间[5]，而不知所以治之，则危者愈危，微者愈微，而天理之公，卒无以胜夫人欲之私矣。精则察夫二者之间而不杂也，一则守其本心之正而不离也。从事于斯，无少间断⁽⁶⁾，必使道心常为一身之主，而人心每听命焉。则危者安、微者著⁽⁷⁾，而动静云为自无过不及之差矣⁽⁸⁾。

【注解】（1）虚灵：胸襟宽广，胸怀坦荡，心底透亮，真善美全备。故能明是非，辨曲直，仗正义而驱邪恶。虚：空虚，虚怀若谷（有容量）。灵：聪明，精敏。（2）原于性命之正：（道心）来源于天赋给人的善良本性。（3）人心：心意之动而应乎形体气质之私欲则称为人心。（4）道心：心意之动而合于义理之正者称为道心。（5）方寸：指心。（6）间断：中间隔断，不相连续。（7）著：明显；显著。（8）云为：言论行为。

【述评】 允执厥中——真诚专一地执持中正仁义大道，精察人心道心之别而不混杂，一于本心之正的固守而无少偏离，则立身和平中正，处事不离正确适宜限度而恰如其分、恰到好处。则动合于礼法，静守其常规，言必有中，行不逾矩，而无过不及之差矣。

夫尧、舜、禹，天下之大圣也。以天下相传⁽¹⁾，天下之大事也。以天下之大圣，行天下之大事，而其授受之际⁽²⁾，丁宁告戒，不过如此⁽³⁾。则天下之理⁽⁴⁾，岂有以加于此哉⁽⁵⁾？自是以来，圣圣相承，若成汤、文、武之为君，皋陶、伊、傅、周、召之为臣⁽⁶⁾，既皆以此而接夫道统之传⁽⁷⁾。若吾夫子，则虽不得其位，而所以继往圣、开来学⁽⁸⁾，其功反有贤于尧舜者⁽⁹⁾。

【注解】（1）以天下相传：传授平治天下的职权，即禅让帝位。（2）授受：指授给天下共主职位和接受天下共主职位。（3）不过如此：就是这样，再没有别的（指只是传授了"人心惟危，道心惟微，惟精惟一，允执厥中"这十六字心法）。（4）天下之理：修身、齐家、治国、平天下的道理，精一执中而已。（5）加于此：中就是道，就是理。朱子《中庸章句》曰：道者，天理之当然，中而已矣。（6）皋陶：舜帝的贤臣（大法官），偃姓，封地今安徽六安。黄帝次子昌意的后裔，早期东夷部落的首领。以正直闻名天下，被奉为中国司法鼻祖，后常为狱官或狱神的代称。伊：伊尹，名挚，小名阿衡，"尹"是"右相"的意思。伊尹是中国商朝初年著名丞相、政治家。他以自己的君主比不上尧舜而感到羞耻，把谏诤、规劝君王作为自己的责任。伊尹以教化人民，为民造福为己任，曰："予，天民之先觉者也；予将以此道觉此民也。""思天下之民，匹夫匹妇有不与被尧舜之泽者，若己推而内之沟中，其自任以天下之重也"（《孟子·万章》）。傅：傅说（fù yuè），古虞国（今山西平陆）人，在傅岩筑城，商王武丁求贤臣良佐，在傅岩找到傅说，举以为相，国乃大治，形成了历史上有名的"武丁中兴"的辉煌盛世。周：周公，姓姬名旦，周文王第四子，辅佐周武王兴周灭纣，并制作礼乐，被尊为"元圣"和儒学先驱。

他制定了各方面的带根本性的典章制度，把政治和伦理融合在一起，这一制度的形成对中国社会产生了极大的影响。《孟子·离娄》述周公忧勤惕厉曰："周公思兼三王，以施四事；其有不合者，仰而思之，夜以继日；幸而得之，坐以待旦。"召（shào）：召公姬奭，西周宗室，受封燕国。他的长子姬克管理燕国，自己被留京任职，因采邑在召（今陕西岐山西南），故称召公。召公辅佐周康王，开创"四十年刑措不用"的"成康之治"，为周朝打下延续八百多年的坚实基础。（7）道统：儒家学术思想授受的系统。道：圣人化人的道理和修身治国的方法。统：世代授受的系统（尧、舜、禹、汤、文、武、周公、孔子、孟子、董仲舒、韩愈，周、程、张、朱，许、薛、胡、陆，贺、牛、张、孙）。（8）开来学：孔子开创了办学育贤传道的先河。他以礼乐宣化、王道仁政、诚信仁义、执中守正教育弟子。经他的弟子散居四方办学宣教传播，及历代士人君子传承弘扬，使儒学定为国学而全面传承，奠定了中华民族的人生观、价值观。并由历代士人、师儒开办的书院、私塾，弥补了逐渐衰微的官办教育，维系中华文明永续不断。（9）贤于尧舜：朱子晚年在《玉山讲义》中特别阐发了这一问题。他认为"尧舜授受只是说'中、极'，到孔子才创造性地提出'仁'说，列圣相传之学至此方才说得亲切。此处亦见出孔子贤于尧舜"。

【述评】孔子所以贤于尧舜者，以其祖述尧舜，宪章文武，删述六经，垂宪万世。设教式，传道义，继往圣，开来学，师表万世，永续中华文明于不坠，故曰："天不生仲尼，万古如长夜。"孔子天下为公、社会大同、选贤用能、讲信修睦、诚信仁义、执中守正思想，成为中华民族的根与魂世代传承，成为人类文明的精神支柱。

奠定优秀文化。孔夫子推本往圣道统、典章，确定中正仁义立人极，以精一、执中、克复心法成化育，以为修齐治平之本，成为人类和谐安行的阳关大道。成为化育良俗，促成天下太平的优秀文化而永世传承。上古文献典籍，经孔夫子总结、提纯、升华为《六经》，成为传承圣贤思想的载道之文，化人之文。又经孔夫子率领弟子，开办书院，推行教化，培育乡贤，形成传承文化载体和化育模式，世代尊崇效仿。在维护社会稳定，促成民生幸福之中功用显著。终使儒学成为主流文化，成为正统国学，成为立国之本，凝德之基，接续维系了五千年中华文明。

推行王道政治。以民为本，天下为公，选贤任能，讲信修睦，垂留优秀宪章制度，以实现天下大同。设教式，兴教化，尊师儒，广育贤良。敦尚仁义，以保障王道政治施行。

规正三观。人生观：遵循人道，自强不息，向善趋义，修身成仁。价值观：亲亲仁民，利己而无损于人，正己以安百姓，达己达人。世界观：万物一理，天人合一，中正和平，天下为公，世界大同。

定礼乐兴教化。尊德性，道问学。师儒官长楷模表率于前，万民景仰仿效于后。礼以归正，乐以宣和，化育为出入相友、守望相助、自觉自律、向善趋义的和乐民俗。

以仁理政，科技安民。敬事爱人，与民生息。服务、协调、引领、安保、维和、止战同行并举。日省月试，既禀称事。嘉善而矜不能，以引导支持科技创新。

道义外交，协和万邦。中华自古实施道义外交，扶弱抑暴，治乱持危（平定其混乱，帮助恢复元气，解除其困危），厚往薄来而不图回报，和平共处以安天下万国。

是故朱子曰："若吾夫子，则虽不得其位，而所以继往圣、开来学，其功反有贤于尧舜者。"子贡曰："见其礼而知其政，闻其乐而知其德。由百世之后，等百世之王，莫之能违也。自生民以来，未有夫子也。"宰我曰："以予观于夫子，贤于尧舜远矣。"有若曰："自生民以来，未有盛于孔子也。"（《孟子·公孙丑》）

无论社会如何发展，技术如何先进，只仅仅是改善着人们的衣食住行条件而已。然而发展永远离不开社会稳定，离不开人际和谐。否则会家庭离散，夫妇道苦，国家发展难以持续，战争难民无处容身，面对社会诸多问题应对乏力。

人际和谐的根本在于人心向善。人心向善离不开推行礼乐教化。礼约束于未然之前，成其自律自化之功。法惩罚于已然之后，被刑者或不以为有罪。孔子创造性地对"仁"进行点化提升，上尊圣圣相传的精一执中道统，推行礼乐化民为善的成人理念，创立德主刑辅治国原则，确立王道仁政政治思想。遵此道而行，就可以确保社会公正和平，避免人民奔逃在难民营里。孔夫子倡导心性修养以为王道仁政根基，以"克复心法"作为为仁的功夫落实于人的心性，亲切易感。是把精一执中的道统传承落实到克复为仁，落实到了可操作层面，使修身用功有了着落可寻。

孔夫子以执中守正、克己复礼、王道仁政垂教万世。培养士、民修其身以齐家治国，使中华文明得以万世传承。是故孔子成为万世师表而贤于尧舜。自古以来，君王亲拜文庙，王祀夫子，以为平治楷模。各州府县都建有文庙，官员率领儒生学子春秋祭祀，以景仰圣贤大儒及乡贤名宦，使国民仰有典范，学有榜样以向善趋义，使中华文明得以延续不断，中华美德得以永世传承。

因此，传承中正仁义大道以塑造文明国人，复兴优秀文化以促成民族振兴中国梦是国民的神圣责任。欲复兴中华文化以实现民族振兴的中国梦，必先树立孔夫子为标杆榜样，从尊师重道做起，仿效孔夫子从培训文明人做起。

然当是时，见而知之者，惟颜氏[(1)]、曾氏之传得其宗[(2)]。及曾氏之再传，而复得夫子之孙子思[(3)]，则去圣远而异端起矣。子思惧夫愈久而愈失其真也，于是推本尧舜以来相传之意，质以平日所闻父师之言，更互演绎[4]，作为此书，以诏后之学者。盖其忧之也深，故其言之也切。其虑之也远，故其说之也详。其曰"天命率性"[5]，则道心之谓也。其曰"择善固执"，则精一之谓也。其曰"君子时中"，则执中之谓也。世之相后，千有余年，而其言之不异，如合符节。历选前圣之书，所以提挈纲维[6]、开示蕴奥[7]，未有若是之明且尽者也[8]。

【注解】（1）颜氏：复圣颜回，字子渊。（2）曾氏：宗圣曾子，名参，字子舆。（3）子思：述圣子思，姓孔名伋，字子思，至圣先师孔子嫡孙。（4）演绎：铺陈，推断，阐发。（5）天命：天之明命。天以阴阳五行化生万物，气以成形，而二气五行之理也赋给人，命人存人心做人事，不能和禽兽一样，这就是天的明命。性：人物之生，因各得天地所赋之理，以具备天之刚健地之柔顺及仁、义、礼、智、信五常之德，所谓性也。（6）提挈纲维：提纲挈领。提挈：扶持、提拔。纲维：总纲和四维。（7）蕴奥：精深的道学奥义。（8）明且尽：明白而透彻。

自是而又再传以得孟氏[1]，为能推明是书，以承先圣之统[2]，及其没而遂失其传焉。则吾道之所寄不越乎言语文字之间，而异端之说日新月盛[3]。以至于老佛之徒出，则弥近理而大乱真矣[4]。然而尚幸此书之不泯[5]，故程夫子兄弟者出，得有所考，以续夫千载不传之绪。得有所据，以斥夫二家似是之非⁽⁶⁾。盖子思之功于是为大，而微程夫子⁽⁷⁾，则亦莫能因其语而得其心也。惜乎！其所以为说者不传，而凡石氏之所辑录⁽⁸⁾，仅出于其门人之所记，是以大义虽明，而微言未析。至其门人所自为说，则虽颇详尽而多所发明，然倍其师说而淫于老佛者⁽⁹⁾，亦有之矣。

【注解】（1）孟氏：亚圣孟子，名轲，著《孟子》。（2）先圣之统：前代圣人的道统。（3）异端之说：指杨、墨、申、韩的学说。（4）乱真：搅乱了真实诚信、精一执中的道学真谛。（5）此书之不泯：《中庸》书未被秦火绝灭。（6）似是之非：指佛老之说好像是对的，在理的，实际上不对，不符合天理人情。无精察详辨之功，则难于识其真伪。（7）微：要不是；如果没有。程夫子：程颢、程颐。（8）石氏：朱子的友人石𡏋（辑录了二程和二程门人对《中庸》的解释）。（9）淫于老佛：夹杂着道教和佛教的思想话语。

熹自蚤岁即尝受读而窃疑之⁽¹⁾，沉潜反复⁽²⁾，盖亦有年。一旦恍然似有以得其要领者，然后乃敢会众说而折其中⁽³⁾。既为定著章句一篇，以俟后之君子。而一二同志复取石氏书，删其繁乱，名以辑略⁽⁴⁾。且记所尝论辩取舍之意，别为或问⁽⁵⁾，以附其后。然后此书之旨，支分节解⁽⁶⁾、脉络贯通、详略相因、巨细毕举。而凡诸说之同异得失，亦得以曲畅旁通⁽⁷⁾，而各极其趣。虽于道统之传，不敢妄议。然初学之士，或有取焉。则亦庶乎行远升高之一助云尔。淳熙己酉春三月戊申[(8)]，新安朱熹序[(9)]。

【注解】 (1) 夙岁：早年。指年少之时。夙，通"早"。窃疑：私下怀疑。 (2) 沉潜：深沉潜伏。沉潜反复：深入学习，精心思考，反复领会《中庸》奥旨。(3) 折其中：指选取众说（对《中庸》的解释）中符合中庸之道的解说。 (4) 名以辑略：命名为《中庸辑略》（宋石𡻗编，朱子删定）。(5) 或问：见《四书或问·中庸或问》，《四书或问》是朱子对《四书章句集注》更详细的解答。 (6) 支分节解：把肢体与关节一一分开，比喻剖析义理，详尽中肯。(7) 曲畅旁通：普遍通达。 (8) 淳熙己酉：宋孝宗淳熙十六年（1189）。(9) 新安：古新安郡，朱子祖籍徽州婺源县在其治内。

【述评】 《中庸章句序》对儒家道统作了最经典表述，涉及圣贤心法、道统人物、传承历程、核心内容等。表彰子思作《中庸》，上尊尧舜精一执中道统之传，下承孔子克复为仁之教，以成先祖传道垂教之功。"其曰'天命率性'，则道心之谓也；其曰'择善固执'，则精一之谓也；其曰'君子时中'，则执中之谓也。""历选前圣之书，所以提挈纲维，开示蕴奥，未有若是之明且尽者也。"表彰程子"而微程夫子，则亦莫能因其语而得其心也。""以续夫千载不传之绪。"（《中庸章

　　　　　　　　　　　　儒学门径

句·序》）为学者修身成德、弘道济民指出了方向、要领和用功方法。遵循精一执中、克复为仁之道精进不已。戒慎恐惧于视听，庄敬慎独于意念，言动而久行不怠，是学者之当务也。

世叔蓝田李克敬训秦治读书学问以明理尽性。曰："小《小学》近《近思录》二书，家常便饭，每日读之，是守是遵。读《大学》以定规模，读《中庸》以收全功，《论语》兼集注，细读寻求圣贤立言旨意，探取圣贤精蕴所在。孟子须冷读，以激发拔俗希贤之志，消除萎靡退缩之气。每日须写日记，每月写文数篇，诗数首。推推敲敲，有疑札记以待上问，明辨是非，抒发心得。承乃翁家学之渊源，何难至于圣域贤间也。"

上　朱子《中庸章句·序》凡六章

第四篇　朱子《周易本义序》

易之为书，卦爻象象之义备，而天地万物之情见。圣人之忧天下来世其至矣，先天下而开其物[1]**，后天下而成其务**[2]**。**

易之为书，自伏羲画卦，文、周系辞，孔子为十翼[3]，而后卦爻象象之义始备。以之体天地之撰，通神明之德，类万物之情，而天地万物之情可见矣。圣人忧天下后世不明吉凶消长、进退存亡之道，而失中以取祸，故作易以开示之，使人居则观其象而玩其辞，动则观其变而玩其占，以明事物之理，以通天下之情，以趋吉避凶也。卦象与辞所以冒天下之道以开其物，玩辞玩占，所以明理用中以成其务，此易之大用也。

【注解】（1）开其物：揭示万物所以然的道理（发展变化原理）。（2）成其务：依理而行以办好各种事务。（3）自伏羲……十翼：易成于四圣人之手，太昊伏羲氏画卦图（包括八卦、六十四卦），周文王作象辞（卦辞），周公作爻辞，孔子作十翼。因象辞、爻辞及十翼出于周，又称为《周易》。十翼：孔夫子所作易传十章，是对《周易》作注释的著作。内容包括《彖传》上下、《象传》上下、《文言传》、《系辞传》上下、《说卦传》、《序卦传》、《杂卦传》共十篇，故称"十翼"。

【述评】太昊伏羲氏一画开天，作八卦以开启人类文明。文王、周公系卦辞爻辞以阐明卦图原理。孔子作《十翼》以赞扬《易经》是包含天地人生大道的哲学，揭示出易理奥义，解读神秘的卦图卦象及其卦爻辞义，为《周易》加上了腾飞的翅膀。《十翼》是孔夫子对《周易》的再创造，从而点铁成金，脱胎换骨。将《易经》的奥义转变为理性化的哲学思想，让《周易》变成一部纵览人物，包举宇内的哲学科学巨著。

是故极其数[(1)]**，以定天下之象**[(2)]**。著其象**[(3)]**，以定天下之吉凶。六十四卦，三百八十四爻，皆所以顺性命之理，尽变化之道也**[(4)]。

是故圣人作易，揲蓍至于十有八变，极其数以索七、八、九、六而成卦，以定天下之象。经文王、周公、孔子系辞，著其象以定天下之吉凶。今观其辞，则凡中正者多吉[(5)]，不中正者多凶；动而中乎时宜者吉，悖乎时宜者凶；知进退存亡而不失其正者吉，反之则凶。盖示人以吉凶悔吝之变，使之循理去私，依乎中以趋吉避凶，而求无大过。因知易之六十四卦，三百八十四爻，皆所以顺性命之理[(6)]，尽变化之道也。是故易者易也，随时变易以从道，以顺性命之理，尽变化之道，而成天下之务也。惠迪吉[7]，从逆凶，惟影响[8]，岂容稍存侥幸之心乎哉！

【注解】（1）极其数：极尽"大衍之数"的变化。（2）以定天下之象：用筮得之数建立象征时事的卦象（六爻动静形象）。（3）著其象：展现昭著（分析研究）卦象的深意，作为分析事物变化的依据，用来推究事物变化。（4）尽变化之道：竭尽事物变化的道理。（5）中正：居中处正。位居六爻卦的二爻和五爻位置的爻称为中爻，因二爻居于下卦三爻的中爻，五爻居于上卦三爻的中爻位置。每卦六爻，一三五爻为阳位，二四六爻为阴位，阳爻居阳位为正，阴爻居阴位为正。（6）性命："性者，天生之质，若刚柔迟速之别；命者，人所禀受，若贵贱天寿之属也。""物所受为性，天所赋为命。"（7）惠迪吉：顺应正道而行者吉。惠：顺着，恩惠。迪：道，开导。（8）惟影响：如影随形，如响随声。

【述评】穷究《易经》卦爻阴阳之数，推明天下事物的种种现象、分析研究卦爻辞意及卦象的深意，作为判断事物变化的依据，用来推究事物变化的必然过程及结果，依正道而行以趋吉避凶，此易之大用也。

散之在理，则有万殊[1]，统之在道，则无二致[2]，所以易有太极[3]，是生两仪。太极者，道也；两仪者，阴阳也，阴阳一道也；太极，无极也。

万事万物，莫不各有当然之理，所谓散之在理，则有万殊也。然亦莫非人所当行之道，所谓统之在道，则无二致也。性命之理，即太极也。散之在理则有万殊，一物各具一太极也。统之在道，则无二致，万物统体一太极也。易者，阴阳二气交易变易之谓也。易有太极，则是理寓于气，气载乎理也。太极动而生阳。动极而静，静而生阴。静极复动，一动一静，互为其根。分阴分阳，两仪立焉。所谓易有太极，是生两仪也。太极者，性命之理，道之体也。阴阳者，变化之机，道之用也。一阴一阳之谓道，阴阳一太极也。上天之载，无声无臭，太极本无极也。

【注解】（1）理：条理、纹理、道理等。万殊：万事万物各具特性特质，各有所以成为其事物的道理。（2）道：天地事物所以自然有序运行的道理（事物当然之理），人人应当循理而行的路径（为人处世的正路）。无二致：完全没有不同之处。（3）太极：理至极而无以复加。

万物之生，负阴而抱阳(1)**，莫不有太极，莫不有两仪，氤氲交感**(2)**，变化不穷。形一受其生，神一发其智，情伪出焉，万绪起焉，易所以定吉凶而生大业**(3)**。故易者阴阳之道也，卦者阴阳之物也，爻者，阴阳之动也。**

万物之生，负阴抱阳，而太极两仪，无不各具。当其生物之始，天地氤氲交感，胚胎养育而有形。形既生矣，神发知矣。五常之性，感物而动。而阳善阴恶，又以类分，情伪出焉，万绪起焉。其原于性命之正者为情，出于形气之私者为伪。情伪交错，而千头万绪之事以起，而吉凶悔吝所由以生矣。圣人作易，所以定吉凶。使人用情去伪，以趋吉避凶，而生大业。所谓开物成务也。是故交易变易者，阴阳之轨道也。六十四卦者，阴阳"━"奇"━ ━"偶之物也。三百八十四爻者，阴阳之动，所以效事物之善恶，以示吉凶者也。

【注解】（1）负阴而抱阳：万物无不涵有阴阳两种相反而又相成之气。阴阳相对，背为阳，腹为阴。外阳内阴，表阳里阴等。（2）氤氲：阴阳二气交会和合状态。（3）大业：伟大的功业、事业；高深的学业。

【述评】阴阳是中国古代文明中对蕴藏在自然规律背后的、推动自然规律发展变化的根本因素的描述，是各种事物孕育、发展、成熟、衰退直至消亡的原动力，是奠定中华文明逻辑思维基础的核心要素。概括而言，按照易学思维理解，其所描述的是宇宙间的最基本要素及其作用，是伏羲易的基础概念之一。阴阳交感，化生万物，世间万物皆有阴阳之道。阴阳一词，代表了很多的意思和道理。

卦虽不同，所同者奇偶。爻虽不同，所同者九六。

六十四卦虽各不同，皆由（ — ）奇（ - - ）偶交错而成，故其所同者奇偶也。三百八十四爻德位不同，而皆用九六，盖缘以动者尚其变，故其所同者九六也。

是以六十四卦为其体，三百八十四爻互为其用。远在六合之外，近在一身之中。暂于瞬息，微于动静⁽¹⁾。莫不有卦之象焉，莫不有爻之义焉。

此言卦爻之象，与画前之易⁽²⁾，无所不在，无时而不然。宇宙之间，事无巨细，莫不有卦爻之象与其义。学者宜深体之，不可胶于已形之卦爻，与其卜筮之占焉。

【注解】（1）暂于瞬息，微于动静：短暂的瞬息之际，细微的动静之中（都有卦象爻义）。是说天、地、人一体，相互之间不是独立分开的个体，都有必然联系。（2）画前之易：伏羲画卦以前的易，是指天地自然之中，万事万物所蕴含的易的象数义理。

【述评】伏羲氏仰观天文，俯察地理，于是摹拟天下事物之形容，画为卦爻图象。卦其图象以为穷理尽性之具，以象事物之宜，以比对、研究万事万物的变化。

至哉易乎！其道至大而无不包，其用至神而无不存。时固未始有一，而卦未始有定象⁽¹⁾。事固未始有穷，而爻亦未始有定位。

此赞易道之至大至神，而变化无穷。欲学者神而明之，以妙其用也。易与天地准[2]，其道甚大，百物不废，故无不包也。感而遂通天下之故，无有远近幽深，遂知来物，其用至神，而无不存也。卦之象，似有定也。然时既变则当变易以从道[3]，而卦未始有定象也。爻之位，似有定也。然事物之变，瞬息万端，虽引而伸之，触类而长之，犹恐不能尽其用，而爻之奇偶，周流六虚，岂有定位乎！

【注解】（1）时固未始有一，而卦未始有定象：卦随着时间变化、环境变化而不同。易道因时因地因事而变，君子随时势之变化以处中。（2）易与天地准：易是摹拟天下事物之形容，以象事物之宜，与事理变化同等。（3）变易以从道：分析事理，应当随着时势变化而变易，以从易理变化之道。

以一时而索卦，则拘于无变，非易也。以一事而明爻，则窒而不通，非易也。知所谓卦爻象象之义，而不知有卦爻象象之用，亦非易也。

承上文而言，索卦明爻，不得拘于一时一事，当神而明之。妙于运用，以应天下之变。然后于交易变易之易理，不相违戾也。

故得之于精神之运，心术之动，与天地合其德，与日月合其明，与四时合其序，与鬼神合其吉凶，然后可

以谓之知易也。

易道至大至神，未可拘于一时一事，故必得其理于精神之运，心术之动，变化云为，常与天地、日月、四时、鬼神吻合无间。然后可以谓之知易也。非圣人，其谁能与于此乎？

虽然，易之有卦，易之已形者也，卦之有爻，卦之已见者也，已形已见者，可以言知，未形未见者，不可以名求，则所谓易者，果何如哉！此学者所当知也。

画后之易，卦爻悉具，易之已形已见者也，可以圣人之辞，而知吉凶悔吝之占，画前之易，未形未见，不可以名求，乃天地阴阳自然之易，易之原也。不明乎此，而拘拘焉惟卦爻象数之求，昧于易之本源矣，岂得谓之知易哉！

【述评】《周易》是羲、文、周、孔效法自然的哲学科学巨著。《周易本义·序》实为《周易本义》的总体概括，反映了朱子的易学观和对《周易》的总体认识水平。《周易本义》是注释《周易》的书，其贡献主要是澄清外界对《周易》所作的许多牵强附会的东西，使易学回归孔子当初对易学的科学定位上来。

"是知《周易》卦爻之图象者，摹拟天下事物之形容，画而挂之，以象事物之宜，以为穷理尽性之具。其文辞十翼，乃摩写乾坤者也。理本天地生生不息之仁，考诸物理，观乎人情，稽上古数千年博爱仁义的传承和发展，礼乐政刑的得失与完善，总结筛选，发扬光大。阐于卦爻之象，叙应吉凶之变。使人学明易理以效法天地生生不息之大德，自融于自然之中，循理去私，行中处正，和谐共存，以致天下于太平之世。

是故《周易》列于《五经》之首，为哲学之源，是中华文化的基石。奥蕴无穷，博大精深，脊柱华夏文明数千年。汉儒专讲象数，至宋《程传》《本义》出而易理复明，历七百余年而《程传》《本义》之文非今人所易识。先公敬修公作《周易卦解》，浅而出之，以饷读者。"（秦治《揭示人生哲学　指点智慧玄机》）。

上　朱子《周易本义·序》凡十章

朱子集周末以来儒学大成，延续优秀文化于后世。贺复斋《圣学标的》曰："学者舍周、程、张、朱之书不读而读他书，是犹恶睹太山而喜丘垤。是程朱即是孔孟，非程朱即非孔孟。"

总　述

大宋五子德高望重，续接千载失传道统。揭批邪说，归正人心，凝聚发展的精神和命脉，赓续辉煌灿烂的中华文明于后世。孔夫子创儒学兴教育。自古道统高于政统，道统指导政统开创文明。道统传人德厚学博，才能超群，受万民仰望效仿。足以兴世运，和民人，强家国。主政者尊之则政教昌盛，是文明世道引领者，开明政治主导者，正义思想持有者，文明国民培育者。

　　昔者周公东征禄父枭首，孔子主政鲁国立新，冉有领兵强齐败遁，诸葛出山蜀汉振兴，允文劳军掳主损命，朱子主潭荆湖安宁。圣贤大儒博学多能，出将入相创建太平。是故孟子将要离开齐国，齐宣王派遣大臣挽留说："寡人想提供一切优厚条件，请求您留下吧。让齐国官民有所仰望，涵养孝弟恭谨品性。'使诸大夫国人皆有所矜式'。"能得儒士表率楷模者，国之幸也。民族复兴的实现，在于弘扬中华优秀文化，培育文明人。有了文明人，就能支撑起文明国度，促进中国梦早日成真。

　　道与理，儒学与理学，名异而为学为治则一。孔夫子曰："吾道一以贯之"，"朝闻道，夕死可矣"（《论语》）。周子曰："圣人之道，仁义中正而已矣"，"蕴之为德行，行之为事业"（周子《通书》）。程明道"自十五六岁时，闻汝南周茂叔论道，遂厌（放弃）科举之业，慨然有求道之志"（《程明道先生行状》）。伊川先生曰："学以至乎圣人之道也"（《好学论》），"臣所学者，天下大中之道也"（《上仁宗皇帝书》）。横渠先生与二程子"共语道学之要"，涣然自信曰："吾道自足，何事旁求"（《张横渠先生语》）。朱子《太极图说解》曰："仁义成德，人道之所以立也。道一而已，随事著见。""道，即理之谓也。继之者，气之方出而未有所成之谓也。善则理之方行而未有所立之名也，阳之属也，诚之源也"（朱子《通书解》）。故曰：理学就是儒学、道学，是以研究儒家经典的义理为宗旨的学说，即所谓义理之学。天道与天理，一而已矣。孔、曾、思、孟，周、程、张、朱，其道同一，皆儒学正宗。

后 记

　　先公秦敬修编著宋儒五子著作精华切于日用者，取名《五子书》，命秦治注述出版，未敢一日忘怀。退休后朝夕笔耕，力图逐一完成先公六部遗著及其他手稿整理出版工作，不敢使大作尘封箱底而不能服务于社会，有失先考正人心、厚风俗、去病痛的著述愿望，有失助益社会和谐进步的功用。是以不顾疲劳困顿，整理出版了《周易卦解》《新编中医儿科学》《小学通俗解义》，并于2016年开始《五子书》的注解述评工作。此间，又会同文化人创办平凉市传统文化促进会，以传播优秀文化、引导人心向善、传承中华美德、促进社会和谐为宗旨，开展公益文化活动。先后组织创办了平凉"全民爱国孝亲行动"以敦厚风俗、"家校同建与家庭教育"以和乐家庭、"美德讲堂"优秀文化宣讲以培育文明市民、"孔子学堂"以实施育德启智教育培育文明小学生、"每日一修网络课堂"以传播优秀文化、"加强文化交流打造核心团队"以求持续发展等活动。所有活动均通过各种媒体及平凉市传统文化促进会网站、公众号、微信群广泛传播并推送相关信息。务求提升国民素养，逐步培育文明市民以支撑文明城镇创建，促进文化复兴以加快实现中华民族伟大复兴的中国梦的进程。因忙于上列工作，致使《五子书》注述进度推迟。

　　念先考之遗命，关乎世道人心向善，早起晚眠尽力而为，又命小女儿秦帼英配合注述。以半年时日，反复校改，于2022年孟春定稿。随即托付三弟秦文光、三妹秦风云、四弟秦荣光分别精细校改。然亦不免有所遗漏或失准，敬请读者谅解并予指正，以便再版更正。

圣元二五七三年（2022）孟春　望日

崇信后学　秦治　记

图书在版编目（CIP）数据

儒学门径：五子精要注评 / 秦敬修编著；秦治，
秦帼英注评 . -- 北京：社会科学文献出版社，2023.8
（述而作）
ISBN 978 - 7 - 5228 - 2133 - 7

Ⅰ. ①儒… Ⅱ. ①秦…②秦…③秦… Ⅲ. ①儒学 -
研究 Ⅳ. ①B222.05

中国国家版本馆 CIP 数据核字（2023）第 134226 号

·述而作·

儒学门径
——五子精要注评

编　　著／秦敬修
注　　评／秦　治　秦帼英

出 版 人／冀祥德
组稿编辑／宋月华
责任编辑／杨　雪
责任印制／王京美

出　　版／社会科学文献出版社·人文分社（010）59367215
　　　　　地址：北京市北三环中路甲 29 号院华龙大厦　邮编：100029
　　　　　网址：www.ssap.com.cn
发　　行／社会科学文献出版社（010）59367028
印　　装／三河市东方印刷有限公司

规　　格／开　本：889mm × 1194mm　1/32
　　　　　印　张：12.875　　插　页：0.25　　字　数：304 千字
版　　次／2023 年 8 月第 1 版　2023 年 8 月第 1 次印刷
书　　号／ISBN 978 - 7 - 5228 - 2133 - 7
定　　价／89.00 元

读者服务电话：4008918866